일본 지방자치단체 거버넌스

自治体ガバナンス

이나쓰구 히로아키 지음 | 안재헌 옮김

한울
아카데미

이 도서의 국립중앙도서관 출판시도서목록(CIP)은 서지정보유통지원시스템 홈페이지(http://seoji.nl.go.kr)와
국가자료공동목록시스템(http://www.nl.go.kr/kolisnet)에서 이용하실 수 있습니다.
(CIP제어번호 : CIP2014000767)

自治体 ガバナンス

稲継裕昭

一般財団法人 放送大学教育振興会

차례

옮긴이의 말

　내가 일본 방송대학 대학원 교재인 『자치체와 정책(自治体と政策)』을 접한 것은 2007년 가을, 저자인 아마카와 교수가 한국을 방문했을 때이다. 당시 아마카와 교수가 내게 전해준 책의 내용을 살펴보니 일본의 자치제도와 정책을 알기 쉽게 다루고 있어 한국에도 두루 소개할 필요가 있겠구나 하는 생각이 들었다. 하지만 이런저런 이유로 선뜻 나서지는 못했다. 그러던 차에 2013년에 이 책의 공동 저자인 이나쓰구 히로아키(稲継裕昭) 교수가 『자치체 거버넌스(自治体ガバナンス)』라는 제목으로 개정·출판한 책을 구해보았는데, 우리가 참고할 만한 일본의 최근 자치제도 동향을 많이 담고 있어 다시금 번역 출간을 서두르게 되었다.

　내가 이 책을 한국에 소개하는 데에는 몇 가지 이유가 있다. 우선 이 책은 일본 자치제도와 정책을 종합적·체계적으로 다룬다. 그동안 잡지와 논문 등으로 일부 관심 분야가 단편적으로 소개되었으나 교과서로 쓰일 만한 전문적인 책은 찾아보기 힘들었다. 게다가 이 책은 저자의 경험을 바탕으로 이론과 실제가 균형 있게 기술되어 있어 누구나 읽기 편하도록 되어 있다. 전문 연구가가 아니더라도 지방자치단체 공무원, 지방의원, 민간단체 관계자, 지역 주민 등 지방자치에 관심 있는 사람이라면 누구든 쉽게 참고할 수 있다.

　또 일본 자치제도의 변천 과정이 비교적 상세히 소개되어 있다. 우리나라의 지방자치는 법률과 제도 면에서 일본과 유사한 점이 많으며 정책과 집행 면에서도 상호 교류하는 기회가 늘어나고 있다. 제도의 배경이나 현실의 여건을 감안하지 않고 법제와 정책을 도입하면 자칫 시행착오를 범할 수도 있는데, 이런 점을 고려할 때 이 책은 일본 자치제도의 윤곽과 지향점을 이해하는 데 도움을 줄 것이다.

원문을 번역하면서 가급적 저자의 표현을 살리려고 노력했다. 문장이나 단어마다 일일이 옮긴이 주를 달지는 않았다. 다만 읽는 이가 우리나라 제도와 비교하거나 시사점을 생각해볼 수 있도록 각 장마다 간단한 옮긴이의 해설을 실어 연구의 편의를 도모했다.

이 책이 나오기까지 많은 분의 도움을 받았다. 번역을 허락한 저자 이나 쓰구 교수와 저자를 소개해준 아마카와 교수께 우선 감사드린다. 바쁜 와중에도 번역 원고를 읽고 조언을 아끼지 않은 이승종 지방행정연구원장께도 깊이 감사드리며, 출판과 번역을 도와준 일본 방송대학 김관정 박사, 경기개발연구원 이현우 박사께도 심심한 사의를 표한다.

2014년 1월

안재헌

머리말

이 책은 방송대학 대학원의 수업 과목인 '자치체 거버넌스'의 교재로 쓰인 것이다. 1990년대 이후 지방자치를 둘러싼 환경은 줄곧 격변하고 있다. 분권개혁뿐만 아니라 행정에 대한 시민의 직접 참여, 행정관리에 대한 민간 경영 기법 도입, 정보공개를 비롯한 한 단계 높은 행정 정보의 투명화 요청 등과 같은 다양한 개혁이 여러 곳에서 동시에 진행되고 있다.

이처럼 격변하는 지방자치를 공부하는 동기는 다양하다. 방송대학 대학원의 '자치체 거버넌스'를 수강하는 학생들만 하더라도 다양하게 구성되어 있다. 지자체에 근무하는 공무원으로 지방자치 이론에 관심이 있는 사람도 있고, 지역에서 다양한 활동을 하면서 지자체의 활동에 관심을 갖게 된 사람도 있다. 좀 더 넓게는 정치와 경제, 복지 분야에 대한 관심에서 지자체의 정책과 활동에 주의를 기울이는 사람도 있고, 사회과학에 대한 이론적 관심에서 지방자치와 지자체의 활동에 눈을 돌리는 사람도 있다. 이처럼 실천적 목적에서든 이론적 목적에서든 지방자치에 관심을 가지는 사람이 적지 않다.

이 책은 이러한 사람들의 관심에 최대한 부응할 수 있도록 지방자치와 연관이 있는 문제를 가능한 한 폭넓게 다루려고 노력했다. 또 이 책이 대학원 교재라는 점을 고려해서 되도록 최신의 연구 성과와 동향을 담으려고 했다. 그 결과, 이 책은 지방자치에 관한 입문서이기도 하지만 일반적인 교육서와 비교해 다른 특색을 갖게 되었다.

한편 이 책의 각 장에 맞추어 제작한 15회의 방송 교재가 있다. 방송 교재를 제작할 때는 각 분야의 대표적인 연구자의 견해와 해설, 전국 각 지자체 현장에서 근무하는 담당자의 인터뷰 등을 수록해 주제를 더욱 깊게 파고들려고 노력했다. 방송 교재는 따로 볼 수도 있지만 이 책과 한 묶음으로 '자치체 거버넌스' 강의를 구성한다.

이 책은 2012년 1월 말까지 쓰였다. 자료나 문헌은 가능한 한 최근의 것을 참조하려고 노력했으나 최근 지자체의 제도를 둘러싸고 어지러울 정도로 많은 변화가 있었기 때문에 이 교재가 사용되는 중에도 큰 변화가 있을 수 있다. 또한 지방자치에 관한 연구도 날로 발전하고 있어 이 책의 설명보다 더 새로운 설명이 필요한 부분도 있을 수 있다. 그러나 인쇄 교재나 방송 교재는 이러한 변화에 즉시 부응하는 데 어려움이 있다. 현상의 해설이라는 의미에서는 이 책의 내용이 지난 것이 되어버릴지 모르지만, 이 책이 기술하는 근간이 전혀 무의미하다고 할 정도의 변화는 많지 않을 것이다. 독자들이 이 책으로 지방자치에 관한 지적 관심과 이해를 조금이라도 충족할 수 있다면 기대 이상의 영광일 것이다.

책의 편집을 위해 수고한 나스 도시히로(那須敏宏) 님에게 감사드린다. 방송 교재 제작에 힘쓴 고토 도시아키(後藤敏昭) 님과 가네코 하루오(金子春夫) 님에게도 신세가 많았다. 마음 깊이 감사드린다. 또 방송 교재를 제작할 때 일본뿐만 아니라 영국의 지자체 관계자에게도 많은 협조를 받았는데, 취재에 응해준 지자체 관계자와 연구자에게 깊이 감사를 드린다.

2013년 3월
이나쓰구 히로아키

01 | 지방자치단체 거버넌스

거버넌스(governance)란 통치를 행하는 과정, 통치에 관계되는 과정, 그 과정에서의 여러 가지 양상을 지칭한다. 이 장에서는 지방자치단체(법률적으로는 '지방공공단체'라고 쓰지만, 이 책에서는 법률 용어를 제외하고는 '지자체'로 통일해서 사용한다)에서 거버넌스는 어떤 모습인가, 지자체의 역할은 무엇이며 여기에는 어떤 행위자(이해관계자 등 행위 주체)가 관계되는가, 또 지자체는 시간의 경과에 따라 어떤 활동을 하게 되는가 등을 생각해보려고 한다.

1. 지자체 거버넌스

거버넌스의 개념은 아주 다양하게 사용된다. 일반적으로 '거번먼트(government)'는 정부 내 상하 계층구조를 기초로 하는 조직 형태를 지칭하는 데 비해 '거버넌스'는 '거버닝(governing, 통치라는 행위), 즉 통치를 행하는 과정, 통치에 관계되는 과정, 그 과정에서의 여러 가지 양상'을 지칭하는 것으로 설명된다. 다시 말해 거버넌스는 조직에서 통치의 내용과 과정을 포괄적으로 나타내는 단어로, 정부라고 칭하는 공공 섹터뿐만 아니라 기업, NPO (Non Profit Organization, 비영리단체) 등 민간 섹터와의 수평적 관계, 정부 상호 간의 수평적 관계에서의 조직 형태를 포함해 정책 과정에서 나타날 수 있는 여러 가지 양상과 구조를 가리키는 개념이다.

지자체 거버넌스는 두 가지 용법으로 사용된다. 첫 번째는 조직의 본래 목적을 달성하고 그 운영을 적절히 통제하는 것이다. 굿 거버넌스(good governance)나 민간 기업의 코퍼레이트 거버넌스(corporate governance)가 여기에 해당하는데, 민주주의적 운영, 법령 준수, 참여, 유효성, 효율성, 투명성, 공개성 등 모든 조건이 전제되는 경우가 많다. 즉, 규범적 개념의 거버넌스 용법이다.

두 번째는 네트워크형 거버넌스로 사용되는 경우이다. 이는 다양한 주체가 상대적으로 자립하여 네트워크 관계를 가지면서 다원적 주체 간에 상호작용이 반복되어 이루어지는 통치 형태이다. 즉, 실증 개념, 상태를 표시하는 개념으로서의 거버넌스 용법이다. 공공의 문제를 해결하려면 정부의 노력만으로는 충분하지 않기 때문에 정부를 둘러싼 여러 주체도 다 같이 협력해야 한다. 이와 같이 정부를 비롯한 각 주체가 포함된 협력적 공공 문제의 해결 과정을 거버넌스라고 부른다. 지자체가 주도하는 지역 운영에서 지자체와 시민이 협동해서 지역을 운영하는 방식으로의 변화를 '거번먼트로부터 거버넌스로'라고 표현하기도 한다.

여기서는 중앙과 지방의 관계 모델을 제시해 일본에서도 널리 알려져 있는 로즈(R. A. W. Rhodes)의 이론을 중심으로 두 번째 의미의 거버넌스 개념을 주로 살펴보려고 한다. 로즈는 거버넌스를 "자기 조직적으로서 조직 간의 네트워크를 가지는 것을 의미한다"라고 정의하면서 거버넌스에 공통적으로 나타나는 특색으로 다음의 네 가지를 든다.

1. 조직 간의 상호 의존 관계: 거버넌스는 거번먼트보다 더 넓은 개념으로 비국가적 행위 주체도 포함한다. 국가 경계의 변화란 공, 사, 비영리기구 등 각 부문 간의 경계가 유동화되고 애매해지는 현상이 지속되는 것

을 의미한다.

2. 네트워크 구성원 간의 지속적인 상호작용: 자원을 교환하고 공유한다는 목적을 교섭하기 위해 필요하다.

3. 게임에 따른 상호작용: 신뢰성을 바탕으로 네트워크 참여에 의해 교섭되고 합의된 게임 룰에 따라 규제된다.

4. 국가로부터 상당한 정도의 자립: 네트워크는 국가에 대해 책임을 지는 것이 아니라 자기 조직적 성격으로 자립성을 가진다. 국가는 최고 권력을 가진 위치에 있지는 않지만 간접적으로 (완전한 형태는 아니더라도) 네트워크를 제한하는 것이 가능하다(Rhodes, 1997: 53).

로즈 학설의 배경에는 1970년대 후반 이후에 일어난 영국 지방 정치의 변화가 자리 잡고 있다. 1979년에 발족한 대처 보수당 내각에 의해 작은 정부로의 개혁이 시작되어 뒤를 이은 메이저 내각까지도 그 정책이 지속되었다. 1997년 노동당 블레어 내각으로 정권이 교체된 이후에도 지방에서의 개혁은 지속되었다. 현실로 진행된 변화와 새로운 개념의 형성 간에는 다음과 같은 불가분의 관계가 있다.

첫째, 서비스 주체의 다양화이다. 재정난을 이유로 대처 시대부터 지자체의 업무 감량을 실시한 결과 많은 특수법인(Quangos)이 생겨났고, 그들이 지역 운영을 위해 여러 가지 서비스를 제공하기 시작했다.

둘째, 주체 간의 관계 변화이다. 지역을 운영하기 위해 공사(公私) 주체가 다양한 파트너십 형성을 추진했는데, 그 관계는 권한 관계가 아닌 상호 신뢰 관계를 기본으로 했다. 정부에 의한 명령이나 통제를 받는 상하 관계가 아니라 신뢰 관계를 유대로 하는 수평적 네트워크의 작용이 중요시되었다.

셋째, 지자체 역할의 한계와 기능의 변화이다. 지자체는 서비스 제공의 주체에서 사업의 조정 주체(enabling authority, 조건 정비 단체)로 변했다. 공사 주체에 의한 협동이 많아지고 다양한 네트워크가 지역 운영에 관계되면서 지자체의 역할은 업무 중심에서 조정 중심으로 변하게 되었다.

이상과 같이 영국의 상황을 기술했지만 일본도 지자체 거버넌스 관점에서 볼 때 1990년대 이래 크게 변화된 모습을 보였다.

첫째, 지방분권의 큰 흐름(2장 참조)에 따라 거버넌스가 변용되었다. 지방분권추진위원회의 중간보고(1996년)를 보면, ① 메이지(明治) 이래 중앙집권형 행정 시스템의 제도적 피로, ② 변동하는 국제사회에 대한 대응, ③ 도쿄(東京) 집중형 시정의 개선, ④ 개성 넘치는 지역사회 형성, ⑤ 고령 사회·저출산 사회에 대응하기 위해 앞으로 주민 주도의 개성적이면서도 종합적인 행정 시스템으로 변혁할 것을 목표로 한다는 취지가 명기되어 있다. 일련의 분권개혁은 이와 같은 관점에 따라 진행되어왔고 앞으로도 계속되리라 예상되지만, 지방분권의 큰 흐름으로 인해 지자체와 국가, 도도부현(都道府県)과 시정촌(市町村) 등 네트워크 간의 관계 변용은 불가피하다.

둘째, 분권개혁 이전부터 수평적 거버넌스 개혁이 진행되었다. 자동화의 진전으로 주민 생활 권역이 확대되고 행정사무에서 규모의 경제가 추구됨에 따라 여러 가지 사무의 공동 처리, 일부사무조합(一部事務組合), 광역행정 등 지역 연대를 제고하는 구조가 진행되고 있다. 지자체의 네트워크도 수평적으로 확대되고 있다.

셋째, 지자체 자체가 가지는 역할은 분권개혁하에서 상대적으로 작아지고 사회의 역할이 커진다. 사회의 양상 자체가 지자체로 볼 때 중요한 문제가 된다. 로버트 퍼트넘(Robert D. Putnam)은 사회의 양상 자체가 정부의 성과에 영향을 준다는 관점에서 '사회자본(social capital)'의 중요성을 지적한 바 있다. 지자체와 관련된 과제의 많은 부분이 지자체 정부(거번먼트)의 문제와 관련이 있다는 관점에서 지자체 거버넌스를 주목해보면 지자체 정부를 둘러싼 다양한 사회적 네트워크에도 관심을 갖고 검토를 진행할 필요가 있다.

여기서는 거버넌스의 첫 번째 의미인 규범적 개념도 살펴보려고 한다. 첫 번째 의미의 거버넌스에서 부족하다고 지적되는 점은 우선 집행기관으로서 행정 서비스의 비효율성, 경직적·폐쇄적 관료 조직, 정보공개 부족, 홍보 부족 등이다. 또 감시기관인 의회는 배후에서의 의사 공작과 같은 투명성 결여, 의사 운영에 관계되는 절차의 형식화, 감시 기능·입법 기능의 결여 등이 지적된다. 그리고 주민과 기업, 비영리법인으로 불리는 행정의 새로운 담당자들과 관련해서도 기초자치단체의 구성원이자 중요한 주주라고 할 수 있는 주민의 지자체 경영 참여 부족, 주민 참여를 환기하려는 노력 부족 때문이기도 하지만 주민의 참여 의식 및 거버넌스 기능 저하가 지적된다(経済同友会, 2008). 이를 어떻게 개선시켜 나갈지가 앞으로 해결해야 할 과제이다.

2. 지자체의 역할과 과제 해결 과정

지자체의 역할로는 첫째, 주민에게 다양한 서비스를 제공하는 것, 그리고 둘째, 주민과 가장 가까운 정부로서 주민의 관심이나 의사를 대표하는 것을 들 수 있다. 첫 번째 역할은 지자체가 전개하는 다양한 정책의 내용과 관련된 부분이다. 지자체의 서비스가 공급자의 형편에 따라 제공되는지 또는 서비스를 받는 시민(고객)의 요구에 부응해 제공되는지에 따라 서비스의 질에 큰 차이가 있다. 두 번째 역할을 살펴보면 지자체는 지역에서 민주주의와 주민의 참여를 실현하는 장소이다. 선거 이외에도 다양한 직접 참여 방법이 법률로 제도화되어 있으며, 이는 실제로 시행되고 있다.

지자체가 제공하는 다양한 서비스에 어떻게 주민의 의사를 반영시킬 것인가, 그리고 지자체와 주민의 입장을 어떻게 조화시킬 것인가를 결정하는 것이 자치제도이다. 제도 자체의 근본적인 개혁은 자주 이루어질 수 없으므로 1절에서 기술한 바와 같이 실질적인 서비스 제공 주체는 지자체와 사회의 관계 변화에 부응해서 상당한 변용을 보인다.

따라서 지자체 사무를 검토하는 과정에서 지자체가 이행해야 할 사무의 종류와 범위는 어디까지이고 민간에 위탁할 수 있는 사무는 어느 범위까지인가 등 지자체에 의한 서비스 유형의 재검토 및 재정비가 여러 각도에서 이루어지고 있다.

이러한 지자체 정책의 환경 변화에 따라 여러 가지 새로운 시도가 이루어지고 새로운 용어도 탄생하고 있다. 예를 들면 협동, 시민 참여, 파트너십 등이다(11장 참조).

협동은 (이 장에서의 문맥으로 표현하면) 지금까지 전적으로 지자체가 하던 업무를 NPO를 비롯한 시민단체와 책임을 분담해 추진하는 방식으로, 시민과 행정이 대등한 파트너 입장에서 책임을 공유하면서 연대하는 형태이다. 이와 같은 협동 방식은 지자체 운영의 여러 현장에서 계속 채택되어 일부 지자체에서는 참여와 협동을 지자체 운영의 기본으로 삼아 조례화하기도 한다. 행정의 입장에서 보면 재정난과 같은 절박한 상황에서 재정 자원의 한계하에 행정의 투명성을 제고하고 시민의 신뢰를 획득할 수 있다는 기대가 협동 방식을 취하는 인센티브로 작용한다. 규범적 의미의 거버넌스를 향상시킨다는 관점에서도 긍정적인 방향으로 작용할 것으로 기대된다. 한편 시민의 입장에서도 가치관이나 생활양식이 다양화되는 가운데 협동에 대한 참여를 통해 시민 상호 간의 교류와 연대를 강화시킬 수 있고 사회 공헌을 통해 자아실현이라는 만족감을 가질 수 있으며 나아가 지역사회 활성화를 도모할 수도 있다. 이 같은 변화를 보면 지역 운영에서 지자체가 차지하는 역할은 점차 축소된다. 최소한 사회와의 관계에서 지자체의 역할이 변화된다는 점은 틀림없다.

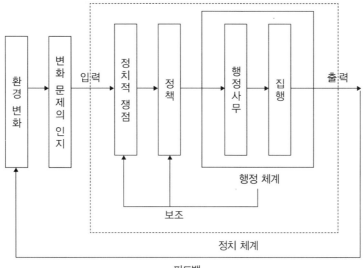

〈그림 1-1〉 정치·행정에서 과제의 흐름

자료: 村松岐夫, 『行政学教科書(第2版)』(有斐閣, 2001).

따라서 정치·행정이 변화하는 가운데 지자체의 역할을 어떻게 규정할 것인가라는 과제를 해결하기 위해서는 지자체가 담당하는 역할이 각각의 과정에 어떻게 관계되어 있으며, 또 각 과정에 관계하는 것이 적정한지를 살펴볼 필요가 있다.

〈그림 1-1〉은 각 단계별로 행정이 어떻게 작용하는지를 보여준다. 〈그림 1-1〉은 국정까지 포함하는 좀 더 큰 정치·행정 시스템을 염두에 두고 그려졌으나 지자체 거버넌스를 검토하는 데에도 유용한 시사점을 던져준다.

우선 정책 과제와 관련된 환경의 변화를 생각해볼 수 있다. 인구의 증감, 경제의 호황·불황으로의 전환 등은 정치에 과제를 안겨준다. 지자체 수준에서도 인구의 증감과 저출산·고령화의 진전은 정책 선택에 큰 영향을 미친다. 이에 대해 어떤 종류의 정책이 어느 정도 형성되어야 하는지는 환경 변화를 받아들이는 측에 의해 결정된다. 정치 과정으로서 행정을 담당하는 부처 관료제와 지자체의 각 부서는 보조적인 역할을 하는 것으로 정치학 교과서에 기술되어 있는 경우가 많다. 그러나 세부적인 결정이 매우 중요한 의미를 가지는 경우가 많으며, 실질적으로 행정 직원의 선택이 중요한 의미를 가지는 경우도 적지 않다. 이런 과정을 밟는 경우 시민이나 시민 집단, 여론이 환경 변화를 어떻게 인지하는지가 중요한 변수가 된다. 이는 입력(요구·지지)의 내용과 입력의 형태(요구나 지지의 강도, 전달 대상)에 영향을 미친다. 언론의 영향을 받은 사람에 의해 사소한 사건이나 환경 변화가 중대한 정책 변경을 야기하기도 한다.

정치적 쟁점이 형성되는 단계에서는 시민이 정치·행정 체계에서 기대하는 다양한 요구 가운데 지자체가 받아들일 수밖에 없는 과제가 선택되곤 한다. 수많은 정치적 쟁점이 이와 같은 정치·행정 과정을 거치면서 추려져 구체적인 정책으로 전환된다. 복수의 정책 가운데 우선순위가 정해지면 일단 문제와 쟁점이 된 사안이 정책화된다. 재정 자원을 위시한 자원에는 한계가 있기 때문에 일방의 주장을 하는 집단은 다른 이해를 가진 측과 타협하거나 서로 양보할 필요가 있다.

정책 결정에 이르는 과정에서는 지자체의 정책 조직을 구성하는 직원이 선택 사항을 제시하게 된다. 과제에 대해 어떤 선택 사항이 있는지, 그리고 이 경우에 예상되는 결과와 비용을 비교·검토해 특정화한다. 그런 다음 제시된 선택 사항 중에서 결정권자가 정책을 결정한다. 이 과정이 특정화된 선택 방식을 지자체의 정책으로 공식 결정하는 단계이다. 지자체 행정 내부에서 합의를 구하는 작업도 이 단계에 포함시킬 수 있다. 지사와 시장 등 지자체 수장에 의해 공식적인 결재로 결정되는 안건도 있지만, 예산이나 조례와 같이 의회에서 승인을 얻어야 하는 경우도 있다. 정책 과정에서 중심이 되는 것이 이러한 결정의 단계이다. 이런 과정을 거쳐 공식적으로 결정된 정책이 집행된다. 정책 집행의 방법은 정책이 결정되기까지의 단계에서 특정화되는 것이 일반적이나, 실제로 세부적인 집행은 현장의 재량에 맡겨질 때가 많다. 그러나 예기치 않은 문제가 발생할 수도 있으므로 실제로 어떻게 집행할 것인가는 기존의 결정과는 달리 별도의 문제로 고려할 필요가 있다. 한편 집행된 정책은 그것이 당초 예정했던 목적을 달성했는가, 또 효과가 있었는가를 두고 정책 평가 등의 절차를 통해 검증된다. 그 결과는 피드백되어 다시 다음 정책으로 이어진다.

앞의 〈그림 1-1〉에서는 정치 과정과 행정 과정을 나누어 구분하고 있으나 실제로는 각각의 과정을 명확히 구별하기 어려울 때도 많다. 어느 단계에는 관계하는 행위자가 중복되기도 하고 실제로 이 두 과정을 병행해 진행하기도 한다.

3. 정치·행정의 주기와 지자체의 활동

1절에서 살펴본 바와 같이 지자체 거버넌스에서는 두 번째 의미처럼 다양한 행위자에 의한 협력적 공공 문제의 해결을 도모하는 일이 요구된다. 지자체가 정부로서 행하는 활동을 시계열적으로 살펴보면 몇 가지 주기에 기초해 업무가 수행되며 다양한 행위자 또한 그 주기에 맞춰 움직이도록 되어 있다. 여기서는 이러한 주기를 살펴보려고 한다.

정치·행정 주기 가운데 가장 커다란 주기는 4년 주기의 선거와 1년 단위로 편성되는 예산·회계 주기, 대체로 10년을 하나의 구간으로 책정하는 종합계획의 기본계획과 이를 3년 정도로 나눈 실시계획 등이 있다.

지자체 활동 전체를 고찰할 때 기본이 되는 것은 4년마다 실시되는 선거로 구분되는 정치 주기이다. 일본 헌법 제92조에는 지자체의 수장과 의회

〈그림 1-2〉 통일지방선거의 이미지

의원을 주민의 직접선거로 선출하도록 되어 있다. 각각의 임기는 4년으로 정해져 있다(지방자치법 제93조, 제140조). 수장과 의원의 활동은 임기 4년을 마치기 직전에 치러지는 다음 선거에서 평가되어 재선하거나 낙선하는데, 따라서 이들은 임기를 하나의 마디로 생각하고 행동한다고 볼 수 있다.

제2차 세계대전 이전에는 도도부현 지사가 관선(내무성의 관료가 순환하며 근무하는 형태)이었으나 전후 처음으로 지사도 주민의 직접선거로 뽑게 되었다. 따라서 1947년 4월에 처음으로 통일지방선거가 실시되어 전국 모든 도도부현과 시정촌에서는 수장과 의회 의원 선거가 일제히 치러졌다. 그러나 그 후 수장이 임기 도중에 질병이나 다른 사유로 퇴임하거나, 의회가 해산되거나, 시정촌 통합이 이루어지면서 지역별로 선거 시기가 서서히 어긋나게 되었다.

2007년 통일지방선거 때에는 47개 도도부현 지사 가운데 13개 지사 선거(28%)가, 47개 도도부현 의회 가운데 44개 의회 의원 선거(94%)가 치러졌고, 정령시(政令市)에서는 17개 중 3개 시장 선거(18%)와 14개 지역 의회 의원 선거(82%)가, 정령시 이외의 일반 시에서는 765개 시 중에 94개 시장 선

〈표 1-1〉 2011년 통일지방선거 실시 비율(지진 이전의 당초 예정 비율)

구분	도도부현		지정도시		지정도시 이외의 시		특별구		정촌		소계		합계
	장	의회	장	의회	장	의회	장	의회	장	의회	장	의회	
단체 수(A)	47		19		767		23		938		1,794		1,794
특별법 제1조 규정에 의해 예정된 재선거 단체 수(B)	13	44	5	16	88	305	13	21	131	401	250	787	1,037
통일률(B/A, %)	27.66	93.62	26.32	84.21	11.47	39.77	56.52	91.30	13.97	42.75	13.94	43.87	28.90
전회(2007년 4월) 집행단체 수	13	44	3	14	95	309	13	21	156	448	280	836	29.78%

자료: 총무성 자치행정국 선거부(総務省自治行政局選挙部).

거(13%)와 309개 지역 의회 의원 선거(40%)가 실시되었다. 2011년 통일지방선거에는 도도부현 단위에서 13개 지역의 지사 선거(28%)와 44개 지역의 의회 의원 선거(94%)가, 정령시에서 5개 지역의 시장 선거(26%)와 16개 지역의 의회 의원 선거(84%)가, 일반 시에서 88개 지역의 시장 선거(11%)와 305개 지역의 의회 의원 선거(40%)가 예정되어 있었다. 그러나 2011년 3월 11일에 발생한 동일본 대지진의 영향으로 피해 지역의 선거 일정이 크게 연기되었다.

같은 지자체 내에서 수장 선거와 의회 의원 선거가 다른 시기에 치러지는 경우도 드물지 않다. 지자체에서 수장 선거와 의회 의원 선거의 주기가 어긋날 경우 지자체의 활동은 선거 사이의 4년을 하나의 주기로 보아 정치적으로 움직인다고 할 수 있다.

수장의 영향력은 가히 절대적이다. 지자체에서 새로운 수장이 선출되면 이전 수장의 노선을 계승할지, 일부를 변경할지, 아니면 근본적으로 바꿀지에 따라 그 지자체의 향후 정책이 크게 좌우된다. 특히 자치사무에서는 수장의 생각이 많이 묻어난다.

새로 선출된 수장이 당면하는 최초의 과제는 부지사나 부시정촌장 등 특별직이라 불리는 간부의 인선이다. 이러한 특별직은 의회의 동의를 얻어야 하는 인사이기 때문에(지방자치법 제162조) 인선에서 의회의 합의를 얻을 수 있는지는 이후 의회와 행정 운영을 원활하게 진행할 수 있을지에 대한 시험대가 된다. 의회 다수파가 추천한 수장의 후보가 패하고 대립했던 후보가 당선된 경우 인사 동의가 원만치 못했던 사례가 적지 않다.

특별직 인사 동의와 함께 중요한 과제는 예산편성이다. 예산편성 주기상 이미 집행되는 예산을 대폭 재편성하기는 어려우므로 대개는 그다음 해 예산편성부터 새로운 수장이 영향력을 행사한다. 그러나 보정예산을 편성하는 방식 등으로 지역 매니페스토(정권 공약, 정책 강령)로 내걸었던 정책을 수장이 시행하는 경우도 적지 않다.

예산편성 과정은 9장에서 상술하겠지만, 수장의 지휘명령에 따른 예산편성 과정에는 의회가 관여한다. 일본의 지자체에서는 예산안을 제안할 수 있는 사람이 수장뿐이므로 의회는 예산제안권이 없다. 의회 심의 과정에서 예산을 증액할 수는 있지만 예산 제출 권한을 침해하는 정도의 수정은 할 수 없게 되어 있다. 그렇다 하더라도 수장이 제출한 예산안에 대해 의회 본회의나 예산위원회 또는 각 상임위원회는 여러 각도에서 질문을 던진다.

이전의 지방자치법에는 의회가 연 4회 이내의 정례회를 개최하도록 하는 규정이 있었기 때문에[2004년 개정으로 '매년 조례로 정하는 횟수'(제102조)로 바뀜] 지금도 의회를 4회 정도 개최하는 지역이 많다. 5~6월의 의회는 짧으며 의장이나 부의장 등 임원을 선임하는 것이 주된 과제이다. 결산 의회라고도 불리는 9~10월 의회에서는 전년도에 집행된 지출의 결산을 승인한다. 이때에는 지출의 적정성을 놓고 수장 측과 격렬한 공방을 벌이기도 한다. 11~12월 의회에서는 보정예산(이전에는 공무원 급여 개정이 주요한 의제였다)이나 조례심의가 이루어진다. 예산 의회라고도 불리는 2~3월의 의회에서는 예산심의가 이루어진다. 예산 의회의 모두에는 수장이 예산편성 등에

<표 1-2> 예산 주기

	X-1년도	X년도	X+1년도
X-1년도 예산	집행	결산	
X년도 예산	작성(예산편성)	집행	결산
X+1년도 예산		작성(예산편성)	집행

관해 시정방침 연설을 하고 의회의 각 회파가 대표 질문을 통해 수장의 기본자세를 묻는 것이 통례이다.

당해 연도(4월 1일부터 익년 3월 31일까지)에 단체장과 의회가 예산을 관리하는 내용을 정리하면 다음과 같다. 먼저 수장의 집행 권한에 근거해 당해 연도의 예산집행 및 그다음 해의 예산편성 작업이 이루어진다. 수장을 중심으로 여름부터 예산편성을 시작해 한 달여에 걸쳐 예산안을 작성한 후 2~3월의 예산 의회에서 심의를 받는다. 그사이 전년도의 결산이 행해진다. 결산은 4월부터 시작해 9~10월 의회에서 승인을 받는다. 이와 같이 한 해를 놓고 보면 당해 연도 예산의 집행, 다음 연도의 예산편성, 전년도의 결산이 병행해서 이루어진다는 것을 알 수 있다.

이상에서 살펴본 바와 같이 지자체의 활동은 정치 주기, 예산·회계 주기 등의 순환 속에서 진행된다. 따라서 지자체 이외의 행위자 또한 이러한 주기를 의식해서 지자체 거버넌스에 관여한다. 예를 들어 어떤 집단이 특정한 신규 정책을 쟁점화해서 지자체의 정책으로 채택되게 만들었다 하더라도 신규 정책을 바로 실시하는 것은 불가능하다. 예산이 없기 때문이다. 이 때문에 다음 연도 예산편성이 시작되는 여름을 목표로 정책을 예산안에 넣기 위한 여러 가지 활동이 시작된다. 또한 이러한 주기가 수장이나 의회 의원 선거 때 영향을 미치는 경우도 있다. 다만 지자체와 관계된 수많은 행위자가 이런 주기를 모두 의식한다고는 할 수 없어서 의식의 차이가 생기는 경우도 자주 있다.

| 키워드 |

거버넌스, 네트워크, 지자체의 역할, 협동, 정치 주기, 예산 주기

| 연구 과제 |

1. 자신이 속한 지자체의 정치 주기는 어떤지 조사해보자.
2. 자신이 속한 지자체에서 최근 화제가 된 정책의 결정 과정과 거기에 등장하는 행위자에 대해 조사해보자.
3. 자신이 속한 지자체에서 수년 동안 행정 방식이 변하고 있는지, 변하고 있다면 무엇이 그러한 변화를 추동해왔는지 조사해보자.

| 참조 용어 |

- 메이지(明治) 원년: 1868년
- 다이쇼(大正) 원년: 1912년
- 쇼와(昭和) 원년: 1926년
- 헤이세이(平成) 원년: 1989년

| 참고문헌 |

大山耕輔. 2010. 『公共ガバナンス』. ミネルヴァ書房.
経済同友会. 2008年 6月. 『基礎自治体のガバナンス改革~課題と改革の方向性~』(2007
　　年度 地方行財政改革委員会提言).
新川達郎 編著. 2011. 『公的ガバナンスの動態研究―政府の作動様式の変容』. ミネル
　　ヴァ書房.
宮川公男・山本清 編. 2001. 『パブリック・ガバナンス―改革と戦略―』. 日本経済評論社.
村松岐夫. 2001. 『行政学教科書』(第2版). 有斐閣.
山本啓 編. 2008. 『ローカル・ガバメントとローカル・ガバナンス』. 法政大学出版局.
辻中豊・伊藤修一郎 編著. 2001. 『ローカル・ガバナンス』. 木鐸社.
ロバート・パットナム. 2001. 『哲学する民主主義―伝統と改革市民的構造』. NTT出版.
Rhodes, R. A. W. 1997. *Understanding Governance: Policy Networks, Govern-
　　ance, Reflexibility and Accountability.* Open University Press.

| 옮긴이 해설 |

한국이나 일본의 지방자치단체 정치·행정 주기 중에서 가장 중요한 주기는 4년 주기의 지방자치단체장과 지방의회 의원의 선거라고 할 수 있다.

일본의 경우 지자체 수장이 퇴임하거나 의회가 해산되면 4년 임기의 새로운 선거가 실시되어 전국적인 선거(통일지방선거)와 지역에 국한된 선거가 각각 다른 주기로 진행된다.

한국에서는 지방자치단체장이나 지방의회 의원이 궐위되었을 경우 잔여 임기를 채우기 위한 재선거·보궐선거가 실시되고 임기 종료 후 전국 동시 지방선거가 일제히 실시된다는 점이 일본 지자체의 선거와 다르다.

한국이나 일본 모두 국정(선거) 상황에 따라 지방자치선거가 영향을 받는다는 점은 부인할 수 없다. 그러나 대통령 선거 직후 또는 국회의원 선거 중간에 치러지는 우리나라의 지방선거가 국정 상황의 영향을 더욱 직접적으로 받는다는 사실은 역대 선거가 증명한다. 더구나 정당공천제 하에서 인물 본위가 아닌 정당 대결로 치러지는 경향 때문에 정치색이 더욱 뚜렷하게 나타난다.

한국과 일본의 지방선거 후보자 공천 제도를 비교해보고 정당정치가 지방선거에 미치는 순기능과 역기능을 생각해보자.

02 │ 국가와 지방의 관계

　지방분권이라는 말이 일반적으로 사용된 지는 오래되었다. 특히 2000년에 시행된 분권일괄법(分權一括法)에 이르기까지 지방분권추진위원회의 활동은 지방분권의 의의를 고양시켜 중앙과 지방의 기존 형태를 변화시키도록 박차를 가한 원동력이 되었다. 2000년대부터는 삼위일체 개혁(三位一体改革)이라는 이름 아래 세원 이양 등도 이루어졌다. 한편 중앙의 개혁 움직임과 반드시 대응하는 형태는 아니지만 지방에서도 다방면에 걸쳐 다양한 개혁이 진행되었다. 이들의 관계를 어떤 식으로 이해하면 좋을까?

1. 국가의 사무와 지방의 사무

　〈표 2-1〉은 국가와 지방의 행정사무 분담을 나타낸다. 공공 자본 분야에서는 고속도로, 국도의 일부, 하천의 일부를 국가가 담당하고, 도로, 하천, 항만, 주택, 도시계획, 하수도는 도도부현 또는 시정촌, 즉 지자체가 담당한다.

　교육 분야는 대학은 국가가, 고등학교는 도도부현이, 초등학교·중등학교·유치원은 시정촌이 담당한다. 단, 초등학교·중등학교 교원의 급여는 도도부현에서 지급된다. 한편 도도부현 및 규모가 큰 시에서는 대학을 운영

〈표 2-1〉 국가와 지방의 행정사무 분담

분야		공공 자본	교육	복지	기타
국가		고속도로, 국도(지정 구간), 일급 하천	대학, 사학 조성(대학)	사회보험, 의사 등 면허, 의약품 허가 면허	방위, 외교, 통화
지방	도도 부현	국도(기타), 도도부현 도로, 일급 하천(지정 구간), 이급 하천, 항만, 공영주택, 시가화 구역, 조정 구역 결정	고등학교·특별 지원학교, 초등학교·중등학교 교내 급여·인사, 사학 조성(유치원~고등학교), 공립대학(특정 도도부현)	생활보호(정촌 구역), 아동복지, 보건소	경찰, 직업 훈련
	시정 촌	도시계획 등(용도 지역, 도시 시설), 시정촌 도로, 준용하천, 항만, 공영주택, 하수도	초등학교·중등학교, 유치원	생활보호(시 구역), 아동복지, 국민건강보험, 개호보험, 상수도, 쓰레기·분뇨 처리, 보건소(특정 시)	호적, 주민 기본대장, 소방

자료: 총무성 웹페이지.

하는 곳도 있다.

복지 분야에서는 사회보험과 의약품의 안전은 국가가, 이외에는 지자체가 담당한다. 생활보호, 아동복지, 보건소, 국민건강보험, 개호보험(介護保險),* 쓰레기 및 분뇨 처리, 상수도 등 수많은 종류의 복지·위생 분야를 지자체가 담당하는 것이다.

그 밖의 분야를 살펴보면 방위·외교·통화는 국가가, 경찰·소방·호적 등은 지자체가 각각 담당한다.

이렇게 보면 국가사무는 국가의 존립에 관계되는 사무 또는 전국적으로 통일될 필요가 있는 사무에 국한되어 있고, 그 외의 많은 업무는 지자체에

---

* 치료(cure)가 아닌 보호(care) 개념으로서 신체 또는 정신장애 등으로 일상생활을 영위하는 데 지장이 있는 사람에게 신변과 관계된 일련의 원조를 행하는 것으로, 미리 보험료를 기여하고 급부받는 제도이다. — 옮긴이

할당되어 있음을 알 수 있다. 지자체는 주민 생활에 관계되는 다양한 업무를 취급하는 것이다.

9장의 〈그림 9-3〉은 세출의 규모를 면적으로 나타낸 것인데, 이 그림을 보면 교육비는 국가와 지방을 합친 전체 세출 가운데 약 12%를 차지하고, 교육비의 대부분을 차지하는 학교교육비 중 89%는 지방에서 지출된다는 것을 알 수 있다. 다른 항목을 보더라도 일본의 내정을 맡은 것은 지자체이고, 국민 생활과 밀접하게 관련된 행정은 대부분 지자체에서 시행됨을 알 수 있다. 그 결과, 정부 지출 전체에서 차지하는 지방재정 지출의 비율은 60%에 가깝다.

2. 분권의 의미와 제2차 세계대전 이후 일본의 지방자치

앞에서 보았듯이 국가와 지방은 사무적인 면에서 대략적으로 역할이 분담되어 있다. 그러나 그 경계가 반드시 명확하지는 않은데, 이런 점이 일본의 지방자치제도가 '융합형'이라고 불리는 이유이기도 하다.

현(県) 차원에서 보면 본래 현이 하지 않으면 안 되는 일(이를 '자치사무'라 한다) 이외에 본래 국가가 해야 하는 일인데도 현이 대신하는 일(이를 '법정수탁사무'라 한다)이 있다.

시정촌은 시정촌 본래의 일 외에 도도부현의 일을 대신하기도 하고 국가의 일을 맡아서 하기도 한다. 예를 들면, 각 시정촌에는 선거관리위원회가 설치되어 있어 시정촌장의 선거와 시정촌 의회 의원의 선거사무를 취급하는 것(이는 시정촌의 본래의 일이므로 자치사무이다) 외에 도도부현 지사와 도도부현 의회 의원의 선거사무를 취급하고 있으며[이는 본래 도도부현의 일이지만 시정촌이 대신해주고 있으므로 법정수탁사무이다(제2호 법정수탁사무)], 중의

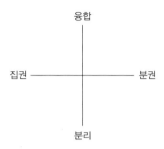

원 의원 선거와 참의원 의원 선거라는 국정선거의 사무도 취급하고 있다[이는 본래 국가의 일이지만 시정촌이 대신해주고 있으므로 법정수탁사무이다(제1호 법정수탁사무)].

즉, 시정촌에서는 시정촌의 본래 업무 이외에 도도부현과 국가의 사무까지 맡아서 하는 경우가 많기 때문에 도도부현과 국가 차원의 일이 시정촌의 일과 융합해서 행해지고 있다. 주민 입장에서는 시정촌 사무실에서 많은 업무가 처리되는 것이 편리하지만, 그 일이 본래 (국가, 도도부현, 시정촌 가운데) 어느 곳의 일인지를 알기는 어렵다.

도도부현도 마찬가지여서 여기서도 본래의 사무인 자치사무와 법정수탁사무(제1호 법정수탁사무)가 융합되어 있다. 실제 사무를 처리하는 직원도 자신의 일이 자치사무인지 법정수탁사무인지를 의식하고 있는 경우가 드물다.

중앙과 지방의 관계를 분석하는 틀로는 아마카와 아키라(天川晃)에 의한 분류 모델(또는 이를 응용한 분류)이 지방자치 연구자 사이에서 주로 사용된다(〈그림 2-1〉 참조). 아마카와는 중앙과 지방의 관계를 두 개의 축으로 분류하고 있다.

먼저 제1의 축은 중앙정부와의 관계에서 지자체의 의사 결정 자율성을 기준으로 하는 집권(集權)과 분권(分權) 축이다. 집권은 지방에 관한 의사 결정을 전부 중앙정부가 내려서 지자체 및 주민에게 허용하는 자주적 결정 범위를 좁게 한정하려는 것을 말한다. 이와 반대로 지자체 및 주민의 자주적 결정 범위를 확대하려는 것은 분권이라고 한다. 지역에는 독자적인 개성과 고유의 이해관계가 존재하므로 이에 관한 결정을 중앙정부에 맡길 수 없다는 생각은 분권 지향과 결부되어 있고, 국민 전체의 복지 향상 또는 균등화를 위해서는 획일적인 결정이 필요하다는 생각은 집권 지향과 결부되어 있다.

제2의 축은 중앙정부와 지자체의 행정 기능 관계를 기준으로 하는 분리(分離)와 융합(融合) 축이다. 지자체 구역 내의 중앙정부의 기능을 어디서 맡는가를 판단하는 기준이다. 분리형은 지자체 구역이더라도 중앙정부의 기능은 중앙정부의 파견기관이 독자적으로 분담하는 형태이다. 융합형은 지역의 행정 서비스는 지자체가 종합적으로 맡는 한편, 중앙정부가 사무의 집행을 큰 틀에서 관여하는 형태이다.

메이지 헌법하의 중앙과 지방의 관계는 집권형·융합형을 기본으로 구성되었다. 그러다가 시간이 지나면서 분권·분리의 경향이 병존했는데, 특히 종전 직후의 점령개혁기에는 각인각색의 인물들이 각기 다른 개혁을 지향했다. 다양한 대립 끝에 전후 일본의 중앙과 지방의 관계는 전체적인 방향성에서 봤을 때 집권형·융합형에서 분리형·융합형으로 변화했다고 아마카와는 말한다.

단, 집권과 분리의 축에서 보자면 분권의 정도가 시대와 더불어 변화되었다. 1960년대의 고도성장기에는 신(新)중앙집권이 나타났으며, 제2차 임시행정조사회[이른바 도코임조(土光臨調)]에 의해 더욱 새로운 중앙집권, 즉 신신중앙집권이 나타났다고 보는 견해도 있다. 한편 이와는 다른 견해도 있다.

여기서는 전후 지방자치와 중앙의 관계를 간단히 살펴보려고 한다. 전후 일본은 '선진 제국을 따라잡고 추월하자'라는 이념을 공유하면서 전 국민이 하나가 되어 경제 발전을 위해 노력했다. 전후 행정 수요가 확대되는 가운데 전국적인 행정 수준의 통일성과 공평성을 확보한다는 관점에서 도입된 기관위임사무와 보조금 및 지방교부세 등 재정조정제도는 일본의 국가와 지방 관계의 근간을 이루었고, 이는 소득 재분배와 국토 균형 발전에 큰 역할을 수행했다. 학계에서는 이러한 제도가 자치라는 점에서 문제가 있다는 사실을 계속 지적했지만, 이 제도는 실무에 정착되어 전국적인 통일성과 공평성을 도모하는 데 공헌했다고 할 수 있다.

1960~1970년대는 경제 발전과 전국적인 통일성·공평성이 우선시된 시대였다. 경제성장에 따라 행정 기구가 팽창하는 가운데 국가와 지방이 권한 및 책임과 경비를 어떻게 분담할지를 놓고 논의가 이루어졌다. 임시행정조사회[제1차 임조(臨調)]의 '행정사무 재배분에 관한 개혁 의견'(1964년)은 당시로서는 지역성과 종합성을 실현하기 위해 기관위임 방식을 취하는 것이 가장 적당하다고 판단했고 이를 강화하는 방향에서 모든 제도를 활용했다. 즉, 집권적 요소를 정당한 것으로 인정했다.

국가 정책도 마찬가지였다. 1962년의 전국종합개발계획[전종(全綜)]에서는 '거점개발구상'에 의거한 '도시 과대화 방지와 지역 격차 시정'이 핵심 과제였고 이는 1969년의 신전종(新全綜, 대규모 프로젝트 구상에 따른 개발 가능성을 전 국토로 확대·균형화하는 것을 목표로 함)으로 승계되었는데, 그 기조를 이루는 것은 일관된 '국토의 균형 발전' 또는 '지역 격차의 시정'이었다. 이러한 목표는 중앙집권 사상과 결부되기 쉽다.

그러나 고도의 경제성장을 바탕으로 국민소득과 생활수준이 향상되고 기본적인 사회자본 정비가 달성되자, 이전과 같은 행정 수준의 전국적인 통일성 및 공평성에 대한 논의보다 개인이나 지역의 개성과 다양한 가치관, 자립과 책임의 관념이 중시되었다.

정부 방침하에 1960~1970년대를 일관한 '통일성·공평성 중시'라는 가치관에 큰 전기를 가져온 것은 1982년 제2차 임시행정조사회의 기본 답신이었다. 답신은 표준적인 서비스는 전국으로 통일되고 공평하게 제공하는 한편 표준을 초과한 지역의 독자적 서비스는 주민의 선택과 부담으로 이루어지는 한, 지역 간에 '어느 정도의 격차가 있는 것은 당연'한 것으로 받아들일 것을 제언한다. 또한 시정촌을 중시했던 사무의 재배분과 기관위임사무, 국가의 관여와 필치규제(必置規制) 등의 정리와 합리화를 제언했다.

제2차 임시행정조사회에 승계되어 설치된 제1차 임시행정개혁추진심의회(이하 행혁심)의 '행정개혁의 추진에 관한 답신'(1985년)도 기관위임사무의 유효성을 인정하면서 기관위임사무가 갖는 책임의 불명확화와 획일화, 종합성의 저해 등의 폐해를 지적하고 장차 기관위임사무를 폐지·축소해 여기에 해당하는 업무를 지자체 사무로 시정촌에 이양할 것을 제언한다.

1980년대 후반에 들어서면 지역의 개성과 다양한 가치관을 중시하는 경향이 더욱 강해졌다. 제2차 행혁심의 '국가와 지방의 관계 등에 관한 답신'(1989년)에서는 메이지 이래 '구미 선진 제국으로'라는 구호 아래 형성된 의사 형성과 자원 배분의 시스템을 개인·지역의 참여에 의한 주체적인 선택과 책임에 비중을 둔 시스템으로 대체하라는 제언과 더불어 도시를 중시한 사무 권한 이양과 국가 관여의 축소를 제안한다.

한편 이 시기에 도입된 지역종합정비사업채(地域綜合整備事業債)는 지역정비 계획과 사업 실시를 지방의 독자적 발상에 위임했으며, 이는 국가(자치성)가 기채 및 교부세 조치를 지원하는 것을 원칙으로 전국 대부분의 시정촌에서 이용되었다. 그리고 건설성과 농수성 등에서도 지역의 특성과 개성을 살리는 사업들을 전개했다. 또한 이 시기에는 앞에서 언급한 제언들을 반영해 지방자치법이 잇달아 개정되었다.

3. 1990년대의 분권개혁

1990년에는 제3차 행혁심이 발족되었고 1992년에는 민간정치임조(民間政治臨調)가 '지방분권에 관한 긴급 제언'을 하는 등의 움직임이 있었지만 현실에서의 큰 변화는 1993년부터 나타났다. 이해 6월 중참(衆參) 양원은 잇달아 '지방분권 추진에 관한 결의'를 통해 "중앙집권적 현재의 행정 형태에 의문을 다시 제기하고 지방분권이 한층 더 발전되기를 바라는 목소리가 대세다"라고 주장하면서 "지방분권을 적극적으로 추진하기 위한 법 제정을 비롯한 근본적인 시책에 대해 총력을 기울여야 한다"라고 했다.

그러던 중 행혁심 내부에서 지방분권을 강하게 주장하던 전 구마모토(熊本) 현지사인 호소카와 모리히로(細川護熙)가 일본신당을 결성해 1993년 8월 연립 정권을 탄생시키면서 지방분권에 대한 기대는 급속히 높아졌다. 같은 해 10월 제3차 행혁심의 최종 답신에서는 지방분권 추진을 첫째 항목으로 받아들여 "근본적인 분권개혁을 추진하기 위해 우선 국가와 지방의 역할 분담을 대폭적으로 재평가해 조정한 후 국가로부터 지자체로 권한 이관 등을 착실하게 실행할 필요가 있다"라고 밝혔다. 또한 정부 내부에 지방분권의 추진 체제를 새로 정비해서 1년 정도를 목표로 대강의 방침을 작성한 뒤 지방분권 추진에 관한 기본적인 법률을 제정할 것을 요구했다.

이후 정권은 자민당·사회당·진보정당의 연립에 의한 무라야마 도미이치(村山富市) 내각으로 바뀌었고, 분권의 흐름은 이 내각으로 이어졌다. 그 결과로 1994년 12월에는 지방분권 추진을 위한 대강의 방침이 내각회의에서 결정되었고 1995년 5월에는 지방분권추진법이 제정되었다. 이 법률을 기초로 지방분권추진위원회가 설치되었다. 재계 대표와 지식층, 지자체 대표 등 7명의 위원으로 구성된 위원회가 작업을 시작해서 1996년 3월 중간보고에서 '분권형 사회의 창조'라는 기본 구상을 선보였다.

<표 2-2> 지방분권개혁의 경과

연도	월	관련 사항	지방분권추진위원회 관계
1993	6	지방분권 추진에 관한 결의(중참 양원)	
	8	호소카와 내각 발족	
	10	제3차 핵형심(최종 답변서)	
1994	4	하타 내각 발족	
	6	무라야마 내각 발족	
	12	지방분권추진대강 각의 결정	
1995	5	지방분권추진법 제정	
	7		지방분권추진위원회 결정
1996	1	하시모토 내각 발족	
	3		중간보고: 분권형 사회의 창조
	12		제1차 권고
1997	7		제2차 권고
	9		제3차 권고
	10		제4차 권고
1998	5	제1차 지방분권추진계획 각의 결정	
	7	오부치 내각 발족	
	11		제5차 권고
1999	3	제2차 지방분권추진계획 각의 결정	
	7	지방분권일괄법 제정	
2000	4	지방분권일괄법 시행	
2001	4	모리 내각 발족	
	1	중앙 부처 등 개혁 관련법 시행(부처 개편 등)	
	4	고이즈미 내각 발족	
	6		최종 보고: 분권형 사회의 창조—가는 길
	7	지방분권계획추진회의 발족	
2002	6	'경제재정과 구조 개혁에 관한 기본 방침 2002' 각의 결정	
2003	6	지방분권개혁추진회의 '삼위일체 개혁에 관한 의견' 발의	
	6	'기본 방침 2003' 각의 결정	
2004	6	'기본 방침 2004' 각의 결정	
	8	전국 지사회, 보조금 삭감안 결정	
2005	11	삼위일체 개혁, 정부·여당 합의	
연도	월	관련 사항	지방분권개혁추진위원회 관계
2006	9	아베 내각 발족	
	12	지방분권개혁추진법 성립	
2007	4		지방분권개혁추진위원회 발족
	9	후쿠다 내각 발족	
2008	5		제1차 권고
	9	아소 내각 발족	
	12		제2차 권고
2009	9	하토야마 내각 발족(민주당 정권)	
	10		제3차 권고
	11		제4차 권고
	11	지역주권전략회의 설치	
	12	지방분권개혁추진계획 각의 결정	
2010	6	지역주권전략대강 각의 결정	
		칸 내각 발족	
2011	4	지역주권 관련 3법안 성립	
	9	노다 내각 발족	

위원회가 보고한 기본적인 구상에서는 지방분권 추진을 "우리나라 정치·행정의 기본 구조를 근본 뿌리부터 변혁하려는 것으로 …… 메이지유신, 전후 개혁에 이은 제3의 개혁이라고도 할 만한 것의 일환"으로 위상을 정립하고, 지금 왜 지방분권을 추진해야 하는가라는 이유로 ① 메이지 이래 중앙집권형 행정 시스템의 제도적 피로, ② 변동하는 국제사회에 대한 대응, ③ 도쿄 집중형 시정의 개선, ④ 개성 넘치는 지역사회 형성, ⑤ 고령 사회·저출산 사회에 대한 대응을 들고 있다. 즉, 전국적으로 획일적인 통일성과 공평성을 중시해온 '중앙 부처 주도의 종적·획일적 행정 시스템'을 지역의 다양한 개성을 존중하는 '주민 주도의 개성적이고 종합적인 행정 시스템'으로 변혁하는 것을 목표로 한 것이다.

위원회는 이 중간보고의 구상을 기본으로 정부 각 부처의 거듭된 청문회를 거쳐 현실적으로 실행 가능한 분권개혁 방책을 검토한 뒤 1996년 12월 제1차 권고를 냈으며, 1997년 10월 제4차 권고까지 계속해서 제출했다.

이들의 권고를 받은 정부는 1998년 5월에는 제1차 지방분권개혁 추진계획을, 1999년 3월에는 제2차 지방분권개혁 추진계획을 내각회의에서 의결하여 구체적인 법 개정을 포함한 분권개혁에 착수했다. 이렇게 해서 1999년 7월에는 지방자치법 개정을 포함한 총 475개의 관계 법률을 일괄해서 개정하는 지방분권일괄법이 성립되었고, 이 법은 2000년 4월부터 시행되었다.

중간보고의 권고, 정부의 추진계획, 분권일괄법에 이르는 과정을 자세히 들여다보면 다양한 수정이 가해졌다. 그러나 크게 보면 당초의 중간보고에서 명확하게 제시한 기본적인 방향의 개혁을 실현시켰다고 할 수 있다.

개정된 지방자치법은 기존의 기관위임사무에 관한 제50조와 제51조를 삭제했으며, 제2조에서는 기존의 사무 분류와 예시의 조문을 폐지해 자치사무와 법정수탁사무의 개념을 명확히 했다. 나아가 제1조의 2를 신설해 지방공공단체의 역할은 "주민 복지의 증진을 꾀하는 것을 기본으로 지역에서의 행정을 자주적이면서 종합적으로 실시할 역할을 폭넓게 분담한다"라고 규정하고, 국가의 역할은 "지방공공단체와의 사이에 적절하게 역할을 분담함과 아울러 지방공공단체에 관한 제도의 책정 및 실시에 맞춰 지방공공단체의 자주성 및 자립성이 충분히 발휘되도록 하지 않으면 안 된다"라고 규정하여 양자의 역할 분담에 대한 기본 원칙을 명확히 했다.

4. 분권개혁과 지방 단위 행정개혁

1990년대 중앙에서 분권개혁이 추진되는 사이 지방행정의 현장에도 큰 변화가 일어났다. 정보공개, 주민 참여, 주민 투표, 사무 사업 평가와 같이 상당한 비중을 지닌 부수적인 개혁이 지자체에 실시되었다. 국회·내각·심의회에서 법적 개혁이 시작되었을 뿐만 아니라 지방 차원에서도 자체적으로 개혁이 시작된 것이다. 지방 수준의 정부에서 다양한 부수적 개혁이 일거에 다방면에서 시작된 시기는 1990년대 중반이었다. 왜 1990년대에 이러한 부수적인 개혁이 분출되었는지를 존 킹던(John W. Kingdon)의 모델을 통해 살펴보자.

킹던은 미국 정부의 정책 과정 사례 분석(건강보험과 교통정책)을 통해 '정책의 창' 모델을 제시했다. 많은 문제 중에서 특정 문제가 어젠다로 부상하는 이유는 무엇인지, 특정 정책이 선택되는 것은 무엇 때문인지가 그의 관심사였다. 킹던은 문제의 흐름(program stream), 정책의 흐름(policy stream), 정치의 흐름(political stream)이라는 세 가지 흐름이 합류(coupling)할 때 정책의 창이 열려 특정 문제가 부상하고 정책으로 선택된다고 주장했다.

문제의 흐름에서 많은 문제 중 특정 문제가 정책 결정자의 주의를 끄는 것은 사회적 지표(indicator)의 공표, 돌발 사고, 사건의 발생, 기존 정부 계획의 실패 인지에 의해서이다.

정책의 흐름에서는 다양한 가능성이 있는 많은 아이디어 중에서 특정 아이디어가 서로 충돌한다든지, 합쳐서 다시 아이디어를 짠다든지 하면서 최종적으로 논의될 소수의 아이디어로 압축된다. 킹던은 의원과 관료, 이익단체, 연구자 집단, 일반 국민 등 이해 당사자가 폭넓게 산재해 있어 정책안에 대한 아이디어가 이들 사이에 부유해 있는 상태를 '원시 수프(primeval soup, 생명이 태어나기 전 분자의 부유 상태)'에 비유했다. 이 중에서 활동하는 것은 다양한 전문가 집단(policy community)이다. 부유 상태에서 아이디어가 살아남으려면 실현 가능성, 전문가 집단 구성원의 가치 의식과의 정합성, 예산과 대중에 의한 승인 등의 제약을 뛰어넘어야 한다.

정치의 흐름은 국민 정서·시대 분위기, 조직된 정치적인 힘, 정부 내부의 엘리트 움직임 등에 의해 형성된다. 이 3개의 흐름이 정책 실현을 향해 동시에 무르익는 행운이 찾아왔을 때 정책 실현의 가능성이 열린다. 3개의 흐름 영역을 헤엄치면서 합류의 역할을 주체적으로 연출하는 사람은 정책 기업가이다. 정책 기업가는 스스로의 시간, 에너지, 명성, 재력을 기반으로 문제에 정책안을 결부시켜 정치적인 추진력을 부여한다. 문제가 인식되고 해결책인 정책이 준비되어 있으며 정치적인 풍조도 변화의 기회가 무르익은 데다가 제약마저 적은 시기가 찾아온다. 이러한 시기에 긴급을 요하는 문제가 발생하고, 정권 교체, 의회 내 세력 분포의 변화, 국가 전체의 분위기 등 정치의 흐름 중에서 생긴 사건을 계기로 합류가 이루어져 정책의 창이 열리게 되는 것이다. 킹던의 모델에서는 문제의 흐름, 정책의 흐름, 정치의 흐름이라는 세 가지의 흐름이 합류되어야 한다.

일본의 경우 우선 문제의 흐름으로는 ① 정부와 각 지자체의 지표, 특히 재정적인 지표와 저출산·고령화 지표의 악화, ② 공급 부정 지출 사건(허위 출장과 비용 과다 청구, 외곽단체를 통한 회식비 염출)과 수장의 오직(汚職) 등에 대한 지방지의 철저한 추궁, ③ 기존의 지자체 행정 시책 중 실패로 종결된 것(제3섹터에 의한 지역개발이나 막대한 유지비가 드는 전시효과용 하드웨어를 계속 만든 것 등)의 현재화(顯在化), 그리고 무엇보다 ④ 재정 악화의 심각화 등의 사태가 1990년대부터 지방 수준에서 분출하고 정책 결정자가 현상 개혁의 필요성을 강하게 인식하게 된 것을 들 수 있다.

　해결책으로는 우선 제2차 임시행정조사회 이래 재정 문제에 대처하는 정책안이 있었다. 재건행정개혁이 그러한 전형이다. 자치성과 싱크탱크에서 보인 경우도 있었지만 선진적인 지자체에서는 그 외의 다양한 많은 정책 대안이 다방면에서 선행 실시되고 있었다. 그들의 실천은 지자체 간 회의에서, 지방지에서, 지방자치 전문 잡지에서, 나아가 컨설턴트에 의해 차례로 소개되었다. 1990년대 후반부터 인터넷이 보급되면서 정보의 전달 속도도 가속화되었다. 또한 중소 지자체에서 좋은 정책을 골라 올린 것이 중앙 부처 관료들 사이에서 지속적인 경쟁으로 이어진 것도 하나의 이유로 들 수 있다. 정책안에 대한 아이디어는 이런 사람들 간에 '원시 수프'로 부유해 있었다. 한편 전문가 집단으로서 구조 조정을 전문적으로 실시하는 사람들, 정보공개 운동을 전개하는 집단, 주민 참여에 대해 연대를 꾀하려는 NPO, NPM(New Public Management) 개혁 수법을 전개해서 상품화하려는 컨설턴트 회사 등 분야마다 수많은 집단이 탄생했다.

　정치의 흐름으로는 지방 수준에서 불명예로 퇴직한 수장 뒤에 새로운 유형의 수장이 등장한 것이 하나의 계기가 되었다. 1991년과 1995년의 통일 지방선거에서 탄생한 새로운 유형의 지사는 언론에 빈번히 등장했으며, 국민 정서도 버블 붕괴 이후의 정부에 대단히 신랄해졌다. 지방행정개혁은 지방 정치의 중요한 어젠다가 되었다. 그리고 국정 수준에서는 1993년의 55년 체제 붕괴와 곧이어 계속된 정치개혁·선거제도 개혁이 분권일괄법 성립에 큰 도화선이 되었다.

이 세 가지의 흐름이 합류해서 1990년대에 정책의 창이 열려 지방에서 각종 거버넌스 개혁이 동시다발적으로 시작되었으며, 이로 인해 거버넌스 개혁이 큰 에너지를 갖게 되었다고 할 수 있다. 또한 그 도화선이 된 것은 분권을 향한 개혁이었다.

5. 2000년대의 분권개혁

분권일괄법의 제정이 대개혁이기는 했지만 이것에 의해 분권위원회가 목표로 한 '분권형 사회의 창조'가 이루어진 것은 아니었다. 이는 한 걸음을 내디딘 것에 지나지 않는다. 미완의 분권개혁이라는 인식은 분권위원회의 최종 보고서에도 담겨 있다. 최종 보고서에서는 지방세 재원의 충실한 확보, 지방분권과 시정촌 통합의 추진에 입각한 새로운 지방자치의 구조에 관한 검토 등을 남은 과제로 들었다.

우선 지방세 재원을 확보하기 위해 고이즈미 준이치로(小泉純一郎) 정권에서는 삼위일체 개혁을 추진했다. 지방분권추진위원회의 후속 기관으로 2001년 7월에는 지방분권개혁추진회의가 설치되었다. 당초 이 기관은 제1차 분권개혁에 대한 후속 조치와 감시, 국가 사무 사업의 재평가 및 조사 심의 등을 주요한 임무로 했다. 그러나 2002년 6월 '경제재정 운영과 구조 개혁에 관한 기본 방침 2002(骨太2002)'를 내각회의에서 결정해 고이즈미 총리로부터 국고보조부담금 폐지, 국가에서 지방으로 세원 이양, 지방교부세의 재정비를 일체적으로 추진할 삼위일체 개혁에 관한 검토를 지시받았는데, 이로 인해 지방분권개혁추진회의 내부는 재무성파(지방교부세의 근본적인 재정비를 요구하는 재정재건파)와 총무성파(우선 국가에서 지방으로 세원을 이양하고 지방교부세 제도의 유지를 강조하는 지방분권파)로 분열되었다. 2003년

6월에 제출된 '삼위일체 개혁에 관한 의견'은 반대 4명, 기명 거부 1명이라는 이상 사태에서 나온 것이었다.

고이즈미 총리는 이 의견을 단순히 보류하지 않고 경제자문회의에 이관해 논의하게 했다. 이후 고이즈미 총리의 정치적 결단으로 4조 엔의 보조금 삭감과 3조 엔 규모의 세원 이양이라는 방침이 제시되었고, 보조금 삭감의 구체적인 안은 전국지사회가 중심이 되어 지자체 측의 의견으로 해결하도록 했다. 지사회가 정리한 원안을 중심으로 '국가와 지방의 협의의 장'(내각관방 장관이 주최하고 총무, 재무, 경제재정 정책 담당 대신과 지방 6단체*의 대표로 구성)이 만들어져 교섭이 이루어졌다.

결국 삼위일체 개혁은 국고보조부담금의 삭감, 국가에서 지자체로의 세원 이양에 의한 세입자치 확립, 지방교부세 제도의 개혁을 종합적으로 추진하는 쪽으로 방향을 잡고 약 4조 엔의 보조금 삭감, 약 3조 엔의 세원 이양, 약 5조 엔의 지방교부세 삭감으로 결말이 났다.

이후 국가에서 지방으로 추가적인 권한 이양을 추진해 한층 높은 지방분권개혁을 추진할 것을 목적으로 2006년 12월 지방분권개혁추진법이 제정되었으며, 2007년 4월에는 지방분권개혁추진위원회가 내각부에 설치되었다. 1990년대의 제1차 지방분권개혁과 삼위일체 개혁을 합쳐 제1기 지방분권개혁이라 하는데, 이후 제2기 분권개혁이 추진되었다. 지방분권개혁추진위원회는 2008년 5월부터 2009년 11월까지 총 4회에 이르는 권고를 정부에 제출했다. 주된 권고는 다음의 네 가지 항에 대해 이루어졌다. ① 도도부현에서 시정촌으로의 권한 이양, ② 지자체에 대한 의무 부여와 각종 제약 완화, ③ 국가의 특별지방행정기관 재정비, ④ 지방세 재정제도의

---

* 전국지사회, 전국시장회, 전국정촌장회, 전국도도부현의회의장회, 전국시의회의장회, 전국정촌의회의장회를 이르는 말이다. ─ 옮긴이

재구축이다. 이 중 ①, ②, ④는 2001년 6월 지방분권추진위원회의 최종 보고에 남은 과제로 지적된 것이었다. 그중에서 지방분권개혁추진위원회가 가장 총력을 기울인 것은 '② 지자체에 대한 의무 부여와 각종 제약 완화'였다. 국가 법령에 의한 입법적 관여를 재정비해 지자체에 의무를 부여하고 제약을 완화함으로써 지자체에 자율의 폭을 확대하려고 한 것이다.

제3차 권고 직전인 2009년 8월의 중의원 선거에서는 민주당이 압승해 자공연립정권(自公聯立政權)으로부터 정권 교체가 이루어졌다. 민주당은 매니페스토로 내건 지역 주권을 확립하기 위해 지역주권전략회의를 발족시켰고, 여기서 앞에서 언급한 권고를 실현하기 위해 '지방분권개혁추진계획'을 만들어 내각회의에서 결정하도록 했다.

권고 내용 중 '③ 국가의 특별지방행정기관 재정비'에 대해서는 각 부처가 격렬히 저항했으나 4차에 걸친 권고를 통해 2009년 12월 '지방분권개혁추진계획'으로 내각회의에서 결정되었고, 그중 일부는 2011년 4월 '국가와 지방의 협의의 장에 관한 법률', '지역의 자주성 및 자립성을 높이는 개혁 추진을 도모하기 위한 관계 법률의 정비에 관한 법률'(제1차 일괄법)로 성립되었다.

| 키워드 |

국가와 지방 간의 행정사무 분담, 아마카와 모델, 지방분권추진위원회, 지방분권일괄법, 정책의 창, 삼위일체 개혁, 미완의 분권개혁

| 연구 과제 |

1. 지방분권개혁의 정치 과정을 조사해보자. 특히 그 배경과 다양한 정치적 인물이 어떻게 관계되었는지, 사상적인 흐름은 어땠는지 조사해보자.
2. 자신이 속한 지자체의 사무 중 법정수탁사무에는 어떠한 것이 있을까? 이를 자치사무와 비교해 어떠한 특장(特長)이 있는지 조사해보자.
3. 킹던의 모델을 응용해 설명할 수 있는 현상을 찾아보자.

| 참고문헌 |

天川晃. 1983. 「広域行政と地方分権」. ジュリスト綜合特集. 『行政の転換期』.

大森弥. 2008. 『変化に挑戦する自治体―希望の自治体行政学』. 第1法規.

東京市政調査会 編. 2002. 『分権改革の新展開に向けて』. 日本評論社.

成田頼明. 1997. 『地方分権への道程』. 良書普及会.

西尾勝. 1999. 『未完の分権改革』. 岩波書店.

_____. 2007. 『地方分権改革』. 東京大学出版会.

日本行政学会 編. 2008. 『分権改革の新展開』(年譜行政研究 43). ぎょうせい.

村松岐夫・稲継裕昭 編著. 2003. 『包括的地方自治ガバナンス改革』. 東洋経済新報社.

森田郎・田口一博・金井利之 編. 2008. 『分権改革の同態』. 東京大学出版会.

John W. Kingdon. 1995. *Agendas, Alternatives, and Public Policies*(2nd edition). HarperCollins.

아마카와 교수는 의사 결정의 자율성을 기준으로 하는 집권과 분권이라는 축과 행정 기능상의 분리와 융합이라는 축을 조합한 분류 모델로 일본의 중앙과 지방의 관계를 분석하면서 일본 지방자치가 메이지 헌법 이래 집권형·융합형에서 분권형·융합형으로 변화해왔다고 말하고 있다. 한국의 경우도 이러한 분류 모델에서 어느 정도의 시사점을 얻을 수 있다고 본다. 융합형 정부 구조하에서 중앙행정 권한(사무)의 지방 이양이 이루어지고 있으며, 지방자치의 충실화를 위한 분권 지향 노력도 시도되고 있기 때문이다. 예를 들면, 지방분권이라는 표현이 법률명에 들어가 있으며(기존 '지방분권 촉진에 관한 특별법'과 현행 '지방분권 및 지방행정체제 개편에 관한 특별법'), 동법에서는 지방분권의 기본 이념을 지방의 창의성과 다양성이 존중되는 내실 있는 지방자치를 실현하는 것으로 규정하고 있다.

분권화의 진척 정도는 일반적으로 자치입법권, 자치조직권, 자치행정권·자치재정권, 중앙정부의 지도권·감독권 등을 비교해 평가한다. 국내 학계 일부에서는 일본, 프랑스 등 지방분권이 가시적으로 진척되는 나라와 비교해 우리나라의 지방분권이 아직 제대로 이루어지지 않았다고 본다. 현실에서 중앙과 지방의 관계와 분권 문제는 국정 운영의 기본 틀에 관한 사항으로서 향후의 권한 이양과 분권 논의는 국민적 합의를 전제로 어느 정도의 방향을 잡고 추진되어야 할 것이다.

03 | 지방자치단체 제도

일본의 지자체 제도는 도도부현과 시구정촌(市区町村)이라는 2층제를 취한다. 이는 중앙정부와 지자체의 관계와 연관되지만, 여기서는 2층제가 기대하는 바가 무엇인지를 알아보려고 한다. 역사적으로 일관된 지자체 제도의 특징과 제도 개혁의 문제점을 짚어보고 최근 지자체 제도의 동향과 향후 전망을 생각해보자.

1. 도도부현과 시정촌

현대 일본의 자치제도는 도도부현과 시정촌이라는 2층의 제도를 골격으로 구성되어 있다. 전후 일본의 자치제도를 정하고 있는 지방자치법에 따르면 도도부현과 시정촌은 모두 "보통지방공공단체"(제1조의 3)로 규정되어 있으며, 2000년에 개정된 지방자치법에는 지방공공단체가 "주민 복지의 증진을 꾀하는 것을 기본으로 지역의 행정을 자주적이면서 종합적으로 실시하는 역할을 광범위하게 담당하는 기관"(제1조의 2 ①)이라고 규정되어 있다. 각기 맡은 행정사무는 2장 1절에서 본 바와 같다.

메이지 헌법 시기에도 도도부현과 시정촌이라는 2층의 제도가 존재했지만 도도부현과 시정촌의 성격이 현재와는 크게 달랐다. 도도부현은 기본적으로 국가의 지방행정구획이고, 지방행정장관인 지사 역시 그의 참모와 함께 국가의 관리였다. 의회가 설치되고 의원이 지방비를 의결하긴 했지만 지자체로는 불완전했다. 한편 시정촌은 의회에서 시정촌장을 선임하는 방식의 완전 지자체이지만 지사가 시정촌을 감독하는 등 부현의 감독 아래 자치가 인정되었다(14장 참조).

도도부현 제도를 보면 메이지 헌법 시기에는 부현이 제도의 중핵이었으며, 도(都)와 도(道)는 예외적인 제도였다. 도쿄는 처음에는 도쿄 부였지만 1943년 도쿄 부와 도쿄 시를 통합한 도쿄도제(東京都制)가 만들어졌다. 한편 홋카이도(北海道)는 부현제의 예외로 처음부터 별도의 제도하에 있었는데, 이것이 도도부현으로 통합된 것은 제2차 세계대전 이후인 1946년이었다. 도부현제가 도쿄도제와 통합되어 지방자치법에 계승되었던 것이다.

도도부현 가운데 부현의 구역과 명칭은 역사와 연혁이 있어서 1890년 무렵부터 거의 변하지 않았다. 면적으로 보면 홋카이도가 최대 면적으로 8만 3,450km²이며, 가가와(香川) 현이 최소 면적으로 1,860km²다. 이외의 도부현도 구역이 거의 변경되지 않았다. 그러나 사회적 실태는 메이지 이후 크게 변화했다. 인구 규모로 보면 1888년 당시 1위는 166만 명인 니가타(新潟) 현이고 도쿄 도(당시는 도쿄 부)는 135만 명으로 4위였다. 홋카이도의 인구는 31만 명에 불과해 47위였다. 그 후 도시화·공업화 등으로 인구가 증가하는 부현과 감소하는 부현이 뚜렷해져 2010년 기준 1위인 도쿄 도(1,316만 명)와 47위인 돗토리(鳥取) 현(59만 명) 간에는 약 22배 차이가 난다. 최근에는 저출산·고령화로 인구가 감소하는 부현의 수가 늘어나고 있다(〈표 3-1〉 참조).

지방자치법이 제정되어 도도부현과 시정촌이 함께 완전 지자체로 규정되었지만 양자의 성격 차이가 당초부터 명확히 규정되어 있었던 것은 아니다. 현재와 같이 시정촌을 기초적 지자체, 도도부현을 시정촌을 포괄하는

<h3>〈표 3-1〉 도도부현의 인구 변화</h3>

단위: 1,000명

	1888년	순위	1950년	순위	2000년	순위	2010년	순위	2000~2010년 인구 증감 실수	증감률
전국	39,626.6		83,898		126,926		128,056		1,130	0.9
홋카이도	308.6	47	4,296	2	5,683	7	5,507	8	-176	-3.1
아오모리	527.6	41	1,283	31	1,476	28	1,373	31	-103	-7.0
이와테	655.4	36	1,347	29	1,416	30	1,331	32	-85	-6.0
미야기	735.1	28	1,663	19	2,365	15	2,348	15	-17	-0.7
아키타	684.3	31	1,309	30	1,189	35	1,086	38	-103	-8.7
야마가타	742.6	27	1,357	28	1,244	33	1,169	35	-75	-6.0
후쿠시마	913.8	17	2,062	13	2,127	17	2,029	18	-98	-4.6
이바라키	992.1	14	2,039	15	2,986	11	2,969	11	-17	-0.6
도치기	673.9	33	1,550	23	2,005	20	2,007	20	2	0.1
군마	692.6	29	1,601	22	2,025	19	2,008	19	-17	-0.8
사이타마	1,042.4	12	2,146	10	6,938	5	7,195	5	257	3.7
지바	1,158.8	8	2,139	11	5,926	6	6,217	6	291	4.9
도쿄	1,354.4	4	6,278	1	12,064	1	13,162	1	1,098	9.1
가나가와	919.1	16	2,488	7	8,490	3	9,050	2	560	6.6
니가타	1,662.9	1	2,461	9	2,476	14	2,375	14	-101	-4.1
도야마	748.5	24	1,009	34	1,121	38	1,093	37	-28	-2.5
이시카와	743.0	26	957	36	1,181	36	1,170	34	-11	-0.9
후쿠이	594.7	38	752	45	829	43	806	43	-23	-2.8
야마나시	443.4	43	811	43	888	41	863	41	-25	-2.8
나가노	1,107.5	9	2,061	14	2,213	16	2,153	16	-60	-2.7
기후	904.5	21	1,545	24	2,110	18	2,081	17	-29	-1.4
시즈오카	1,048.4	11	2,471	8	3,767	10	3,765	10	-2	-0.1
아이치	1,436.1	3	3,391	5	7,043	4	7,408	4	365	5.2
미에	908.3	19	1,461	27	1,857	23	1,855	22	-2	-0.1
시가	655.8	35	861	42	1,343	31	1,410	28	67	5.0
교토	865.5	22	1,833	16	2,644	13	2,637	13	-7	-0.3
오사카	1,242.4	6	3,857	3	8,805	2	8,863	3	58	0.7
효고	1,510.5	2	3,310	6	5,551	8	5,589	7	38	0.7
나라	493.0	42	764	44	1,443	29	1,400	29	-43	-3.0
와카야마	621.4	37	982	35	1,070	39	1,001	39	-69	-6.4
돗토리	393.7	45	600	47	613	47	588	47	-25	-4.1
시마네	691.5	30	913	39	762	46	716	46	-46	-6.0
오카야마	1,059.4	10	1,661	20	1,951	21	1,945	21	-6	-0.3
히로시마	1,291.4	5	2,082	12	2,879	12	2,861	12	-18	-0.6
야마구치	910.8	18	1,541	25	1,528	25	1,451	25	-77	-5.0
도쿠시마	676.1	32	879	40	824	44	786	44	-38	-4.6
가가와	659.6	34	946	37	1,023	40	996	40	-27	-2.6
에히메	905.1	20	1,522	26	1,493	27	1,431	26	-62	-4.2
고치	565.6	39	874	41	814	45	765	45	-49	-6.0
후쿠오카	1,209.6	7	3,530	4	5,016	9	5,073	9	57	1.1
사가	551.9	40	945	38	877	42	850	42	-27	-3.1
나가사키	744.6	25	1,645	21	1,517	26	1,427	27	-90	-5.9
구마모토	1,041.5	13	1,828	17	1,859	22	1,817	23	-42	-2.3
오이타	780.0	23	1,253	32	1,221	34	1,196	33	-25	-2.0
미야자키	404.3	44	1,091	33	1,170	37	1,135	36	-35	-3.0
가고시마	981.2	15	1,804	18	1,786	24	1,706	24	-80	-4.5
오키나와	373.7	46	699	46	1,318	32	1,393	30	75	5.7

주: 1888년은 추계이고, 1950년, 2000년, 2010년은 국세조사이다.

<표 3-2> 시정촌 수의 변화

시기	시	정	촌	합계	비고
1888년	-	(71,314)		71,314	
1889년	39	(15,820)		15,859	시제정촌제 시행(1889년 4월 1일)
1922년	91	1,242	10,982	12,315	
1945년 10월	205	1,797	8,518	10,520	
1947년 8월	210	1,784	8,511	10,505	지방자치법 시행(1947년 5월 3일)
1953년 10월	286	1,966	7,616	9,868	정촌통합촉진법 시행(1953년 10월 1일)
1956년 9월	498	1,903	1,574	3,975	정촌통합촉진법 실효(1956년 9월 30일)
2004년 5월	695	1,872	533	3,100	통합특례법 일부 개정(2004년 5월 26일)
2006년 3월	777	846	198	1,821	통합특례법 경과조치 종료(2006년 3월 31일)
2010년 4월	786	757	184	1,727	신통합 등 특례법 시행(2010년 4월 1일)
2012년 1월	787	748	184	1,719	

자료: 총무성 자료를 기초로 작성.

광역적 지자체로 규정한 것은 1956년에 개정된 지방자치법에서이다. 그 배경이 된 것은 1949년의 슈프(Carl Shoup) 권고 이후의 동향이다.

슈프 권고는 주민에게 가장 가까운 시정촌이 지방자치의 주체여야 한다는 구상을 제시했다. 이 권고를 받아들여 만든 지방행정조사위원회의 칸베(神戸) 권고를 통해 시정촌은 '주민에 직결되는 기초적 지방단체'라는 성격을 부여받았고, 사무의 재분배에서도 '제1의 우선권이 부여된다'라고 규정되었다. 1956년의 지방자치법 개정을 통해 시정촌을 포괄하는 광역적 지자체로 위상이 정립된 도도부현은 '광역에 걸친 업무, 통일적인 처리를 필요로 하는 업무, 시정촌과 관련된 연락 조정에 관한 업무, 일반 시정촌이 처리하기에 부적당한 업무'를 처리하는 곳으로 규정되었다.

도도부현의 구역이 거의 안정되어 있었던 것과 비교하면 시정촌의 구역과 수는 크게 변화했다(〈표 3-2〉 참조). 메이지의 자치제도 도입기에는 대개 300~500호를 표준으로 '메이지의 대통합'이 추진되어 약 7만 개이던 정촌이

<표 3-3> 인구 규모별 시정촌 수

연도		1920	1950	1960	1990	2005	2010
시	시 수	83	248	556	656	751	787
	100만 명 이상	2	4	6	11	12	12
	50~100만 명	2	2	3	10	14	17
	30~50만 명	2	4	12	44	45	43
	20~30만 명	0	14	21	38	40	39
	10~20만 명	10	40	71	106	141	157
	5~10만 명	25	86	156	219	249	265
	3~5만 명	34	97	272	165	182	179
	3만 명 미만	8	1	15	63	68	75
정촌	정촌 수	12,161	10,166	2,955	2,590	1,466	941
	3만 명 이상	32	33	34	103	90	72
	2~3만 명	68	122	280	223	160	105
	1~2만 명	374	724	1,194	738	430	283
	0.5~1만 명	1,639	2,618	1,118	897	425	244
	0.5만 명 미만	10,048	6,669	329	629	361	237
시정촌 수 합계		12,244	10,414	3,511	3,246	2,217	1,728

자료: 『2010년 국세조사 인구속보 집계 결과(平成22年国勢調査人口速報集計結果)』(전국·도도부현·
시구정촌별 인구 및 세대 수)의 개요를 기초로 작성.

약 1만 6,000개의 시정촌으로 개편되었다. 제2차 세계대전 이후 칸베 권고
가 제기된 후에는 대략 중학교구에 해당하는 인구 8,000명을 목표로 '쇼와
의 대통합'이 추진되었다. 그 결과로 1953년에서 1961년 사이에 약 9,900개
였던 시정촌이 1/3 가까이 감소했다. 그리고 세기의 전환기에 분권개혁이
진행되면서 '헤이세이의 대통합'에 의해 정촌 통합이 추진되었다. 이리하
여 2004년에 약 3,100개였던 시정촌의 수는 2012년에 1,710개로 크게 감
소했다.

시정촌의 인구 규모 격차는 도도부현에 비해 훨씬 크다. 인구가 약 370만
명인 요코하마(橫浜) 시와 같이 부현보다 인구 규모가 큰 시도 있는 반면,

인구 3만 명 미만의 시도 적지 않다. 시정촌 통합이 추진되긴 했지만 인구 1만 명 미만인 작은 정촌이 전체 정촌의 반 이상인 500여 개에 이른다(〈표 3-3〉 참조).

　지방자치법이 제정된 이후 시정촌 제도, 특히 도시 제도는 점점 다양해졌다. 우선 지방자치법을 제정할 당시에는 특별시 제도가 있었다. 이는 메이지 헌법기에 5대 도시가 부현에서 독립해 특별시 제도를 썼던 것을 전후의 지방자치법에 도입한 것이었다. 특별시 제도는 인구 50만 명 이상의 대도시를 법률로 지정하고, 이러한 대도시를 부현에서 독립시킨 뒤 부현과 같은 권한을 갖게 하는 것이다. 그러나 특별시로 지정되기를 바라는 대도시와 대도시의 이탈에 반대하는 부현이 격렬하게 대립했다. 그 결과, 정부는 1956년 지방자치법 개정을 통해 특별시 제도를 폐지하고 인구 50만 명 이상의 도시를 정령(政令)으로 지정하는 지정도시 제도를 도입했다. 지정도시에는 도도부현이 처리하는 사무 중 18개 항목에 대한 사무 처리 권한을 부여했다. 정령지정도시는 당초 5대 시에 한정되었지만 1963년에 기타큐슈(北九州) 시가 추가되었으며, 그 후 서서히 증가해 2012년 4월 기준 20개에 이른다.

　1994년의 법 개정에서는 중핵(中核)시 제도가 만들어졌다. 이는 제2차 행혁심의 답신과 전국시장회의 제언을 받아들여 만든 제도로, 인구 30만 명 이상(처음에는 면적이 100km² 이상이어야 한다는 요건도 부과되어 있었다)인 시 중에서 당해 시와 도도부현 의회의 의결을 거쳐 지정되었다. 중핵시가 되면 보건소를 설치해 보건위생행정을 실시할 수 있으며, 이외에 사회복지, 도시계획 등의 새로운 권한도 얻게 된다. 1996년에는 12개 시가, 2012년 4월 기준으로는 41개 시가 중핵시로 지정되었다. 나아가 지방분권일괄법에 의한 자치법 개정으로 2000년부터는 인구 20만 명 이상의 도시를 대상으로 하는 특례(特例)시 제도도 새롭게 만들어졌다. 특례시는 중핵시와 같

<표 3-4> 도부현별 시의 구분

	지정도시(20개)	중핵시(41개)	특례시(40개)
홋카이도	삿포로	하코다테, 아사히카와	
아오모리		아오모리	하치노헤
이와테		모리오카	
미야기	센다이		
아키타		아키타	
야마가타			야마가타
후쿠시마		고리야마, 이와키	
이바라키			미토, 쓰쿠바
도치기		우쓰노미야	
군마		다카사키, 마에바시	이세사키, 오타
사이타마	사이타마	가와고에	가와구치, 도코로자와, 고시가야, 소카, 가스카베, 구마가야
지바	지바	후나바시, 가시와	
도쿄			
가나가와	요코하마, 가와사키, 사가미하라	요코스카	오다와라, 야마토, 히라쓰카, 아쓰기, 지가사키
니가타	니가타		나가오카, 조에쓰
도야마		도야마	
이시카와		가나자와	
후쿠이			후쿠이
야마나시			고후
나가노		나가노	마쓰모토
기후		기후	
시즈오카	시즈오카, 하마마쓰		누마즈, 후지
아이치	나고야	도요타, 도요하시, 오카자키	가스가이, 이치노미야
미에			욧카이치
시가		오쓰	
교토	교토		
오사카	오사카, 사카이	다카쓰키, 히가시오사카, 도요나카	스이타, 히라카타, 이바라키, 야오, 네야가와, 기시와다
효고	고베	히메지, 니시노미야, 아마가사키	아카시, 가코가와, 다카라즈카
나라		나라	
와카야마		와카야마	
돗토리			돗토리
시마네			마쓰에
오카야마	오카야마	구라시키	
히로시마	히로시마	후쿠야마	구레
야마구치		시모노세키	
도쿠시마			
가가와		다카마쓰	
에히메		마쓰야마	
고치		고치	
후쿠오카	기타큐슈, 후쿠오카	구루메	
사가			사세보
나가사키		나가사키	
구마모토	구마모토		
오이타		오이타	
미야자키		미야자키	
가고시마		가고시마	
오키나와			

자료: 총무성 조사(2012년 4월 1일 기준).

은 절차로 지정되는데, 특례시가 되면 중핵시에 이양되는 권한 가운데 일부가 이양된다. 2000년에는 10개 시가 특례시로 지정되었고, 2012년 4월 기준 40개 시가 특례시로 지정되어 있다(〈표 3-4〉 참조). 이처럼 시의 제도가 다양화되자 일반 시에서 특례시가 되고, 나아가 중핵시, 더 나아가 지정도시로 이행되는 경로가 만들어지는 것이 아닌가 하는 생각이 들기도 한다.

이외에 일반적인 시의 요건을 보면, ① 인구 5만 명 이상일 것, ② 중심 시가지의 가구 수가 전체 가구 수의 60% 이상일 것, ③ 상공업 등 도시적인 산업에 종사하는 세대가 전체 인구의 60% 이상일 것이며, 그 외에 도도부현이 조례로 정한 요건 등이 있다(지방자치법 제8조). 그러나 특례에 따라 인구 요건을 정하기도 하는데, 통합특례법에 따라 2010년 3월 말까지 통합하는 시의 요건은 인구 3만 명 이상만 충족하면 되고 그 외의 요건은 없다. 한편 정의 요건은 도도부현이 조례로 정하는 것으로 되어 있지만(제8조 제2항), 정과 촌은 명칭상의 차이일 뿐 특별히 법령상의 구별은 없다. 이와 같이 기초적 지자체의 수준에서는 시구정촌의 인구, 규모, 능력에 큰 차이가 있는 것이 현실이다.

도쿄 도의 제도는 지방자치법에서도 예외적이다. 도쿄 도는 보통지방자치단체이지만 특별구는 특별지방자치단체라는 위상을 가진다. 게다가 애초의 지방자치법에서는 특별구에 구장 선거제도가 도입되어 있었다. 그러나 1952년 지방자치법 개정에 따라 특별구의 독립성을 제한하고 종속성을 강화시키기 위해 구장직선제가 폐지되고 구의회가 도지사의 동의를 얻어 선임하는 구장선임제가 도입되었다. 그 후 1964년의 지방자치법 개정을 통해 특별구가 처리하는 사무를 확대했으며 과세권을 법정화했다. 한편 1974년 법 개정을 통해 구장직선제가 1975년부터 부활했으며, 1998년 법 개정으로 특별구가 시정촌과 같은 사무를 처리하는 기초적인 지방자치단체로 취급받게 되었다.

일본은 도도부현과 시정촌이라는 2층제를 취해왔지만(메이지 시기부터 다이쇼 시기까지는 현·군·정촌의 3층제가 존재하기도 했음), 외국의 지방제도를 보면 1층제인 곳도 있고 2층제인 곳도 있으며 3층제인 곳도 있다. 메이지 헌법기의 일본 제도에 가까운 외국의 사례는 프랑스 제도이다. 프랑스는 주(레지옹), 도(데파르트망), 시(코뮌)로 이루어진 3층제를 도입하고, 도는 관선의 도지사가 맡았다. 그러나 1982년의 법률 개정으로 도(데파르트망)와 주(레지옹)도 지자체로 바뀌어 기존의 도지사 대신 도의회에서 선거로 선출한 의장이 집행기관의 수장이 되었다. 이탈리아도 같은 형태로 주(레지오네), 도(프로빈치아), 시(코무네)의 3층제를 취하고 있으며, 1970년대의 개혁을 통해 국가로부터 권한이 크게 이양되었다. 같은 남유럽인 스페인은 자치주를 도입하고 있으며 도와 시의 2층제를 취하고 있다. 한편 북유럽의 덴마크, 스웨덴, 노르웨이 등은 2층제를 택하고 있다. 영국의 잉글랜드 지역은 1986년까지는 2층제였지만 런던과 대도시가 1층제를 도입하고 있고 그 외의 지역에서도 부분적으로 1층제를 취하고 있어 전국적으로 일률적인 제도는 아니다.

2. 지자체 제도의 변화와 연속

일본 지자체 제도의 특징을 어떻게 이해하는 것이 좋을까? 지방제도를 비교할 때에는 단일국가, 연방국가, 영미형의 자치제도, 대륙형의 자치제도의 분류를 사용하는 것이 일반적이다. 이런 관점에서 보면 일본의 지자체 제도는 단일국가 제도이고 서구 대륙형의 계통을 이어받았다고 볼 수 있다.

그러나 2장에서 언급한 집권과 분권, 분리와 융합이라는 분류를 사용해 생각하면 일본의 지방제도는 집권에서 분권으로 변화하는 방향성을 가지면서도 일관되게 융합형의 특징을 갖고 있다고 할 수 있다. 일본 지방제도의 역사는 14장에서 상세히 살펴볼 것이므로 여기서는 제도 변혁이 크게 이루어진 메이지 초기, 제2차 세계대전 이후의 개혁, 그리고 20세기 말의 분권개혁을 융합형의 지속이라는 관점에서 간단히 살펴보자.

메이지 신정부의 과제는 근대적인 통일국가를 만드는 것이었고, 이를 위해 중앙집권적인 정치·행정제도가 만들어졌다. 막번(幕藩) 체제를 대신할 정치·행정제도는 유신 직후부터 다양하게 모색되다가 일본 제국 헌법이 공포된 1880년대 말에 일단의 형태가 정비되었다. 여기서는 메이지 헌법기의 지방행정 시스템을 내무성과 부현 형태로 보고 이 시스템 아래에서 자치제도가 성립된 것으로 이해하려고 한다.

여기서 말하는 내무성과 부현 시스템의 자치는 다음과 같은 내용을 담고 있다. 첫째, 중앙정부 수준에서는 내무성이 '내정의 총괄 관청'으로서 내정을 총괄하는 것과 더불어 '지방행정의 총괄 관청'으로서 중앙정부에서 지방행정에 관한 업무를 소관하고 있었다. 둘째, 부현의 기본적인 성격은 지방행정의 구역, 즉 중앙정부의 정책을 실시하는 종합적인 파견기관이었다. 부현지사는 내무대신이 임명하는 국가의 관리였으며 지사의 참모도 관리였다. 이 시스템을 유지한 것은 고등문관시험에 합격한 내무관료였다. 셋째, 내무성과 부현을 중심으로 하는 지방행정 시스템을 전제로 자치가 인정되었던 곳은 '주민사회의 독립된 구역'으로서의 시정촌이었다. 시정촌은 완전 지자체로서 독자적인 정부 기구를 갖지만, 시정촌의 자치는 1차적으로는 부현지사, 2차적으로는 내무대신의 감독하에 인정되었다. 이들을 골격으로 넷째, 시정촌은 자치의 단위이지만 국가의 말단 행정구획으로도 이용되었다. 이를 위해 시정촌장이 단순히 지역 문제를 처리하는 데 그치지 않고 법령에 따라 지방행정을 분담하는 이른바 기관위임사무제도가 만들어진 것이다. 이로 인해 지자체의 행정은 시정촌장을 통해 중앙정부의 행정과 똑같이 집행되었다. 다섯째, 지방행정의 구역인 부현·군 지역도 의회를 두고 자치가 인정되긴 했지만 그 범위가 시정촌에 비해 제한되어 있어 불완전 지자체라고 할 수 있었다. 넷째와 다섯째에서 본 바와 같이 시정촌 및 부현에서는 국가의 행정과 지자체 고유의 행정이 융합되어 이루어지고 있었다.

융합적인 지방제도의 기본은 지방행정을 지방행정구획인 부현을 통해 (또한 시정촌을 통해) 시행한다는 것이었다. 그러나 각 부처의 행정이 다방면에 걸쳐 분화되면서 각 부처가 부현보다도 광역의 별도의 파견기관을 설치하고 나아가서는 시정촌 수준에서 관련 단체를 통해 독자적인 행정을 전개하는 움직임이 일어났다. 요컨대 내무성과 부현을 통한 융합적 지방행정에서 각 성 직할의 분리적 지방행정의 움직임이 보이기 시작했던 것이다.

1940년대에 군부의 주도로 시작된 중앙·지방 행정조직 개편에서 하나의 주안점은 각 성의 분리적 행정을 내각하에서 재통합해 융합형 행정으로 개편하는 것이었다. 이 시기에는 ① 중앙정부 수준에서 총리대신의 권한을 강화해 내각의 보조부국(補助部局)에서 기획·인사·예산·법제 등을 소관하고, ② 기구 분화로 복잡해진 중앙행정 기구를 통폐합하며, ③ 부현을 대신하는 광역의 행정구획으로 도주제(道州制)를 도입하는 것을 골격으로 하는 다양한 행정 기구 개혁 구상이 제안되었다. 여기서는 기존의 내무성과 부현 시스템을 대신하는 이와 같은 지방행정 시스템 구상을 내각과 도주제 시스템이라 부르려고 한다. 한편 기존의 내무성과 부현 시스템을 강화하는 움직임도 동시에 추진되었다. 1940년에 도입된 지방분여세(分與稅)·배포세(配布稅) 제도는 부현과 시정촌을 통한 지방행정제도를 재정적으로 유지하기 위한 것이었다. 이처럼 기존 융합형 시스템의 강화와 새로운 융합형 시스템이 동시에 모색되었지만 패전과 함께 이러한 움직임도 중단되었다.

패전 후 점령하에서는 분권을 기조로 하는 개혁이 이루어졌는데, 구체적으로는 내무성과 부현 시스템의 해체였다. 그 내용을 자세히 살펴보면, 첫째, 지사선거제도를 도입해 지방행정구획으로서의 부현을 지방자치단체로 개편했다. 둘째, 지방행정의 총괄 관청으로서의 내무성을 해체했다. 그 결과, 메이지 시기에 만들어진 내무성과 부현 시스템은 그 형태가 사라졌다. 지방행정구획으로서의 부현은 사라졌지만 지자체로서의 부현에서는 기존의 국정사무를 처리하기 위한 기관위임사무제도가 확대·시행되었다. 이렇게 해서 국가의 지방행정이 부현과 시정촌이라는 자치제를 경유해서 융합적으로 추진되는 형태가 계승되었고, 이를 유지하는 지방재정조정제도도 존속되었다. 즉, 지방행정의 총괄 관청은 없어진 채 융합형의 지방행정 시스템이 지속된 것이다.

점령이 끝난 1950년대 중반은 새로운 제도를 선택하는 시기였다. 선택할 수 있는 방법 가운데 하나는, 슈프 권고에서 제시된 분권·분리형 모델로 재편성하는 것이었다. 하지만 이 방식을 추진하는 세력은 없었다. 다른 하나는 전후의 부현을 폐지해서 도주제를 도입하는 것이었다. 하지만 전후의 부현제도를 모델로 한 집권·융합형의 도주제 구상은 집중적인 비판으로 좌절되었다. 마지막 하나는, 전후의 부현제도를 전제로 지방행정의 총괄 관청을 부활시키는 것이었는데, 결국 이러한 분권·융합형이 새로운 제도로 채택되었다. 1956년의 지방자치법 개정으로 부현은 '시정촌을 포괄하는 광역의 지자체'로 위상이 정립되었고, 1960년에 자치성이 발족하는 것으로 전후판 내무성과 부현 시스템이라고도 할 수 있는 지방행정 시스템이 만들어졌다.

이렇게 만들어진 전후의 지방행정 시스템을 자치성과 부현 시스템이라 부르기로 하고, 이를 메이지 헌법기의 내무성과 부현 시스템과 대비하면서 전후 지방행정 시스템의 특징을 설명해보려고 한다.

첫째, 자치성은 중앙정부 수준에서의 지방자치 책임 부국으로서 지방자치법제, 지방교부세 등을 관장하고 중앙정부 내부에서 지방자치의 대변자로 기대되었다. 그러나 내정의 총괄 관청은 아니어서 중앙정부의 지방행정을 조정하는 기능이 약화되었다. 둘째, 부현이 지방자치단체로 되면서 국가의 종합적인 지방 파견기관은 없어졌다. 중앙정부의 지방행정을 지사와 시정촌장에 대한 기관위임사무의 형태로 하든지, 각 성 개별의 지방 파견기관에서 집행하는 것으로 하든지 둘 중 어느 쪽을 택할지는 각 부처의 선택에 달렸기 때문에 전체로 보면 통일성이 없는 다원적인 지방행정 시스템으로 변했다. 셋째, 부현과 시정촌이 다 같이 지방자치단체로 되어 자치의 범위가 넓어졌다. 이전의 내무성 같은 감독 기능은 없어졌지만 지방자치의 책임 부국인 자치성의 영향력이 법령 해석, 교부세의 배분 등과 같이 다양한 형태로 부현에 미치고, 같은 형태로 부현의 영향력이 시정촌에 미치게 되었다. 넷째, 부현지사와 시정촌장에 대한 기관위임사무를 통해 지자체가 국가의 지방행정구획으로서 기능을 다하는 제도의 융합적 구성에는 변화가 없었다. 이런 의미에서 내무성과 부현 시스템과 비교해 자치성과 부현 시스템은 중앙정부 상호 간, 중앙정부와 지자체 간, 지자체 간에 더욱 유연한 관계를 갖는 분권·융합형의 시스템으로 변화한 것이라고 이해할 수 있다.

그런데 20세기 말에 이루어진 분권개혁은 융합형 시스템의 상징이라고도 할 수 있는 기관위임사무제도를 폐지하고 지자체가 시행하는 사무를 자치사무와 법정수탁사무로 재정리했다. 그렇다면 이 개혁에 의해 기존의 융합형 시스템이 분리형으로 개편된 것일까? 답은 '아니다'이다. 기관위임사무라는 사무 구분은 없어졌지만 법정수탁사무로서 국가의 행정 서비스를 지자체에서 융합적으로 실시하고 있는 실태는 변함이 없다. 점령개혁을 통해 지자체화한 부현이 국가의 사무를 기관위임사무의 형태로 계속 집행한 것과 마찬가지로 분권개혁 후에도 지자체는 기존의 사무를 명칭만 바꿔서 계속 처리하고 있는 것이다.

가나이 도시유키(金井利之)는 2000년의 분권개혁이 융합·통합 노선을 선택하여 지자체에 종합성과 양립하는 선에서의 자주성을 제도화한 것으로 이해한다. 실제로 2000년에 단행된 지방자치법 개정에서는 "지방공공단체는 주민 복지의 증진을 꾀하는 것을 기본으로 지역의 행정을 자주적이면서 종합적으로 실시하는 역할을 광범위하게 담당하는 것으로 한다"라는 규정을 두어 지자체의 역할을 지역종합행정의 주체로 규정했다. 그리고 이와 같이 분권개혁이 뿌리를 내리는 시정촌을 만들기 위해 시정촌 통합이 강력하게 추진되었다.

3. 지자체 제도의 전망

향후 지자체 제도를 전망하자면 일본의 지자체 제도는 두 가지 의미에서 다양화의 과제를 안고 있다. 첫 번째 과제는 도도부현과 시정촌이라는 2층제 제도의 다양화다. 앞에서 시의 제도가 실질적으로 다양화되어 도도부현과 시정촌이라는 2층제가 내실화되고 있다는 것을 살펴봤지만, 이를 더욱 극대화하려는 움직임이 분권개혁을 계기로 시작되고 있다. 두 번째 과제는 지자체의 종류별 내부 조직의 다양화다. 다음에서는 2층제에 관한 과제를 중심으로 살펴보기로 하고, 지자체 내부 조직의 다양화에 관한 문제는 6장에서 검토하려고 한다.

시정촌 수준과 관계되는 제도의 첫 번째 과제는 헤이세이 대통합으로 규모가 커진 시정촌과 통합하지 않고 남은 소규모의 정촌에 대한 문제다. 2002년 11월에 지방제도조사회에 제출된 이른바 니시오(西尾勝) 사안(私案, 「향후 기초적 지자체의 모습에 대해」)은 이러한 과제에 대한 구상을 제시해 큰 논의를 불러일으켰다. 니시오 사안이 제기한 문제 가운데 하나는 통합으로 대규모화한 시정촌에서 주민자치를 확보하는 것이다. 이를 위한 방책으로 니시오 사안은 내부 조직으로서 구(舊) 시정촌 단위의 자치조직을 설치하도록 제안했다. 그 후 2004년에 개정된 지방자치법에서는 시정촌 내의 일정 구역을 단위로 하는 지역자치구의 설치를 인정했고, 통합특례법에서도 구 시정촌 단위의 통합특례구를 설치할 수 있도록 반영했다. 현실적으로 지역자치구가 설치된 곳은 많지 않지만 이 제도가 어떻게 활용될 것인지는 앞으로의 과제이다. 시정촌 통합을 추진해 시정촌의 규모가 확대되면 재정 기반이 튼튼해질 뿐만 아니라 다양하고 고도화된 주민 서비스가 강화될 것으로 기대된다. 반면 주민과 지자체의 관계는 소원해지고 주민 의사를 어떻게 집약할 것인가라는 문제가 대두될 것이다. 따라서 이미 통합한 지자체에서는 통합을 객관적으로 검증하는 작업이 필요할 것이다.

니시오 사안이 제기한 또 하나의 과제는 통합을 하지 않고 있는 일정 인구 규모 미만의 단체를 어떻게 할 것인가이다. 여기에 대해 니시오 사안은 "지금까지의 정촌제도와는 다른 특례적인 제도를 창설하는 것으로 한다"라고 제안하고, 도도부현이 보완하는 사무배분 특례방식 또는 다른 기초적 지자체로의 편입에 의한 내부단체 이행 방식을 채용할 것을 제안했다. 그러나 이 제안에 대해서는 지방제도조사회 내부에서도 다양한 의견이 제기되었고, 전국정촌회가 반발하기 때문에 제도화까지는 이르지 못하고 있다. 그렇지만 소규모 정촌에서 자치법이 기대할 만한 지역종합행정을 시행하는 것이 가능한지 여부에 대해서는 좀 더 검증이 필요하며 제도적 대응도 필요하다.

2층제와 관련된 또 하나의 제도적 과제는 도도부현이다. 시정촌 통합이 추진되면 규모가 커진 시정촌과의 관계에서 도도부현의 역할과 형태가 의문시된다. 그런 와중에 도주제라는 새로운 제도의 도입이 제창되었다.

제28차 지방제도조사회는 2006년 2월의 답신에서 "광역지자체 개혁을 통해 국가와 지방 쌍방 정부의 본연의 모습을 재구축하고, 국가의 역할을 기본적 업무에 국한하는 것에 중점을 두며 내정에 관해서는 폭넓게 지방자치단체가 맡는 것을 기본으로 하는 정부상을 확립할 것"이라고 밝히고 구체적인 정책으로 도주제의 도입을 제창했다. 도주제의 도입은 "지방분권을 가속시켜 국가로서의 기능을 강화하고 국가와 지방을 망라한 강하고 효율적인 정부를 실현하기 위한 유효한 방책이 될 가능성을 갖고 있다"라고 밝혔다. 도주제의 기본적인 설계는 다음과 같다. ① 광역지자체로서 현재의 도도부현을 대신해 도(道) 또는 주(州)를 둔다. 지방자치단체는 도주 및 시정촌의 2층제로 한다. ② 현재 도도부현이 맡고 있는 사무는 대폭 시정촌에 이양하고, 현재 국가가 실시하는 사무는 국가가 필히 수행해야 할 일만 빼고 가능한 한 도주에 이양한다. 한편 도주는 권역을 단위로 하는 중요한 사회자본 형성의 계획 및 실시, 광역적인 관점에서 해야 하는 환경의 보전 및 관리, 사람과 기업의 활동권과 경제권에 응한 지역 경제정책 및 고용정책, 고도의 기술과 전문성이 요구되고 행정 대상의 산재성이 인정되는 사무 등을 취급한다. ③ 도주의 의원과 장은 주민이 직접 선거하고 도주의 장은 다선을 금지한다.

2절에서 본 바와 같이 도주제 구상은 1940년대와 1950년대 중반에도 제창되었다. 그러나 이들은 모두 메이지 헌법기 국가의 지방행정구획으로 부현의 구역을 확대하고 여기에 각 부처가 광역적 지방 파견기관을 통합한다는 구상이었다. 이러한 전제하에 국가의 지방행정제도를 어떻게 개편할 것인가라는 관점에서 제도가 설계되었던 것이다. 그러나 제28차 조사회가 제창한 도주의 제도 모델은 현재의 자치적 부현제도로서 과거에 제창된 도주제 구상과는 크게 다르다.

도주제의 도입은 여러 정당에서도 주장되고 있지만 현실적으로 이를 실현하기란 쉽지 않다. 도주제라는 말에 함의된 제도 이미지에 대한 합의를 이끌어내기가 어려우며, 구체적인 행정적·재정적 개편의 제도 설계 또한 명확하지 않기 때문이다. 또 제도 이미지에 대해 합의를 본다 하더라도 구역 분할을 어떻게 할지, 언제 제도를 도입할지에 대해서도 합의를 구하기가 쉽지 않다. 2009년에 교체된 민주당 정권에서는 지역 주권이라는 말이 활발히 사용되었지만 도주제에 대한 논의는 사그라졌다.

지방제도조사회에서는 기초적 지자체로서 규모가 커진 시정촌과 광역 지자체로서 부현보다 규모가 커진 도주제라는 새로운 2층제의 지방제도를 구상하지만 지자체의 존재 이유에 대한 의문이 새롭게 제기되고 있다. 현재 지자체 제도의 문제는 무엇인지, 주민이 지자체에 기대하는 것은 무엇인지, 필요한 행정 서비스의 제공인지 아니면 더욱 자유롭게 시민의 의사를 표명할 수 있는 장인지 등에 대한 의문이 바로 그것이다. 주민들이 지자체에 무엇을 기대하는가에 따라 바람직한 제도의 모습은 크게 달라진다.

미국의 정치학자 로버트 앨런 달(Robert Alan Dahl)은 『규모와 민주주의 (Size and Democracy)』라는 저서에서 "이상적인 정치체는 '정치체의 결정에 책임을 갖고 이를 적절하고 완벽하게 제어하는 시민'이라는 의미에서의 시민 유효성(citizen effectiveness)과 '시민의 집합적인 선호에 완벽하게 대응하는 능력을 갖춘 정치체'라는 의미에서의 시스템 능력(systems capacity)이라는 두 개의 기준을 만족시키는 것이다"라고 지적했다. 그리고 "시민 유효성과 시스템 능력이라는 대립되는 두 개의 목표를 달성하는 데 최적인 유일한 형태 또는 규모의 단위는 없다"라면서 "민주주의의 모든 목표는 대립하므로 이런 목표에 최선으로 봉사할 수 있는 유일의 단위 또는 유일한 종류의 단위는 없다"라고 결론짓는다. 그렇다면 시민 유효성을 선택할지 아니면 시스템 능력을 선택할지를 가장 적절하게 판단할 수 있는 사람은 지역에서 생활하는 주민일 것이다.

| 키워드 |

2층제, 시정촌 통합, 융합형과 분리형, 내무성과 부현 시스템, 획일성과 다양성, 니시오 사안

| 연구 과제 |

1. 자신이 속한 지자체의 역사를 되돌아보고 그 변화를 개관해보자.
2. 자신이 속한 도도부현과 시구정촌의 관계에 어떠한 문제가 있는지 검토해 보자.
3. 자신이 속한 지자체의 시정촌 통합에 대한 계획을 검토하고, 통합과 관련된 문제에는 어떤 것이 있는지 조사해보자.

| 참고문헌 |

天川晃. 1986. 「変革の構想—道州制論の文脈」. 大森弥・佐藤誠三郎 編. 『日本の地方 政府』. 東京大学出版会.

_____. 1989. 「昭和期における府県制度改革」. 日本地方自治学会 編. 『日本地方自治 の回顧と展望』. 敬文堂.

_____. 2009. 「自治体の制度」. 天川晃・稲継裕昭. 『自治体と政策—その実態と分析』. 放送大学教育振興会.

金井利之. 2007. 『自治制度』. 東京大学出版会.

小早川光郎他 編. 1999. 『史料日本の地方自治』(全3巻). 学陽書房.

ロバート・A・ダール, エドワード・R・タフテイ. 1979. 『規模とデモクラシー』. 内 山秀夫 譯. 慶応通信.

竹下譲 編著. 2002. 『新版 世界の地方自治制度』. イマジン出版.

西尾勝. 2007. 『地方分権改革』. 東京大学出版会.

松本英昭監修・地方自治制度研究会 編. 2006. 『道州制 ハンドブック』. ぎょうせい.

山下茂. 2010. 『体系比較地方自治』. ぎょうせい.

일본에서는 도도부현과 시정촌의 2층제가 오랫동안 유지되었다. 도도부현은 큰 변화가 없는 반면, 시정촌은 여러 차례의 통합을 통해 그 수가 크게 감소했다.

최근 분권개혁의 일환으로 추진된 시정촌 통합의 결과로 지방제도 개편에 관한 논의가 촉발되고 있다. 효율적인 정부의 실현이라는 관점에서 도주제로의 개편 논의가 하나이고, 통합으로 구역이 커진 지자체 내에서 주민자치를 효과적으로 실현해 나아가는 방도에 관한 논의가 다른 하나이다.

우리나라에서는 시·군 통합을 중심으로 한 지방행정체제 개편 논의가 진행되고 있다. 지방행정체제 개편은 주민의 편익 증진, 국가 및 지방의 경쟁력 강화를 목표로 하는데, 구체적인 개편안에 대한 합의를 도출하기가 좀처럼 쉽지 않다.

한편 우리나라에서도 대도시의 특성을 고려해 사무배분에 관한 특례규정(지방분권 및 지방행정체제 개편에 관한 특별법 제3장 제3절)을 두고 있다. 따라서 일본의 정령지정도시, 중핵시, 특례시 등 대도시 제도의 운영 실태를 살펴보고 우리가 참고할 사항에 대해 연구할 필요가 있다.

04 | 의회와 의원

    이원대표제하에서 지자체 의회는 주민 대표기관으로서 수장과 나란히 주민의 이익과 의견을 대변하는 한편, 집행부인 수장에 대한 통제기관의 역할도 요구받는다. 이 장에서는 의회의 권한과 기능에는 어떤 것이 있는지, 의회는 어떻게 운영되는지, 의회를 구성하는 의원에는 누가 선출되는지, 새로운 흐름 속에서 의회 개혁은 어떻게 추진되는지 등을 살펴보자.

1. 지방의회의 권한과 기능

    의회는 의회라는 조직을 구성하는 의장·부의장을 선거하는 권한(지방자치법 제103조), 조례로 상임위원회·특별위원회를 구성하는 권한(제109조, 제110조)을 가지고 있으며, 지자체의 의사기관으로서 그 의사를 결정하는 권한(의결권)을 가지고 있다(제96조).

지방자치법 제96조

제1항
보통지방공공단체의 의회는 다음에 열거하는 사항을 의결하지 않으면 안

된다.

1. 조례를 만드는 일 또는 개폐하는 일

2. 예산을 정하는 일

3. 결산을 인가하는 일

(중략)

제2항

전 항에 정하는 것 외에 보통지방공공단체는 조례로 보통지방공공단체에 관계되는 사건(법정수탁사무에 관계되는 것을 뺀 것)에 관해 의회가 의결해야 할 것을 정할 수 있다.

지방자치법 제96조 제1항에서는 의결 사항으로 제1호부터 제15호까지를 열거하는데, 중요한 사항으로는 조례 제정, 예산 의결, 결산 인가, 중요한 재산의 취득·처분 등이 있다. 이외에 지방자치법 제96조 제2항에 근거해 의회의 권한을 확대할 수 있도록 규정한다. 근래에는 이 규정에 근거해 종합계획을 비롯한 행정계획을 의결 사항으로 정하는 지자체 의회가 늘고 있다. 법률상으로는 의회의 권한에 속하지 않는 사항을 의결 사항에 추가해 의회의 권한과 기능을 확대하려는 추세이다.

의결을 하는 것은 입법기관으로서의 역할로, 말하자면 의회는 주민 이익을 표출하는 역할을 담당한다. 이러한 입법기관의 역할과 함께 의회는 집행기관에 대한 감시기관(행정부의 통제기관)의 역할도 맡고 있다.

행정부의 통제기관으로서의 역할에는 다음과 같은 것이 있다.

① 검열·검사권: 당해 지자체의 사무에 관한 서류·계산서를 검열하고, 수장과 교육위원회 등 집행기관에 보고를 청구하며, 당해 사무의 관리와

<표 4-1> 지방의회의 권한

입법기관의 역할(주민 이익 표출 기능)	조례 등의 의견(제96조)
집행부에 대한 통제기관 역할	· 검열·검사권(제98조 제1항) · 감사청구권(제98조 제2항) · 조사권(제100조) · 동의권(제162조 외) · 불신임의결권(제178조)

의결의 집행 및 출납에 대해 검사하는 권한(제98조 제1항)

② 감사청구권: 감사위원에 대해 지자체의 사무에 관한 감사를 요구하고 감사의 결과에 관한 보고를 청구하는 권한(제98조 제2항)

③ 조사권: 당해 지자체의 사무에 관해 조사하고 관계자의 출두·증언·기록의 제출을 요구할 수 있는 권한. 지방자치법 제100조에 규정되어 있다고 해서 '100조 조사권'이라 불리며 이를 위해 설치된 의회의 위원회를 '100조 위원회'라 부른다. 위원회를 설치하는 데 제한은 없지만 100조 위원회가 설치되는 것은 상당히 중대한 사건이 일어났을 경우로 사실상 제한되어왔다.

④ 동의권: 수장이 부지사·부시장을 선임하거나 교육위원회 위원을 임명할 때 동의하는 권한(제162조 외)

⑤ 불신임의결권: 수장에 대해 불신임의결을 하는 권한(제178조). 수장은 이에 대해 의회를 해산해 대항할 수 있지만 의회가 해산하지 않을 때에는 자신의 직위를 잃는다. 의회를 해산한 경우 다시 소집된 최초의 의회에서 다시 불신임의결을 하면 수장은 직위를 잃는다. 이원대표제에서 기관 간의 대립을 주민의 판단에 위임한 제도라고 할 수 있다.

여기에서 보듯 일본의 지방의회는 주민 이익을 대변하는 역할, 입법기관의 역할, 집행기관에 대한 감시기관의 역할을 하지만, 외국의 지방의회를 보면 여기에 더해 집행 권한을 갖고 있는 경우도 많다. 예를 들면, 영국의 지자체는 최근까지 선거로 수장이 선출되는 것이 아니라 주민이 의회의 의원을 선출하고 선출된 의원 중에서 리더를 뽑아 그가 의례적인 수장을 겸하는 방식이었다. 실질적인 집행의 결정도 의회가 설치하는 정책·자원위원회에서 이루어진다. 국가로 말하자면 내각에 해당하는 부서이지만 의원 중에서 위원을 선출한다. 결정한 개별 업무는 의회가 임명하는 사무총장 이하 참모들(지방공무원)에게 위임되지만 결정은 의회의 위원회가 한다. 예산 또한 정책·자원위원회에서 결정한다. 이렇게 보면 영국의 지자체 의회에는 대단히 큰 권한이 부여되어 있다(2000년 지자체법 개정에 의해 직접 선거수장형을 선택할 수 있도록 되었지만 그 방식으로 이행한 지자체는 아직 소수이며, 대부분의 지자체는 종래형 또는 리더가 이끄는 의원내각형(정책·자원위원회에 해당하는 내각과 감사에 해당하는 정책평가위원회를 함께 설치하는 형태)으로 이행되고 있다].

2. 지방의회의 구성과 운영

1) 표준규칙의 존재

일본 지방의회 운영의 특징 가운데 하나는 전국적으로 의회가 매우 획일적으로 운영된다는 점이다. 의회의 구성과 운영은 지방자치법에 상세하게 규정되어 있는데, 각 자치단체는 여기에 법적으로 구속되는 경우가 많다. 그 외의 부분도 표준적 해석 지침인 주석에 따라 운영되고 있는 실정이다.

우선 의회 운영에 필요한 의사규칙은 지방자치법 제120조에 "보통지방공공단체의 의회는 회의규칙을 만들어야 한다"라고 규정되어 있다. 법문은 각 지자체가 각자 회의의 운영 방법을 생각해서 정할 수 있다고 해석되지만, 실제 대부분의 지자체는 이른바 표준규칙에 준거해서 회의규칙을 만든다.

1956년 전국도도부현의회는 의회 운영의 기준으로 '표준 도도부현 의회 회의규칙' 및 '동위원회 조례'를 제정했으며, 시의회는 '시의회 회의규칙' 및 '동위원회 조례'가, 정촌 의회는 '표준 정촌 의회 회의규칙' 및 '동위원회 조례'가 제정되어 전국 대부분의 지자체가 표준규칙에 준거해 의회규칙 및 위원회 조례를 제정했다.

이런 표준회의규칙과 위원회 조례를 제정할 때에는 자치성 행정과, 국회 사무국, 전문가, 그리고 각 지방의회 사무에 종사하는 담당자들이 협의해 안을 만든 후 각 의장회(전국도도부현의회의장회, 전국시의회의장회, 전국정촌의회의장회)의 검토를 거쳐 표준규칙으로 탄생된다. 결국 운용상 편리하다는 점과 신뢰감이 크다는 점에서 많은 지자체가 여기에 준거한 규칙을 제정한 것이다. 이 표준규칙은 몇 번의 개정을 거쳤는데, 그때마다 각 지자체 의회에 통지되어 각 지자체에서는 이에 따라 규칙을 개정하는 일이 반복되었다.

그러나 지자체의 규모가 다양한데도 획일적인 표준규칙을 적용하기 때문에 실정에 맞지 않는 경우도 많아 지자체 의회의 운영이 획일화·경직화되고 있다는 단점을 지적하는 사람도 적지 않다. 예를 들면, 대부분의 지자체는 표준규칙에 준거해 ① 일반 질문의 문서 통고제(의원이 사전에 질문을 문서로 통고하고 수장부국은 여기에 근거해 답변서를 작성한다), ② 일괄 질문·일괄 답변 방식(일문일답이 아니라 질문자가 6~7개 항에 대해 질문하면 답변자가 하나로 통합·정리해서 답한다), ③ 질문 횟수·발언 시간의 제한 등을 규정한다(〈표 4-2〉 참조).

일반 시민은 의회에 대해 '서로 의논해서 여러 가지 일을 결정하는 장소'라고 생각하지만, 의원끼리의 토의가 의회 심의에서 차지하는 비중은 극히 적다. 특히 본회의에서는 토의가 거의 이루어지지 않는다.

<표 4-2> 표준회의규칙

표준회의의 규칙
· 일반 질문의 문서 통고제
· 일괄 질문·일괄 답변 방식
· 질문 횟수·발언 시간의 제한

의원은 토의가 아닌 표준규칙에서 말하는 '질의'를 한다. 질의란 의안 제안자에게 질문을 하고 답변을 구하는 것이지만, 지자체 의회가 취급하는 의안은 대부분 수장이 제출한 것이어서 결국 의원이 수장과 행정 직원에게 질의하는 형태가 된다. 따라서 질문자인 의원과 답변자인 행정 측 사이에 질문과 답변을 주고받는 방식이 전개된다. 게다가 의원은 사전에 정해진 질문을 10분 이상 질질 끌며 읽고 집행부 측(수장과 간부 행정 직원)은 짧은 말을 길게 늘어뜨려 답하는 패턴이 많아 그 모습을 "학예회 같다"라고 야유한 수장도 있다.

질문자와 다른 견해를 갖는 의원이 여기에 관여하는 방법은 고작해야 야유와 같은 불규칙 발언밖에 없다. 본회의에서의 '토론'이라는 것도 표준규칙에는 규정되어 있지만, 이것은 의안에 대한 반대자와 찬성자가 각자의 태도를 표명하는 것을 말하며 의원 상호 간의 비판과 반론은 상정되어 있지 않다. 결국 일반인이 생각하는 의논은 없는 것과 마찬가지다. 단, 최근에는 질의의 방식이 시민들의 요구를 반영하지 못한다는 반성이 일고 있어 독자적으로 회의규칙과 의회기본조례를 정해 의회 개혁을 연구하는 지자체 의회도 늘어나고 있다.

2) 의회의 회기 및 의원과 의원의 보수

의회는 정례회와 임시회로 나뉜다. 정례회는 관행적으로 연 4회 개최되

〈표 4-3〉 지방의원의 직업

	도도부현 의회 의원	비율	정촌 의회 의원	비율	시구 의회 의원	비율
1위	의원 전업	42.5	농업	40.6	점주, 회사 임원	50.0
2위	서비스업	11.0	도매·소매업	8.3	서비스업 등	17.4
3위	농업	10.7	건설업	7.5	농림어업	13.7
4위	도매·소매업	5.9	서비스업	7.2	기타	18.9
5위	제조업	5.4	제조업	5.9		

자료: 도도부현 의회와 정촌 의회는 제28차 지방제도조사회, 제20회 전문소위원회 자료를, 시구 의회는 도쿄시정조사회 연구부 조사(1996년)에 따른 20개 지자체에 대한 앙케트 조사를 참조했다.

는 경우가 많으며, 임시회는 긴급한 경우 등 특정 안건을 알리고 소집된다. 의회의 회기일수는 의회가 활동할 수 있는 기간으로, 개회부터 폐회까지의 일수를 말한다. 평균적으로 도도부현 및 시 의회는 80일 정도이며, 정촌 의회는 40일 정도이다. 이 회기일수에는 토요일·일요일과 사무 정리일 등 휴회일도 포함되므로 실질적으로 의회는 이보다 훨씬 적은 일수밖에 개회되지 않는다. 국회의 회기가 1년의 2/3 정도이고 여당과 야당 간에 격렬한 논쟁이 벌어지는 것과 비교하면 큰 차이가 있다.

지방의원은 이 회기 이외의 기간에는 무엇을 할까? 의원에 따라 지방 지지자들의 목소리를 경청하는 데 많은 시간을 할애하기도 하고, 정책사항을 열심히 조사하며 공부하기도 한다. 그러나 겸직 금지가 아니어서 자신의 본분인 장사나 농업에 전념하는 사람도 적지 않다.

의원은 어떤 사람이 선출되며 어떤 대우를 받는지 알아보자. 〈표 4-3〉을 보면 도도부현 의회 의원 중에는 의원 전업인 사람이 비교적 많지만, 시의회 의원 중에는 장사를 하거나 회사 임원 또는 서비스업에 종사하는 사람이 많고, 정촌 의회 의원 중에는 농업 종사자가 많다는 사실을 알 수 있다.

이런 점에서 의원의 보수에 관한 논란이 일어나게 된다. 의원은 특별직이면서(지방공무원법 제3조 제3항 제1호 '취임은 선거에 의해') 비상근(지방자치법

<표 4-4> 지방의원 월평균 보수(2011년 4월 1일 기준)

단위: 명, 엔

	도도부현		정령지정도시		시		정촌		특별구	
	정수	월액	정수	월액	정수	월액	정수	월액	정수	월액
의장	47	957,898	19	990,553	767	491,901	940	285,741	23	920,109
부의장	47	860,604	19	890,342	767	434,516	940	231,373	23	787,626
의원	2,695	795,096	1,163	814,079	17,960	404,640	10,628	209,959	873	609,306

자료: 総務省, 『平成22年 地方公務員給与の実態』(2011), 409~411頁 참조.

제203조 제1항) 공무원이다. 비상근이기는 하지만 근무일수에 부응해 지급되는 보수의 예외이고(지방자치법 제203조 제2항) 상근직원에게 지급되는 기말수당도 조례로 의원에게 지급할 수 있다(지방자치법 제203조 제4항).

의원의 보수를 보면 시는 평균 40만 엔, 정촌은 20만 엔대 전반이지만(<표 4-4> 참조), 인구 규모가 클수록 보수가 높아지며, 인구 50만 명 이상의 시에서는 75만 엔 정도의 보수를 받는다. 이 월액 보수 외에 기말수당이 지급되기 때문에 비교적 큰 시의 의원은 연 수입이 1,300만 엔 이상이며, 이밖에 비용변상(의회에 출석할 때마다 1만 엔 정도가 지급되는데, 이 비용은 최근 축소·폐지되는 경향이다)과 행정 조사비도 지급된다.

의원의 보수가 연 50일에서 100일 정도 되는 의회 활동에 대한 대가인가, 아니면 일상적인 지방활동도 포함한 생활급인가가 보수 문제의 핵심이다. 시의 규모가 커질수록 의원이 전문직화하고 보수도 생활급으로 된다고 판단해야 하는가, 그러한 사고방식이 주민 감정에 적합하지 않은 것은 아닌가 등 의견이 분분하다. 이 때문에 의원 보수 삭감을 공약으로 내건 지역정당도 생겨나고 있다. <표 4-4>의 금액을 합하면 전국적으로 매월 160억 엔 정도의 의원 보수가 지급되며 연간으로는 수당 등을 포함해 3,000억 엔 가까이 지급된다. 이를 민주주의의 비용으로 생각하면 되는 것일까?

이 문제는 지방의회의 의원을 전업직으로 보아야 하는가, 명예직으로 보아야 하는가에 따라 답이 크게 달라진다. 제2차 세계대전 이전까지는 일본에서도 의원이 명예직이었고, 외국의 경우에도 현재 명예직인 나라가 많다.

일본의 경우 전전에는 지방의원이 명예직의 위상으로 정립되어 있었으며 보수가 지급되지 않았다. 그러나 전후 1946년 제1차 지방제도 개혁에 따라 시제 및 정촌제가 전면 개정되면서 명예직원에 관한 제도가 폐지되었다. 개정 후의 부현제, 시제 및 정촌제에서는 종전의 명예직원을 보수 및 비용변상의 지급 대상 직원으로 한정 열거하고 이외의 직원을 급여 등의 지급 대상 직원으로 정했다. 1947년에 제정된 지방자치법에도 이러한 방식이 승계되어 현재에 이르고 있다. 그렇지만 세계적으로 보면 의원을 명예직 신분으로 보는 곳이 오히려 많다. 프랑스의 코뮌 의회, 영국·스위스와 독일의 지방의회에서도 의원을 명예직 신분으로 보아 비용변상을 제외하고는 급여가 지급되는 예가 드물다(比較地方自治硏究会, 2005). 영국에서는 의회가 실질적인 집행기관이기도 해서 많은 양의 일과 책임에 비해 받는 비용변상(기껏해야 연간 50만 엔 정도)은 낮다. 자신의 지역을 자신이 다스린다는 주민자치 사상이 뿌리 깊이 내려 있으면 보수가 낮더라도 의원 지망자가 있기 마련이다.

스위스의 민주정치행정에서 참여와 자치는 민병제도로 알 수 있다(군 복무를 비롯해 공공의 임무와 관직을 자발적이고 부업적인 명예직으로 맡는다). 시의회도 이 원칙에 의거해 의원이라고 해서 다른 특별한 보수나 급여를 지급하지는 않는다. 의회 출석 시 실비변상(일당)이 지급될 뿐이고, 의원은 대부분 본업을 갖고 있다.

현행의 보수를 유지해야 한다고 주장하는 사람들은 지방의원의 보수를 내리거나 무급으로 한다면 본업을 따로 갖고 있지 않은 사람들은 의원이 될 수 없을 것이라고 지적한다. 그러나 외국에서는 직장인이나 교사 등 본업을 가진 사람이 지방의원이 되는 경우가 많으며 의회를 야간이나 주말에 개최하는 곳도 많다. 여기에는 어디까지나 자원봉사로 주민자치를 위해 의원 활동을 한다는 관념이 근저에 깔려 있다. 이처럼 의원 보수가 어떠한 형태여야 하는지를 논의하다 보면 의회의 형태, 의회 개최 방법 등 다양한 논점으로 문제가 파급됨을 알 수 있다.

3) 지방의원의 수

의원 정수는 메이지 시기의 규정이 거의 그대로 남아 있다. 몇 차례 개정을 거쳤지만 지방자치법 규정에서는 2011년까지도 인구 규모별 법정 상한 수를 정하고 있었다.

많은 지자체에서 행정개혁의 관점에서 법정 상한 정수보다 적은 정원을 유지하고 있지만 그래도 의원 수가 많다는 불만이 끊이지 않았다. 이는 외국과 달리 의원에게 어느 정도의 보수가 지급되는 데서 오는 시민의 비판적 감정에 그 원인이 있다. 외국의 경우 의원 수는 많지만 의원에게 보수를 거의 지급하지 않거나(유럽), 의원 수를 상당히 줄여서 의원 보수를 지급하는 방식(미국의 지자체)으로 균형을 맞추는 경우가 많다. 일본도 의원 수가 꽤 많은 편인데 의원 보수가 지급되는 등 외국의 관점에서 보면 다소 변칙적인 형태로 운영된다고 할 수 있다. 이런 이유로 행정개혁의 관점에서는 의원 보수의 인하와 의원 정수의 축소에 대한 논의가 벌어지고 있다. 결국 법정 상한 정수에 관한 규정은 2011년의 지방자치법 개정으로 철폐되었고, 각 지자체는 법정 상한 정수를 자유로이 정할 수 있게 되었다.

4) 지방의원의 정당별 속성

지방의회 의원의 당파 구성을 보면 정촌일수록 무소속(대부분은 보수계)이 많고 시의회, 도도부현 의회로 갈수록 의원의 당 소속이 늘어난다. 2010년

12월 말 기준 도도부현 의회의 의원 구성을 보면 자민당 47.3%, 민주당 16.5%, 공명당 7.7%, 일본공산당 4.3%, 무소속 20.3%로 되어 있다. 시구정촌 수준에서는 자민당 5.2%, 민주당 3.4%, 공명당 8.4%, 일본공산당 8.6%, 무소속 72.6%이다. 대도시에서는 정당화가 진행되지만 자민당이 단독 과반수에 달하지 않는 곳도 많다. 또 대도시 무소속 의원 중에는 혁신계나 시민파로 불리는 의원이 많다.

5) 지방의원의 성별 속성

2010년 12월 기준 지방의원 가운데 여성 의원의 비율은 전국 평균 11.1%

〈그림 4-1〉 지방의회에서 여성 의원 비율의 추이

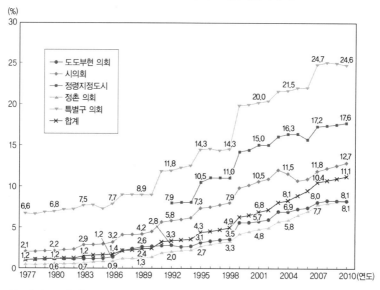

주: 각 연도 12월 기준.

자료: 内閣府, 『男女共同参劃白書』(平成23年版), 図 1-1-8(http://www.gender.go.jp/whitepaper/h23/zentai/html/zuhyo/zuhyo01-01-08.html).

이다. 여성 의원의 비율이 가장 높은 특별구 의회에서는 여성이 24.6%, 정령지정도시의 시의회에서는 17.6%, 시의회 전체에서는 12.7%, 도도부현 의회에서는 8.1%, 정촌 의회에서는 8.1%이며, 도시 지역에서 높고 군 지역에서 낮은 경향을 보인다(〈그림 4-1〉 참조). 주민의 남녀 비율을 생각하면 아직도 여성 의원의 비율이 낮지만, 이는 과거 20년 사이 전국 평균 약 4배, 정촌 의회에서는 약 6배 증가한 수치이다.

6) 지방의회와 주민 참여

옛날에는 수장이 주민 참여의 방법을 강구하려고 하면 의회의 권한을 침해한다며 반대하는 의회도 있었다. 지금은 그런 목소리가 자취를 감췄지만 주민 참여를 기피하는 경향은 아직도 남아 있다. 자신들이 주민의 대표로 의회를 구성하고 있는 이상 자신들의 권한과 권리가 침해당한다고 느낄 수도 있을 것이다. 그렇지만 의회는 원래 민의에 기초를 둔 대표기관이고, 의회 심의 과정에 주민의 참여를 요구하여 자신들의 의사 결정에 대한 정치적 기초를 확실히 하는 것이 의회의 본래 모습이라고도 할 수 있다.

일본에서는 의회 심의 때 주민이 참여하는 경우가 거의 없다. 반대로 개정 전의 지방자치법에서는 의장의 권한으로 '방청인의 단속'에 대한 규정이 남아 있는 것으로 보아 방청을 매끄러운 의사 운영에 방해되는 성가신 존재로 여긴 것이 아닌가 생각된다. 본회의 방청은 인정되지만 위원회 방청까지 인정되는 지자체가 극히 적은 점도 이러한 근본적인 생각을 증명하는 것이다.

외국의 지방의회에서는 의회에서 논의되는 사안을 공청회(public hearing)에 상정하는 경우가 많지만 일본은 그렇지 않다. 제도적으로 수장 중심주의의 집행권 우위를 원칙으로 하고 있어 수장이 정보공개와 주민 참여를 추진하면 할수록 의회의 존재 의의가 낮아진다는 경직된 사고를 갖고 있는 경우가 많기 때문이다. 그러나 개혁을 추진하고 주민과의 접점을 늘리려고 노력하는 의회도 점차 등장하고 있다.

3. 지방의회의 개혁

최근 들어 지방의회 개혁을 부르짖거나 실제로 그러한 움직임을 추진하는 의회가 증가하고 있다. 의회 개혁의 내용은 다방면에 걸쳐 있지만 앞에서 서술한 바와 같이 표준규칙에 준한 획일적인 운영을 중단하고 일문일답식을 도입하거나, 야간이나 휴일에 의회를 개최하거나, 연중 의회로 하는 등의 의회 운영에 대한 개혁이 시작되는 것이다. 또 주민과 의회의 접점을 늘리기 위한 개혁으로는 의회 보고회를 개최하거나, 위원회의 방청을 인정하거나, 케이블 TV로 본회의와 위원회의 회의를 중계하는 방식도 생각할수 있을 것이다. 행정개혁 관점에서는 의원 정수 축소나 의원 보수 삭감 등도 고려할 수 있다. 어쨌든 지방분권의 물결과 주민 의식 고양으로 지자체 개혁이 점차 추진되는 것을 인지하고 의회도 기존과 같은 방식으로는 안된다는 인식을 갖기 시작했다고 할 수 있다.

2006년 5월 홋카이도 구리야마(栗山) 정의회는 전국 최초로 의회기본조례를 전원 일치로 가결해 시행했다. 구리야마 정의회에서는 분권일괄법이 시행된 이후 '행동하는 의회', '열린 의회'를 지향해 의회 활성화에 몰두해 왔다.

의회 활성화 조례의 내용으로는, ① 의회 중계 개시(TV 및 녹화 재생 방식), ② 의회가 선도해서 정보공개조례 제정, ③ 일반 질문 항목 게시(호텔의 로비나 편의점, 상점가 등 정 내의 눈에 잘 띄는 장소에 게시), ④ 의회 보고회 실시

(의원이 직접 지역에 출장해 정민에게 정책 제언과 의회 활동 상황을 보고·설명하고 의견 등을 듣는 기회), ⑤ 일반 회의 실시(주민 요구로 개최되는 주민과 의회, 주민과 행정 간의 대화), ⑥ 정장 등에 대한 반문권 부여(의장·위원장의 허가를 얻어 행정부 측에 반문권 부여), ⑦ 자유 토의에 의한 합의 형성(위원회뿐만 아니라 본회의에도 해당됨) 등이 있다.

특히 ⑤의 일반 회의 실시는 자치법상 규정된 것이 아닌 획기적인 발상이다. 지금까지의 의회 활동은 집행부와 의회의 질의에 머물러 있었으나 일반 회의를 실시하면 지금까지의 의회의 틀을 넘어 집행부와 의회가 협동해 마을을 만들어가는 마을 만들기(지역발전계획)를 추진하는 기폭제가 될 수 있을 것이다.

이외에 종합계획이나 도시계획 마스터플랜 등 5개의 계획을 지방자치법 제96조 제2항에 의거한 의결 사항으로 지정했다. 전국의 지자체가 의결 사항을 확대하기 위해 정진하기 시작한 데 비해 구리야마 정의회에서는 이를 의회기본조례로 규정한 것이다.

실제로 구리야마 정의회는 2007년 8월부터 2008년 1월까지 기본조례에 의거한 일반 회의를 아홉 차례 개최했으며, 집행부 측이 작성한 종합계획(기본구상 및 기본계획) 원안에 대한 수정안을 작성해 같은 해 2월에 가결했다. 종합계획을 확정하는 과정에 의회가 이 정도로 관여해 실질적으로 의회의 의사를 반영시킨 예는 드물다.

구리야마 정의 의회기본조례에 자극을 받아 전국 지방의회에서는 의회기본조례를 제정하는 움직임이 나타나기 시작했다. 2006년 12월에는 미에(三重) 현의회가, 2007년 12월에는 미에 현 이가(伊賀) 시의회가 각각 조례를 제정했으며, 이는 점차 전국의 현과 시정촌으로 확대되고 있다.

4. 지방의회에 관한 연구

지방의원에 관한 정치학 관점의 연구는 최근까지 그다지 활발하지 않았다. 국회의원의 소속 정당이나 족(族)의원*은 비교적 많이 연구된 것에 비해 연구자가 이 영역은 그다지 주목하지 않았던 이유를 찾는 것은 흥미진진한 일이다.

적지 않은 선행 연구 중 무라마쓰 미치오(村松岐夫)·이토 미쓰토시(伊藤光利)는 의원 개개인이 무엇을 대표하고 어떤 행동을 취하는가에 대해 의원에 입후보할 때의 자율성과 타율성이라는 축과 의원의 지지 기반의 일원제와 다원성이라는 축을 기준으로 명망가형, 캐치올(catch all)형,** 이익대변형, 정당종속형으로 유형화할 수 있다고 분석했다. 그리고 이들 유형은 주민, 의원, 정당의 대표 관계에서 볼 수 있는 무소속형, 의원정당형(자민당의 경우), 준의원정당형(사회당과 민사당의 경우), 조직정당형(공산당과 공명당의 경우)과 거의 대응한다고 했다.

최근 주목되는 연구로는 소가 겐고(曾我謙悟)·마치도리 사토시(待鳥聡史)의 연구가 있다. 그들은 수장과 지방의회 의원 양자가 유권자에 의해 직접선거로 선출되는 이원대표제 아래에서 지자체 간의 정치적 특징의 차이(수장과 지방의회의 당파성 차이)가 지방정부(이들의 분석 대상은 도도부현 수준이다)의 정책 선택에 어떤 영향을 미쳤는지 포괄적·통상적으로 분석했다. 의회의 당파적 구성을 보면 1960년대부터 1980년대까지 자민당과 혁신정당의 의석률이 비교적 안정적이었으나 1990년대 이후 큰 변화를 보인 것이 확인

• 이익집단의 이익을 대변하는 의원을 말한다. ― 옮긴이
•• 특정 집단의 이익만을 대변하는 것이 아니라 다양한 정강 정책을 개발해 유권자의 표를 모으려는 정치활동형이다. ― 옮긴이

된다. 자민당과 혁신정당의 높은 의석률이 낮아진 반면, 지사가 속한 정당이나 반대 당으로 환산할 수 없는 지방정당파의 의석률이 높아진 것을 알 수 있다. 이 연구는 지사 및 의회에서 보수와 혁신의 차이가 세출 구조에 어떤 영향을 미치는지 등 향후 실증적인 지방자치 연구에 새로운 관점을 제공한다.

| 키워드 |

의회의 역할, 표준규칙, 의원 보수, 의회와 주민 참여, 지방의회 개혁

| 연구 과제 |

1. 자신이 속한 지자체 의회의 의원 수는 몇 명인지, 그리고 지난번 선거의 결과
   는 어떠했는지(최고 득표수, 최저 득표수) 조사해보자.
2. 자신이 속한 지자체 의회의 의원 보수는 어떻게 정해지는지, 그리고 정무
   조사비는 어떻게 사용되는지 조사해보자.
3. 자신이 속한 지자체 의회를 방청해보자. 그리고 의회는 1년에 몇 번 개최되는
   지, 총 며칠이나 개최되는지, 위원회에는 어떤 것이 있는지, 시민에게 어떻게
   공개되는지 조사해보자.

| 참고문헌 |

大森弥. 2002. 『新版 分権改革と地方議会』. ぎょうせい.

岡本三彦. 2005. 『現代スイスの都市と自治』. 早稲田大学出版部.

自治体議会改革フォーラム 編. 2007. 『変えなきゃ! 議会「討論の広場」へのアプ
　　ローチ』. 生活社.

全国市議会議長会. 2007. 『地方議会議員 ハンドブック』. ぎょうせい.

曾我謙悟・待鳥聡史. 2007. 『日本の地方政治』. 名古屋大学出版会.

第2次地方(町村)議会活性化研究会. 2006. 『分権時代に対応した新たな町村議会の活
　　性化方策』. 全国町村議会議長会.

都道府県議会制度研究会. 2007. 『自治体議会の新たな位置づけ』. 全国都道府県議会
　　議長会.

西尾勝・岩崎忠夫 編. 1993. 『地方政治と地方議会』. ぎょうせい.

日経グローカル 編. 2011. 『地方議会改革の実像―あなたのまちをランキング』. 日本
　　経済新聞社.

橋場利勝・神原勝. 2006. 『栗山町発・議会基本条例』. 公人の友社.

比較地方自治研究会. 2005. 『欧米における地方議会の制度と運用』. 自治体国際化
　　協会.

藤原範典. 2006. 『自治体経営と議会』. ブレーン出版.

馬渡剛. 2010. 『戦後日本の地方議会: 1955~2008』. ミネルヴァ書房.

村松岐夫・伊藤光利. 1986. 『地方議員の研究』. 日本経済新聞社.

| 옮긴이 해설 |

일본 지자체 의회는 그동안 획일적으로 운영된다는 비판을 받았다. 하지만 근래에는 다수의 지자체에서 의회의 역할 확대와 회의 운영 방식 개선 등 의회 활성화를 위한 움직임을 보이고 있으며, 일하는 의회상을 정립하기 위해 의회기본조례를 제정하는 지자체 의회도 늘고 있다.

우리나라의 경우 지방의회를 구성한(1991년) 이후 20여 년이 지나면서 지방의원의 유급화, 전문위원 증원 등 의정 활동을 강화하기 위한 몇 가지 조치가 취해지긴 했지만 입법권 확대 등과 같은 근본적인 제도의 개선은 그다지 눈에 띄지 않는다. 보좌관제 도입 문제, 정책 연구 기능 강화, 사무기구 인사권 독립 등 의회와 집행기관의 관계에서 정리될 문제도 남아 있다.

지방의회의 운영을 활성화하기 위한 핵심 과제는 조례 제정·개정을 비롯한 자치입법권의 확대이다. 한일 지방의회는 입법권에서도 차이를 보이고 있으나 기능상 단순 비교하기에는 무리가 있다. 따라서 지방의회 운영 활성화 방안은 중앙과 지방의 관계, 의결기관과 집행기관의 관계 등 자치제도 전반의 시각에서 다각적으로 연구·검토되어야 할 사항이다.

05 | 수장과 집행기관

    의결기관으로는 의회가 있고, 지자체의 행정사무를 관리·집행하고 지자체의 의사를 결정해 외부에 공표하는 권한을 갖고 있는 것으로는 집행기관이 있다. 집행기관 하면 지사나 시장 같은 수장의 이미지가 떠오르지만 이외에 교육위원회를 비롯한 각종 위원회도 집행기관 가운데 하나다. 이 장에서는 수장을 비롯한 집행기관에 대해 알아보려고 한다.

1. 집행기관

    지자체의 집행기관이란 독자적인 집행권을 갖고 담임하는 사무에 대해 지자체로서의 의사 결정을 내리고 외부에 공표할 수 있는 기관을 말한다. 4장에서 보았듯이 의회가 의결해야 하는 사항은 한정되어 있기 때문에(지방자치법 제96조) 의회가 결정하는 것 이외의 의사 결정은 집행기관이 한다.

    지방자치법 제138조의 2는 "보통지방공공단체의 집행기관은 당해 보통지방공공단체의 조례, 예산, 그 외의 의회 의결에 의거한 사무 및 법령, 규칙 기타 규정에 의거한 당해 보통지방공공단체의 사무를 스스로의 판단과 책임으로 성실하게 관리하고 집행하는 의무를 진다"라고 규정한다. 지자체의 집행기관은 의회가 결정한 사항을 집행할 뿐만 아니라 자신의 권한에 속한 사항에 대해 스스로 의사 결정을 내리고 이 결정을 외부에 공표하고 집행한다. 일본 지자체 집행기관의 특징으로는 수장제와 집행기관의 다원주의를 들 수 있다.

1) 수장제

우선 대표적인 집행기관인 지사와 시정촌장이라고 불리는 수장에 대해 살펴보면 일본의 자치제도는 수장제(수장주의)를 채용하고 있는 점이 특징이다. 헌법 제93조 제2항은 "지방공공단체의 장, 그 의회의 의원 및 법률이 정하는 기타의 관리(공무원)는 그 지방공공단체 주민의 직접선거로 선출한다"라고 규정하고 있어 의회 의원과 집행기관의 장을 주민의 직접선거로 선임한다고 정한다.

지자체에서는 국가(국민이 국회의원을 뽑고 국회의원이 수장을 뽑는 의원내각제)와는 명백하게 다른 제도를 정하고 있는 것이다. 그 취지는 다음과 같다. ① 의회 의원과 집행기관의 장 모두 직선으로 주민의 의사를 직접 반영하여 더욱 민주적인 정치행정을 도모한다. ② 의회와 장이 서로 견제하고 균형과 조화의 관계를 갖도록 하여 공정하고 원활한 자치운영을 도모한다. ③ 장을 의회에서 독립시켜 일정 기간 임기를 보장하여 계획적이고도 효율적인 행정 운영을 실현한다. 수장제는 미국의 대통령제와 유사하지만 수장에게 의안제출권이 인정된다거나 의회가 수장에 대한 불신임의결권을 갖고 있다는 점에서 미국의 대통령제와 다른 부분도 적지 않다.

2) 집행기관의 다원주의

일본 지자체 집행기관의 또 다른 특징으로는 집행기관의 다원주의를 들 수 있다. 지자체의 집행기관은 직접선거에 의해 선출되는 수장 아래 설치되는 보조기관과 교육위원회 등의 행정위원회, 감사위원 등으로 구성된다. 지방자치법은 "보통지방공공단체의 집행기관으로서 보통지방공공단체 외에 법률이 정하는 바에 따라 위원회 또는 위원을 둔다"(제138조의 4 제1항)라고 규정하고 있다. 이처럼 수장과 나란히 복수의 위원회와 위원을 두는 형태를 집행기관의 다원주의라 한다.

이는 하나의 집행기관으로 권한이 집중되는 것을 막고 복수의 집행기관에 권한을 분산시켜 각각 독립적으로 사무를 처리하여 민주적인 행정을 구현하기 위해서이다. 일본은 국가와 지방 모두 행정의 민주화를 위해 행정위원회를 활용한 미국의 점령정책을 반영하고 있다. 7장에서 이야기할 이원대표제가 헌법 수준에서 보장되는 것과 달리 행정위원회는 개별적으로 각종 법률(예를 들면, 지방교육행정의 조직 및 운영에 관한 법률, 지방공무원법 등)에 규정되어 있었다. 그러다가 추인하는 형태로 1952년의 지방자치법 개정을 통해 집행기관의 기본 조직 형태가 되었다.

한편 "집행기관은 보통지방공공단체 장의 소관 아래 집행기관 상호의 연락을 도모하고 전적으로 일체된 행정 기능을 발휘하지 않으면 안 된다"(제138조의 3 제2항)라고 규정하면서, 장은 "집행기관 상호 간에 그의 권한에 관한 이의가 생겼을 때는 이를 조정하도록 노력하지 않으면 안 된다"(제138조의 3 제3항)라고 규정하고 있다. 일체된 행정 기능을 발휘해야 한다는 것은 집행기관이 분립되어 있어 집행 분야는 각각 별개이더라도 각 집행기관의 사무가 전체적으로 조화되고 그 효과가 충분히 발휘되어야 한다는 것을 의미한다. 일체적인 운영을 확보하기 위해 예산의 편성·집행, 의안 제출, 과태료 부과, 의회에 결산을 상정하는 일과 같은 권한에 대해서는 행정위원회의 소관사항이라도 행정위원회에 권한을 주지 않고 장의 권한으로 하고 있다(제180조의 6).

또 수장의 종합조정권으로서 위원회 또는 위원회 사무국의 조직, 직원의 정원, 신분처리 등은 수장에게 권고권을 인정하고 있다. 위원회에 협의 의무를 부과함(제180조의 4)과 동시에 예산에 관한 보고의 징구, 예산집행 상황과 관련된 실지조사, 필요한 조치 요구 등의 권한도 수장에게 인정하고 있다.

각 위원회의 위원은 특별직이어서 위원의 임면권(任免權)이 수장에게 속하는 경우도 많다(임명에는 의회 과반수의 동의가 필요하다). 예를 들면, 교육위원의 임명권자는 수장이어서 누구를 교육위원에 선임할지는 수장이 결정한다. 이런 점에서 보면 수장과 각 위원회가 반드시 대등한 관계라고는 단언할 수 없다.

이처럼 집행기관이 다원주의를 취하고 있다고는 하지만 수장이 가장 중요한 집행기관으로 확립되어 있으며, 실제 수장의 권한은 상당히 포괄적이면서 강력하다. 지자체는 장의 리더십 아래 종합행정을 펼칠 수 있다는 장점을 갖고 있지만 한편으로는 권한 남용을 방지하는 장치도 필요하다.

2. 수장

1) 수장의 직무

지사·시정촌장이라는 지자체의 수장은 매우 다양한 일을 한다. 이벤트 행사에서 축사하는 모습, 외국에서 온 VIP를 접견하는 모습, 고교 야구의 지구 대회에서 시구하는 모습, 도로 개통식이나 회관의 개관 기념식에서 테이프를 자르는 모습 등이 TV에 자주 방영되어 수장은 그런 일만 한다고 생각하는 주민도 많다. 〈표 5-1〉은 돗토리 시장의 2주간의 스케줄을 보여

〈표 5-1〉 돗토리 시장의 일정표(2011년 11월 말부터 12월 중순까지)

날짜	일정
28일(월)	09:30~ 간부 회의 14:00~ 2011년 제3회 돗토리 현 후기 고령자 의료광역연합의회 정례회 18:00~ 돗토리 시 소방단 망년회
29일(화)	10:00~ 2011년 제4회 돗토리 시의회 임시 의회 12:00~ 돗토리 시 홍보를 이야기하는 모임 13:30~ 돗토리 시 사회복지대회 15:00~ 돗토리 축제 진흥회 총회 19:00~ 지역 만들기 간담회
30일(수)	14:00~ 돗토리 시 관광협회 임시 총회 19:00~ 지역 만들기 간담회
1일(목)	10:30~ (사) 돗토리청년회의소 차기 연도 이사장 예정자와의 면담 12:00~ 토요회 13:00~ 지진 피해 지역 파견직원 보고회 14:00~ 주식회사 A사 사장, 주식회사 B사 사장과 면담 18:00~ 돗토리 시 자치연합회 간담회
2일(금)	10:00~ 정례 기자회견 11:30~ 돗토리 시정 10대 뉴스 선정 회의 14:00~ 돗토리 시 건축연합회 회장과 면담
3일(토)	12:30~ 가이나레 돗토리 대 에히메 경기 관람
4일(일)	12:00~ 야마토 지구, 구마스 지구 연말교류사업 13:00~ 2011 돗토리 시민 활동 잔치 14:00~ 와이미에리코 돗토리 고향 마을 대사취임기념 콘서트
5일(월)	09:30~ 간부 회의 10:15~ 엔진 01 문화전략회의(돗토리 시 개방대학) 제1회 청내추진위원회 10:30~ 제1회 돗토리 시 방제회의 12:00~ (사) 돗토리 시 실버인재센터 간담회 14:00~ (사) D사 사장과 면담 16:30~ 오카야마 현 화교총회 회장 등과 면담
6일(화)	10:00~ 2011년 12월 돗토리 시의회 정례회 개회 17:00~ 학교법인 E학원 이사장과 면담 18:00~ G선생의 출판을 축하하는 모임
7일(수)	09:00~ H의료 생협이사장 등과 면담 10:00~ 2011년 12월 돗토리 시의회 정례회 의안 조사 17:00~ (주) J사 사장과 면담 18:00~ 돗토리 중금회 망년회
8일(목)	10:00~ 2011년 12월 돗토리 시의회 정례회 일반 질문 19:00~ 2012년 돗토리 시 성인식 실행위원회 위원장 등과 면담
9일(금)	10:00~ 2012년 12월 돗토리 시의회 정례회 일반 질문
10일(토)	13:00~ 제10회 빛나는 청소년을 생각하는 모임 14:00~ K씨 서훈 수상 축하회 17:00~ 돗토리 사구 일루션 9 점등식
11일(일)	11:00~ 도쿠오 공민관 준공식·축하회 11:30~ 민요 교류회 13:00~ 팀 만텐세이 결성 10주년 이벤트 14:00~ 가와라 정민합창단 정기 연주회 17:15~ 돗토리 사구 일루션 9 돗토리 대학부서 학교부 대합창

자료: 돗토리 시 웹사이트 참조.

준다. 경우에 따라서는 30분 단위로 다양한 행사가 잡힌 날도 있다. 토요일이나 일요일에도 자택에서 편안하게 쉴 수 없다. 수장은 지방공무원법상 특별직이어서 근무시간이라는 개념이 없으며 밤이나 주말에 일한다고 해서 잔업수당이나 휴일근무수당이 나오지도 않는다. 그렇지만 거의 연중 내내 매일같이 여러 가지 일에 쫓기는 것이 현실이다. 〈표 5-1〉은 웹사이트에 올라와 있는 공식 행사만 스케줄로 잡았을 뿐이다. 이외의 시간에는 각 부국의 간부가 결재를 받으려고 시장실을 찾는다. 시장실 앞에 결재를 기다리는 과장이나 부장이 줄을 서 있는 경우도 많다.

지방자치법상 수장은 "지자체를 통할하고 이를 대표한다"(제147조), 당해 지자체의 "사무를 관리하며 이를 집행한다"(제148조)라고 되어 있어 다양한 권한을 폭넓게 갖고 있으며, 이 권한에 의거해 업무를 처리하고 의사 결정을 내린다. 통할이란 당해 지자체의 사무 전반에 대해 수장이 종합적인 통일을 확보하는 권한을 갖는 것을 의미한다. 이는 종합조정적인 관리 기능을 가리키는 것이 아니라 다른 집행기관, 의회, 주민을 포함한 당해 지자체의 사무에 대해 중심적인 위치에서 하나로 통합해 최종적인 일체성을 갖는 것을 의미한다.

광의로 봤을 때 지자체를 대표한다는 의미는 당해 지자체의 사무 전반에 대해 집약적으로 지자체의 입장을 표명하는 것을 말한다. 해외에서 온 VIP를 안내하는 식의 모습만 떠올리기 쉽지만 관리·집행하는 사무로는 다음과 같은 것을 들 수 있다(제149조).

① 조례안 등 의안의 제출(제149조 제1호): 같은 수장주의(대통령제)를 도입하고 있는 미국의 경우 대통령에게 의안제안권이 없지만, 일본은 이원대표제를 취하면서도 수장에게 의안의 제안권을 부여하고 있다. 실제로 지방의회에 제출되는 조례안의 90%는 수장의 제안에 의한 것인데,

이런 점에서 보면 내각 제출법안이 80~90%를 차지하는 국회와 유사하다고 할 수 있다. 수장이 집행하는 많은 사무는 법령에 의한 것이므로 이와 관련된 참모를 충분히 갖춘 수장이 조례를 제안하는 것을 그만두게 할 수는 없는 실정이다.

② 예산조제권, 집행권(제149조 제2호): 예산의 조제란 예산을 편성하는 일체의 행위를 말한다. 예산의 편성권은 수장에게 전속된 것으로 의회 및 다른 집행기관은 이러한 권한을 갖고 있지 않다(제97조 제2항 단서).

예를 들면, 교육관계의 예산편성권은 교육위원회에 있는 것이 아니라 수장에게 있다"교육 관련 세입·세출 예산의 작성에 맞춰 수장은 교육위원회의 의견을 청취하지 않으면 안 된다"(지방교육행정의 조직 및 운영에 관한 법률 제29조)라고 규정되어 있긴 하지만 편성권은 어디까지나 수장이 갖고 있다). 의회는 수장이 제출한 예산안을 수정할 수는 있지만 극단적인 증액이나 감액은 인정되지 않는다.

예산 작성도 수장의 업무 가운데 대단히 중요한 일이다. 세입 예측과 세출 전망을 편성해서 각 예산항목에 어떻게 예산을 짤 것인가 하는 것은 수장의 정치 자세와 함께 주목받는 부분이다. 물론 제출된 예산을 승인하는 것은 의회이지만 대부분 거의 원안대로 가결되어 수장이 작성한 예산이 익년도 예산으로 편성된다. 또 수장은 방대한 양의 사무를 처리하고 예산을 집행하지 않으면 안 된다. 이를 위해 보조기관으로 직원을 고용하는데, 이 점에 대해서는 9장에서 논의하기로 한다.

예산의 집행권도 지자체의 수장에게 전속되며 의회 및 위원회 또는 위원은 이러한 권한을 갖고 있지 않다(지방자치법 제180조의 6 제1호).

③ 지방세를 부과·징수하고, 분담금·사용료 등을 징수하며, 과태료를 부과하는 일(제149조 제3호).

④ 재산을 취득하고, 관리하며, 폐지하는 일(제149조 제6호).

⑤ 공적인 시설을 설치·관리·폐지하는 일(제149조 제7호).

⑥ 규칙제정권(제15조): 수장은 법령에 위반되지 않는 한에서 그 권한에 속하는 사무에 관해 규칙을 제정할 수 있다. 또 그 규칙을 위반한 데 대해 과료를 부과하는 취지의 규정을 당해 규칙 중에 제정할 수 있다.

⑦ 행정위원회의 위원 임명권 등: 이미 언급한 대로 교육위원이나 인사위원 등의 행정위원을 임명할 수 있다. 단, 의회의 동의를 얻어야 한다.

⑧ 직원의 임명권 및 지휘감독권(제162조 외): 수장은 자신의 권한에 속하는 사무를 처리하기 위해 보조기관인 부지사, 부시장, 임원 기타의 직원을 임면하는 권한을 갖는다. 또 수장은 그 보조기관인 직원을 지휘감독한다(제154조).

⑨ 사무조직권(제155조 이하): 수장은 자신의 권한에 속하는 사무를 분장하기 위해 필요한 조직을 만들 수 있다.

이상 중요한 몇 가지 권한과 사무를 열거했지만 제149조에 규정된 것은 예시일 뿐 사무를 "관리하고 또 그것을 집행한다"(제148조)라는 규정은 지자체의 수장이 포괄적·망라적으로 일할 수 있도록 권한을 주고 있으며, 누구의 일 또는 권한인지 불분명한 경우에는 수장에게 그 권한이 있다고 추정해서 사무를 집행할 수 있다는 의미이다.

2) 수장의 선출 방법

지자체 수장에 대한 선거권은 국회의원 선거, 지방의회 의원 선거와 같이 만 20세 이상의 일본 국민에게 부여되어 있다. 피선거권은 지사는 30세 이상, 시정촌장은 25세 이상의 일본 국민이고, 지방의회 의원과 달리 당해 지자체 내에 거주하고 있지 않더라도 입후보가 가능하다(주소 요건이 부여되

〈표 5-2〉 시구장·정촌장의 연속 취임 횟수(2006년 12월 31일 기준)

연속 취임 횟수	시구장	정촌장
1회	496	53
2회	150	233
3회	95	150
4회	34	60
5회	19	33
6회	4	18
7회	0	4
8회	1	0
9회	0	3
10회	1	1
계	800	1,034

주: 1) 시장에는 정령지정도시의 시장도 포함된다.
 2) 시정촌이 통합된 경우 신설 통합에서는 전신인 시정촌 당시의 연속 취임 횟수를 포함하지 않지만 편입 통합에서는 통합 이전의 연속 취임 횟수를 포함한다.
 3) 시제 시행이 이루어진 경우 전신인 정촌 당시의 연속 취임 횟수를 포함하지만 정령지정도시의 시 장에 대해서는 정령지정도시가 된 이후의 연속 취임 횟수로 한다.
자료: 総務省, 「首長の多選問題に関する調査研究会」 報告書(2007年 5月 30日), 参考資料 9.

어 있지 않다). 당선된 후에도 당해 지자체 내에 거주하는 것이 의무화되어 있지 않다. 이는 단순히 주민의 의견을 대변하는 데 그치지 않고 지식이나 경험이 많은 인재를 전국에서 폭넓게 구하려는 취지이다.

수장의 임기는 4년으로 정해져 있다. 수장이 임기 도중 퇴직할 경우 지사는 30일 전, 시정촌장은 20일 전에 의장에게 신청할 의무가 있다. 단, 수장이 긴급히 입원한 경우 등은 의회의 동의를 거쳐 30일(20일)을 기다리지 않고 퇴직할 수 있다.

수장은 겸업금지규정에 의해 국회의원, 지방의회 의원, 상근의 직원, 행정위원회의 장을 겸할 수 없다. 프랑스의 경우 국회의원이 시장을 겸하는 사례도 있지만 일본은 법률상 이것이 인정되지 않는다.

지사와 시정촌장이 1기 4년으로 끝나는 경우는 드물고 2기, 3기로 근무

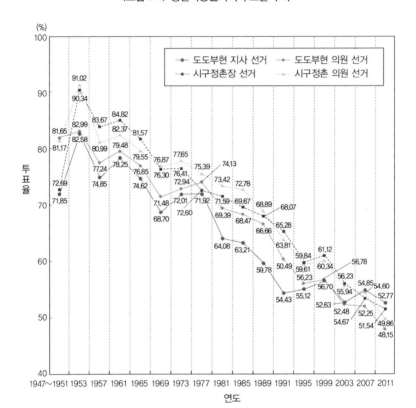

〈그림 5-1〉 통일지방선거의 투표율 추이

자료: (재)공명선거추진위원회[(財)明るい選挙推進協会] 웹페이지.

하는 경우가 많다. 이른바 다선 경향을 보인다. 현직의 수장이 발군의 지명
도를 살리거나 다양한 단체의 후원을 확보하는 방법을 통해 선거전을 유리
하게 움직이기 때문이다. 덧붙이자면 앞의 〈표 5-2〉는 시정촌장의 연속 당
선 횟수를 나타내고 있는데, 연속 당선 횟수가 10회, 즉 40년간 시장을 계
속한 사례도 있다.

단, 장기 정권이 지속되면 이른바 추종자에 둘러싸여 조직의 원활한 소
통이 어려워지거나 특정인에게 권력이 집중되어 오직이 발생하는 등의 폐

해가 나타나기도 한다. 그래서 지자체장의 다선금지, 다선자숙(自肅)의 조례를 제정하는 지자체도 나오고 있다. 그렇지만 직업선택의 자유 등과 관련해 이의가 제기되어 적용 대상을 현재의 수장에 한정하는 경우가 많다.

수장 선거는 투표율이 점점 떨어지고 있다. 통일지방선거 당시 수장 선거를 보면 1960년대 전반까지는 70~80%대의 투표율을 기록했지만, 2011년 통일지방선거에서는 50% 전후의 투표율을 기록했다(〈그림 5-1〉 참조). 유권자의 반 가까이는 투표를 하지 않는다는 것이다. 특히 도시에서의 저투표 현상이 눈에 띈다.

무투표 당선이 많은 것도 특징이다. 정촌에서는 40~50%가, 시구장 선거에서도 20% 정도가 무투표로 당선되고 있다. 대체로 인재가 없다는 이유 외에도 앞서 말한 바와 같이 현직이 압도적으로 유리하므로 대립 후보가 좀처럼 나오기 어렵기 때문이다.

3) 수장의 매니페스토

매니페스토는 정당이나 정치가가 자기의 주장을 정리한 공약집이다. 일본에서는 2003년 4월의 통일지방선거에서 지역 매니페스토(지자체의 수장이 내건 매니페스토)를 공표해서 선거에 임한 지사 후보 14명 중 6명이 당선되면서부터 지역 매니페스토가 급속히 주목을 받았다. 지역 매니페스토가 기존의 선거공약과 다른 점은 후보자가 생각하는 당해 지역의 지향할 목표를 내세우고 정책 목표, 달성 시기, 재원을 제시하고 있는 것이다.

지역 매니페스토를 내걸어서 당선된 수장들은 그 후 이를 실현할 방책을 찾게 된다. 지사와 각 부장이 1년간의 달성 목표에 대해 계약을 하는 '정책합의' 구조를 도입한 후쿠이(福井) 현의 사례, 매니페스토에 입각한 종합계획책정에 정진한 가나가와(神奈川) 현의 사례, 매니페스토의 목표를 관리하는 조직으로 정책검토회의를 설치한 사가(佐賀) 현의 사례 등 매니페스토를 달성하기 위한 지자체의 노력은 다양하다. 또한 지역 매니페스토는 그 달성도에 대해 평가검증을 받는다. 지사 자신이 스스로 자기평가를 하는 경우도 있지만, 제3기관을 통해 매니페스토 진척에 대한 평가를 받는 구조를 만든 사례도 있다. 이후의 수장 선거에서도 많은 후보자가 지역 매니페스토를 내걸어 선거전을 치르고 있으므로 일본에서는 이 구조가 정착되는 중이라 여겨진다.

매니페스토의 원조라 할 수 있는 영국에서는 일본과 같이 수장 선거가 행해지는 예는 드물며(영국은 대부분 이원대표제가 아니라 의원내각제라서 의회에서 시장을 선출한다), 국가 정책으로 정착해가고 있지만 그런 경우라도 일본만큼 자세하게 목표 수치를 제시하는 수준은 아니다. 따라서 일본의 매니페스토는 일본이 독자적으로 전개하고 있다는 견해도 있다.

3. 행정위원회

1) 행정위원회의 종류와 목적

앞에서 논한 바와 같이 지자체의 업무는 수장의 조직과 달리 중립성과 공평성이 요구되므로 행정위원회가 설치되어 있다. 행정위원회에는 선거의 집행을 담당하는 선거관리위원회, 경찰의 일에 관한 공안위원회(도도부현에만 설치), 교육 분야에 관한 교육위원회, 직원의 채용과 공정한 심사를 맡는 인사위원회(도도부현, 정령지정도시 및 일부 대도시에 설치), 공평위원회(기타 시정촌에 설치) 등이 있다. 이들 위원회는 법률상 행정위원회라고 총칭된다. 또 지자체가 해서는 안 되는 일을 하는지 감사하기 위한 감사위원이라는 직책도 만들어졌다.

　이들 위원회나 위원은 스스로의 이름과 권한에 의거해 지자체의 업무를 수행할 수 있다. 예를 들면 인사위원회 위원장 이름으로 채용자에 대한 결정 통지를 하거나, 교육위원회 위원장 이름으로 청소년에게 유해한 도서를 지정하거나, 선거관리위원회 위원장 이름으로 당선증서를 교부하고 있다. 이들 행정위원회는 자신들의 이름과 권한에 의거해 지자체의 일을 집행하고 있으며, 이는 수장의 행정집행과 병렬적으로 존재한다.

　지자체의 집행기관으로서 설치하지 않으면 안 되는 행정위원회는 다음과 같다(지방자치법 제180조의 5).

- 도도부현: 교육위원회, 선거관리위원회, 인사위원회, 감사위원, 공안위원회, 노동위원회, 수용(收用)위원회, 해구어업조정위원회(바다에서의 어업조정), 내수면어장관리위원회[내수면(강·호수 등)에서의 어업조정]
- 시정촌: 교육위원회, 선거관리위원회, 인사위원회 또는 공평위원회, 감사위원, 농업위원회, 고정자산평가심사위원회

행정위원회의 주요 조직과 권한은 다음과 같다.

- 교육위원회(지방교육행정의 조직 및 운영에 관한 법률 제3조, 제4조, 지방자치법 제180조의 8): 5명의 위원으로 조직된다(도도부현·지정도시는 6명임. 정촌은 3명도 가능). 위원은 장이 의회의 동의를 얻어 임명하며, 임기는 4년이다. 학교나 기타 교육기관의 설치·관리·교직원의 임명 등 교육에 관한 사무를 관리하고 집행한다.
- 선거관리위원회(지방자치법 제181조): 4명의 위원으로 조직된다. 위원은 의회에서 선출되며, 임기는 4년이다. 지자체의 의원과 장의 선거에 관한

사무 외에 국가, 다른 지자체의 선거에 관한 사무를 관리한다.

- 인사위원회·공평위원회(지방공무원법 제7조): 도도부현·정령시에는 인사위원회를 필히 설치하고, 인구 15만 명 이상의 시와 특별구에는 인사위원회와 공평위원회 중 어느 것이든 하나를 설치하고, 15만 명 미만의 시와 정촌에는 공평위원회를 설치한다. 특별구에는 23개 구에 합동으로 특별구인사위원회를 설치한다. 위원회는 3명의 위원으로 조직되는데, 이들 위원은 장이 의회의 동의를 얻어 선임하며, 임기는 4년이다. 공평위원회는 직원의 근무 조건에 관한 조치를 요구하며, 불이익 처분에 관한 불복 제기를 심사한다. 인사위원회는 여기에 더해 급여를 비롯한 근무 조건에 관한 권고를 의회 및 장에 대해 시행하며, 직원의 채용시험, 승진시험 등을 담당한다.
- 감사위원(지방자치법 제195조): 장이 의회의 동의를 얻어 전문가 및 의원 중에서 선임한다. 전문가위원의 임기는 4년이며, 의원 중에서 위원이 된 경우에는 의원 임기에 의한다. 정수는 도도부현과 인구 25만 명 이상인 시에는 4명이고, 기타 시정촌에는 2명이지만 조례로 정수를 늘릴 수도 있다. 감사위원은 지자체의 재무사무 집행, 지자체가 경영하는 사업의 관리, 조직·인원·사무 처리 방법 등 행정 운영 전반을 감사한다.

행정위원회는 다양한 요청에 의해 설치되지만 교육위원회, 공안위원회, 선거관리위원회와 같이 정치적 중립성의 확보를 목표로 하는 기관, 인사(공평)위원회, 감사위원과 같이 공평·공정한 행정의 확보를 목표로 하는 기관, 노동위원회, 농업위원회와 같이 이해관계의 조정을 목표로 하는 기관으로 나눌 수 있다. 또 인사(공평)위원회, 노동위원회, 수용위원회 등은 준사법적 처분을 할 수 있다.

2) 행정위원회의 법정주의와 행정위원

집행기관으로서의 위원회와 위원은 법률이 정하는 바에 의해 설치되므로(지방자치법 제138조의 4 제1항, 제180조의 5) 조례로 설치할 수는 없다(행정위원회 법정주의 또는 집행기관 법정주의). 집행기관의 설치는 지자체 조직의 근본과 관련된 사항이기 때문이다. 앞에서 언급한 행정위원회 외에 지자체에는 심사회, 조사회 등도 설치되어 있지만 이들은 모두 조례에 의해 설치되므로 부속기관이라 불린다. 부속기관은 집행기관이 아니어서 행정위원회와는 다르며, 자기 이름으로 행동할 수 없다. 예를 들면, 지자체가 정보공개조례에 의해 심사회를 설치하는 경우 조례로 결재기관으로서의 심사회를 설치할 수는 없으며 자문기관으로서의 심사회를 설치해야 한다. 이점에 대해서는 법정주의의 완화를 요구하는 목소리도 있다.

앞에서 본 바와 같이 교육위원회와 인사위원회의 위원, 감사위원 등은 수장이 의회의 동의를 얻어서 선임한다. 법률상 인격이 고결하고 공정하면서 우수한 식견을 가진 사람 가운데 선출하는 것으로 되어 있지만 명확한 기준이 있는 것은 아니다. 그래서 수장이 자신의 지인에게 의뢰해서 비교적 자신과 사고방식이 비슷한 위원을 선임하는 것이 가능하다. 행정위원회가 독립해 있다고는 하지만 수장이 임명권을 갖는 위원에 대해서는 수장의 입김이 미칠 가능성이 있다. 그런 의미에서 위원은 수장이나 의회의 영향을 전혀 받지 않는다고 볼 수는 없다. 또 많은 위원은 대학 교수, 변호사, 회사 경영자 등과 같은 본업을 갖고 있으며 대부분 비상근위원이다. 그렇기 때문에 한 달에 몇 번 위원회에 출석해서 자신의 의견을 표명하는 정도에 그치는 경우가 많다. 이 때문에 위원회를 사무적으로 도와주어야 하는 사무국이 실질적인 권한을 갖고 위원회 자체는 유명무실화될 위험도 있다.

3) 교육위원회제도의 역사와 현상

지자체의 교육위원회 위원은 처음에는 주민의 직접선거로 선출되었다. 1948년에 교육위원회법에 의거해 설치된 교육위원회제도는 교육행정의 지방분권, 민주화, 자주성 확보의 이념 아래 수장에게서 독립한 선거제·합의제의 행정위원회로 발족했다. 당시 교육위원회는 예산·조례의 원안송부권 등도 갖고 있었다. 그러나 교육위원 선거의 낮은 투표율, 일부 지역에서의 교직원조합을 동원한 활발한 선거운동 때문에 발족 직후부터 존재 이유에 대한 논란이 분분했다.

1956년에는 지방교육행정의 조직 및 운영에 관한 법률[지교행법(地教行法)]이 제정되어 교육위원의 선거제가 폐지되고 수장에 의한 임명제로 바뀌었다. 또한 교육장(교육위원회 사무국장)의 임명승인제도가 도입되어 도도부현의 교육장에는 문부대신의 승인이, 시정촌의 교육장에는 도도부현교육위원회의 승인이 필요해졌다. 더욱이 일반행정과의 조화를 도모하기 위해 교육위원회가 갖고 있던 예산안·조례안의 송부권도 폐지되었다.

교육위원이 선거에서 임명제로 바뀜에 따라 교육장(교육위원회 사무국장)이 주도하는 운영 스타일에 따라 교육행정이 좌우되었고 이로 인해 위원회의 의사 결정 기능이 유명무실화되었다는 비판도 제기되었다. 실제로 비상근의 교육위원이 관여할 수 있는 업무는 한정되어 있어 실질적인 예산의 관리·운용은 교육위원회 사무국을 중심으로 이루어질 수밖에 없다.

또 교육장의 승인제에 대해서는 교육에 대한 중앙통제라는 비난이 많았다. 결국 승인제는 1999년의 지방분권일괄법에 의해 폐지되었다. 한편 일괄법에 의해 도도부현 및 지정도시도 교육위원회가 교육위원회의 위원(위원장은 제외) 가운데 교육장을 임명하게 되었다(지교행법 제16조, 시정촌의 교육장은 이전부터 교육위원회가 시정촌의 교육위원회 위원 중에서 임명하는 것으로 되어 있었다). 어떻게 보면 중앙통제가 완화되고 교육위원회의 자율성이 더욱 높아진 것처럼 보이지만, 교육장 후보자로서의 교육위원은 사전에 수장에 의해 특정되는 경우가 많아 수장이 임명권에 대해 영향력을 갖고 있다는 점에서는 변함이 없다.

교육장은 교육위원회의 지휘·감독 아래 위원회의 권한에 속한 사무 전체를 담당한다. 사무를 처리하기 위해 사무국이 설치되지만 교육장이 사무국의 사무를 총괄하고 소속 직원을 지휘·감독한다(지교행법 제20조 제1항). 교육위원회는 사무국을 직접 지휘·감독하지는 않고 교육장에 대한 지휘·감독을 통해 간접적으로 관여하는 데 머문다.

교육위원회제도에 대해서는 다양한 관점에서 논의가 계속되고 있다. 한편으로는 교육위원회가 유명무실화된다는 이유로, 다른 한편으로는 직선인 수장의 권한이 미치지 않는 부분이 있다는 이유로 교육위원회를 폐지하고 이를 수장부국(部局)으로 통합해야 한다는 의견이 제기된다. 이는 법 개정이 필요한 사항이기 때문에 현행법 아래 가능한 분야에서는 사실상 교육위원회의 알맹이 업무를 빼는 일도 진행된다. 2001년 4월 시마네(島根) 현 이즈모(出雲) 시에서는 문화재, 예술·문화, 스포츠, 도서관 등의 사회교육·생애학습 업무가 수장부국 관장으로 이관되었다. 이 때문에 교육위원회 사무국은 학교교육에 한정된 업무만 관장하게 되었다. 이와 같은 움직임은 아이치(愛知) 현 다카하마(高浜) 시 등 다른 시로도 확대되었다. 한편으로 교육위원의 선거제 부활을 제창하는 주장도 있다.

정부의 지방분권개혁추진회의는 2004년에 '각 지역의 실정에 따라 지방공공단체의 판단으로 교육위원회제도를 도입하지 않아도 되는 선택을 인정할 것'이라는 내용을 담은 교육위원회의 필치규제에 탄력화를 요구하는 의견서를 제출했다. 이는 지방분권 시대의 도래에 대비한 지방교육제도의 새로운 기반 정비의 중요성을 호소하는 것이었다.

학계에서는 교육위원회의 필치규제를 폐지하고 지자체가 자신의 판단에 따라 교육 거버넌스의 형태를 선택할 수 있도록 교육 거버넌스를 다양화해야 한다고 강력하게 주장한다. 더욱이 '교육위원회제도의 존재가 교육행정의 종적 관계와 집권성을 강화해왔다'라는 일반적인 견해를 재검토하고, 교육위원회제도가 현재까지 지속된 이유와 함께 합리적 선택제도론의 관점에서 교육위원회제도를 분석하는 본격적인 연구도 증가하고 있다. 교육문제에 관한 사회의 관심이 높아지고 분권화가 계속 추진된다면 교육위원회제도는 지금보다 더 넓은 시각에서 다루어질 전망이다.

| 키워드 |

수장제, 집행기관 다원주의, 지자체의 통합·대표, 다선, 매니페스토, 행정위원회
법정주의, 교육위원회제도

| 연구 과제 |

1. 자신이 속한 지자체의 교육위원회를 조사해 어떠한 사람이 위원으로 선출되
   었는지 조사해보자.
2. 자신이 속한 지자체에서 어떤 사람이 수장으로 선출되었는지, 수장이 몇 기
   (期)째인지, 역대 수장은 어떤 사람이고 선거전은 어땠는지 조사해보자.
3. 자신이 속한 지자체 수장 선거의 투표율이 어느 정도였는지 조사해보자.
4. 이상과 같은 조사를 하기 위한 기초 자료는 쉽게 구할 수 있었는지, 어떤
   시설에 자료를 보존하는 것이 적절한지 생각해보자.

| 참고문헌 |

青木栄一. 2004. 『教育行政の政府間関係』. 多賀出版.
伊藤正次. 2003. 『日本型行政委員会制度の形成―組織と制度の行政史』. 東京大学出
　　版会.
宇賀克也. 2011. 『地方自治法概説』(第4版). 有斐閣.
北川正恭. 2006. 『マニフェスト革命―自立した地方政府をつくるために』. ぎょう
　　せい.
佐々木信夫. 2011. 『都知事―権力と都政』. 中公新書.
曾我謙悟・待鳥聡史. 2007. 『日本の地方政治』. 名古屋大学出版会.
西尾勝・小川正人 編. 2000. 『分権改革と教育行政―教育委員会・学校・教育』. ぎょう
　　せい.
松本英昭. 2011. 『要説 地方自治法―新地方自治制度の全容』(第7次改訂版). ぎょう
　　せい.
村上祐介. 2011. 『教育行政の政治学―教育委員会制度の改革と実態に関する実証的
　　研究』. 木鐸社.

일본은 도도부현 지사와 시정촌장을 지자체 수장이라 부른다. 수장은 지자체를 통할하고 대표하며, 사무를 관리하고 집행하는 권한을 갖는다. 우리나라 지방자치단체의 장도 비슷한 지위와 권한을 가지고 있으나 관장하는 업무 영역에 차이가 있다. 예를 들면, 우리나라의 교육자치 업무는 교육감 소관이고 선거관리업무는 국가사무로 규정되어 있다.

이 중 지방교육자치제도를 어떻게 발전시킬 것인지가 현안이다. 지방교육자치를 바라보는 시각은 입장에 따라 다르다. 교육의 자주성, 전문성, 중립성을 강조하는 입장에서는 교육행정기관의 분리·독립을 주장한다. 교육 현장의 자치를 강조하는 입장에서는 학교자치를 강조한다. 지방자치라는 국가 제도의 큰 틀에서 접근하는 입장에서는 지방자치와 교육자치의 일원화(통합) 또는 연계·협력 강화를 중시한다.

1991년 지방교육자치를 실시한 이후 교육위원과 교육감을 선출하는 규정(지방교육자치에 관한 법률)은 수차례 개정되었다. 그 결과 교육감 선출 제도는 '교육위원에 의한 간선 → 선거인단에 의한 간선 → 직선'으로 바뀌었고, 교육위원 선출 제도도 '선거인단에 의한 간선 → 직선 → 폐지'로 변화되었다.

현안이 되고 있는 일반자치행정과 교육자치행정의 연계·강화 방안을 검토하는 데 일본 지자체의 교육위원 및 교육장 선출 방식의 변천 과정을 참고할 필요가 있다.

06 | 지방자치단체의 조직

앞 장에서는 집행기관 다원주의 및 수장이 직접 통할하지 않는 교육위원회와 그 외의 행정위원회 등을 살펴보았다. 이 장에서는 수장을 보좌하는 지자체의 조직, 이른바 수장부국(지사부국, 시장부국 등)이 어떻게 조직·편성되어 있는지 알아보려고 한다. 방대한 행정사무를 책임지는 지자체의 거버넌스를 수장 한 명이 담당하기란 불가능하므로 수장을 뒷받침해줄 조직이 필요하다. 여기서는 지자체의 조직이 어떻게 구성되어 있는지 알아보자.

1. 지자체의 조직

우선 이 절에서는 일본의 지자체 조직을 살펴보려고 한다. 일본의 지방자치는 영국의 제한열거주의와 달리 지역에서 사무를 폭넓게 담당할 수 있는 개괄예시주의를 도입했다. 제한열거주의에서는 지자체가 담당할 수 있는 업무의 내용을 법률로 세세하게 열거하고 법률에 열거된 업무 이외의 일을 하면 법률 위반이 된다. 이에 반해 개괄예시주의는 법률에 위반되지 않는 한 예시된 업무 이외의 일도 할 수 있다. 그렇기 때문에 수장 아래 행정조직을 어떻게 편성해서 어떤 업무를 처리하게 할지를 각 지자체에 자유롭게 맡길 수 있다. 일본은 시정촌 수준에서는 비교적 자유롭게 조직 편성이 이루어졌지만 도도부현 수준의 조직 편성은 중앙정부가 장기간 강하게 구속했다. 여기서는 우선 그 경위를 알아본 후 행정조직의 구체적인 사례를 살펴보자. 그 뒤 직무계층에 대한 전국적인 경향을 살펴보고 최근의 새로운 동향을 언급하려고 한다.

1) 자치조직권과 도도부현의 조직

도도부현의 행정조직 편성은 오랜 기간 중앙 부처의 강한 통제를 받았다. 지방자치법을 제정할 당시(1947년 5월) 제158조 규정에는 도(都)와 도부현(道府県)을 나누어 후자는 총무, 민생, 교육, 경제, 농지, 경찰의 6부 체제를 취하도록 법정화되어 있었다(1947년 11월 토목을 추가해 7부 체제로 바뀜). 이는 전전의 지방관관제(1886년에 제정된 지방관청의 조직 및 기관에 관한 기본법)를 승계한 것이지만 도도부현으로의 기관위임사무를 통해 국가의 표준적 행정 서비스를 널리 보급시키기 위해 도도부현이라는 지자체의 내부 조직을 법률로 정한 것이다. 전후 도도부현 지사직은 선거직이었지만 국가기관으로서의 역할도 책임지고 있었기 때문에 지사의 자치조직권은 상당히 제약되어 있었다.

그 후 이 규정은 몇 차례 개정을 거쳐 1956년에는 인구 단계별로 표준적인 국부의 예를 제시하고 거기에 준해 각 도도부현이 국부를 정할 수 있도록 했다. 그러나 국부의 증설은 사전에 내각총리대신과 협의해야 했으므로 국가의 강한 통제 아래 있다는 점은 변함이 없었다. 이 때문에 전국적으로 거의 동일한 명칭의 부가 설치되었고 그 수도 같은 수준이었다.

이러한 규정이 만들어진 이유에 대해 자치성은 ① 부현은 지자체와 국가기관이라는 이중적인 성격을 갖고 있어 국가 및 다른 도도부현과의 균형을 중시할 필요가 있다는 점, ② 중앙의 각 부처마다 조직 팽창에 개입하는 것을 배제해 간소 합리화를 촉진할 필요가 있다는 점(즉, 외부로부터의 압력 배제) 등을 들고 있다. 그러나 이러한 규정은 학계로부터 자치조직권에 대한 침해라는 비난을 받아왔다.

스스로 어떻게 조직을 편성할 것인가 하는 것은 자치의 중요한 시험대가 된다. 미국에서는 19세기 후반 이후 자치에 대한 요구로 내정자치(Home Rule) 운동이 전개되었다. 내정자치를 인정받은 지자체에서는 지역 주민이 고유의 헌장(자치헌장)을 채택할 수 있는데, 이 자치헌장 제정을 통해 지자체는 스스로의 존립을 보장받고 권한을 정할 수 있었으며 나아가 조직을 편성할 수 있었다. 즉, 어떠한 형태의 정부로 만들 것인가, 어떠한 국부를 설치할 것인가 등을 주정부의 허가 없이 스스로 결정할 수 있었다. 이는 자치의 권한 가운데 매우 중요한 요소이다.

제2차 세계대전 이후 일본은 전전의 지방관관제라는 법률 규정의 속박에서 해방되긴 했지만 전후에도 오랫동안 표준국부예(標準局部例)라는 통제 기준에 의해 자치조직권이 일정한 제약을 받았다. 이것은 앞에서 본 자치권한에 대한 중요한 제약이라고 할 수 있다. 그러나 1991년의 지방자치법 개정으로 이 표준국부예가 폐지되자 자치조직권은 새로운 국면을 맞았다. 당시에는 표준적인 국부의 예시는 없었지만 인구 규모별로 국 또는 부의 수가 법으로 정해졌고(법정국부수), 그 수를 초과해서 설치할 경우에는 자치대신과 협의하지 않으면 안 되었다. 그 후 1997년의 개정에서는 협의제(協議制)가 계출제(屆出制)로 개정되었고, 2003년에는 법정국부수도 삭제되었다.

이처럼 지방자치법이 제정된 지 반세기 만에 도도부현의 자치조직권이 완전한 것으로 보장되었다. 이러한 변화에 힘입어 선진적인 현에서는 다양한 부의 창설이 잇따르고 있다. 비와코(琵琶湖) 환경부[사가(滋賀) 현], 농림수산상공부(미에 현), 건강복지환경부[기후(岐阜) 현], 삼림환경부[야마나시(山

梨) 현, 관광영업부(후쿠이 현) 등 각 부현의 실정에 맞는 부국을 개편해서 전략적인 조직을 운영하는 것이 가능해진 것이다. 향후 이러한 움직임이 가속화되어 각 부현은 각자의 지역 실정에 맞는 조직을 편성할 것으로 보인다.

이 중 2009년 후쿠이 현에 신설된 관광영업부는 전국의 도도부현 가운데 처음으로 영업이라는 이름을 붙인 부이다. 여기서는 민간 기업과의 제휴를 포함해 다양한 판매활동을 실시하는 것을 영업이라고 칭한다. 관광영업부에는 2012년 기준 4개의 과가 설치되어 있으며, 본청과 출장기관을 포함해 총 60여 명의 직원이 이 부에 소속되어 있다.

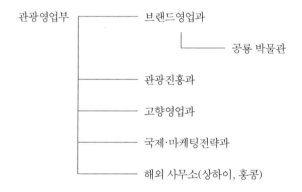

이 부가 사업을 전개하는 방식은 행정영업이다. 이 부는 영업과 판매 등을 통해 대외적으로 시장을 개척하고 경험과 능력을 살려 활동한다는 목표를 갖고 있다. 이러한 목표하에 현 외의 지역에 적극적으로 홍보를 해서 손님을 끌어들여 다양한 산물의 판매를 촉진한다.

관광영업부의 브랜드영업과에는 조직상 공룡 박물관이 편제되어 있다. 후쿠이 현 가쓰야마(勝山) 시에서는 전국의 공룡 화석 가운데 80% 이상이 발굴되고 있는 데다 후쿠이 현에는 세계 최대급의 공룡 전문 박물관이 있어서 입장객만도 연간 50만 명이 넘지만 공룡과 후쿠이 현을 연관 지어 생각하는 사람은 많지 않다. 이 때문에 후쿠이 현은 공룡을 후쿠이 브랜드의 선도역으로 정해 매출을 올리는 것을 중요한 전략으로 생각했다. 현재 후쿠이 현은 의료, 여행, 잡지, 텔레비전, 영화, 환경, 과학, 교육 등 다양한 테마에서 기업 제휴나 광고의 소재로 공룡 후쿠이를 판매한다. 공룡에 의한 새로운 비즈니스 모델을 만들려는 것이다.

덧붙이자면 시정촌의 조직은 지방자치법이 제정될 당시부터 이와 같은 제약이 없어 국부과제를 취하는 대도시부터 과계제를 취하는 정촌까지 다양하고 자유롭게 각자 조직을 편성했다. 또 지자체에 따라서는 과계제를 폐지하거나 법정된 교육장 등 기타 직원을 두지 않고 과장이나 계장도 두지 않는 극단적인 조직 편성을 택한 곳도 있었다. 이처럼 극단적인 조직 편성은 아니더라도 단계를 거치지 않고 즉시 업무를 처리하는 조직을 만들거나, 한 사무실에 관련 부서가 같이 있어 한 번에 일을 처리할 수 있는 시민 서비스 창구 조직을 만드는 등 각자 창의적인 발상으로 조직을 편성하고 있다.

2) 지자체 조직의 구체적인 사례

부현 지자체 조직의 사례로 시마네 현을 들려고 한다. 다음 〈그림 6-1〉을 통해 시마네 현에서는 각 부국이 어떤 일을 하는지 살펴보자.

(1) 지사부국의 직무

수석부국에 해당하는 정책기획국은 현의 종합적인 정책 기획과 중요한 과제의 조정, 비서, 공청·홍보, 통계조사와 같은 업무를 담당한다. 지사의 직접적인 보좌 기능뿐만 아니라 정보발신 등의 중심부에 있어서 현청의 두

<그림 6-1> 시마네 현의 행정 기구(2012년 4월 1일 기준)

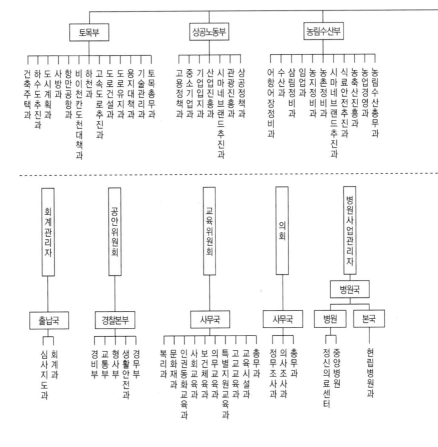

주: 시마네브랜드추진과는 상공노동부와 농림수산부가 공동 관리.
자료: 시마네 현 웹페이지에 있는 표를 기초로 작성.

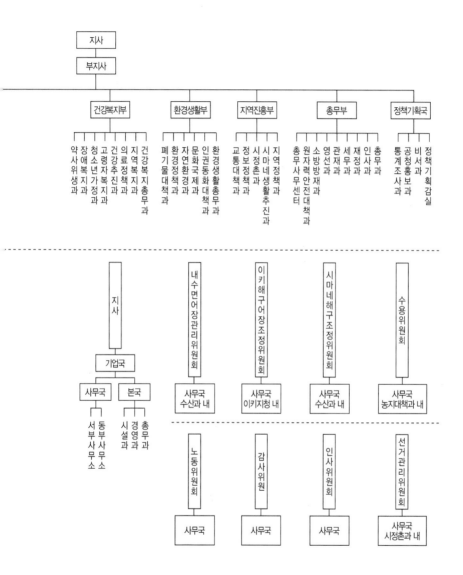

지사
부지사

건강복지부
약사위생과
장애복지과
청소년가정과
고령자복지과
건강추진과
의료정책과
지역복지과
건강복지총무과

환경생활부
폐기물대책과
환경정책과
자연환경과
문화국제과
인권동화대책과
환경생활총무과

지역진흥부
교통대책과
정보통신과
시마네생활추진과
지역진흥과

총무부
총무사무센터
원자력안전대책과
소방재재과
영선과
관재과
세무과
재정과
인사과
총무과

정책기획국
통계조사과
공청홍보과
비서과
정책기획감실

지사
기업국
사무국
서부사무소
동부사무소
본국
시설과
경영과
총무과

내수면어장관리위원회
사무국
수산과 내

이키해구어장조정위원회
사무국
이키지청 내

시마네해구조정위원회
사무국
수산과 내

수용위원회
사무국
농지대책과 내

노동위원회
사무국

감사위원
사무국

인사위원회
사무국

선거관리위원회
사무국
시정촌과 내

뇌 부분이라 할 수 있다. 총무부는 현의 조직과 직원 배치, 예산편성, 재산 관리, 정보공개, 현세(県稅)의 수납, 사립학교 진흥, 위기관리, 소방방재 등의 업무를 맡고 있다. 지자체의 내부 관리를 담당하는 종합부서로 생각하면 이해하기 쉬울 것이다. 보통 인사권과 예산편성권을 갖고 있기 때문에 총무부는 부현 조직 가운데 막강한 권한을 갖고 있는 부국으로 간주된다.

지역진흥부는 지역진흥과 중산간(中山間) 지역 대책, 시정촌 행정 지원, 정보화 추진, 교통 대책, 토지·에너지 대책 등의 업무를 맡고 있다. 상공업이나 농업 등의 진흥과 직결되는 진흥책은 각각 농림수산부와 상공노동부에서 직접 담당하지만 그 외의 부분과 종합적인 지역의 진흥책은 지역진흥부가 담당한다. 환경생활부는 크게 현민(県民)의 생활과 밀착한 업무를 담당하는 주민 생활 부문과 자연환경보호 등의 환경 부문으로 나눌 수 있다. 전자는 사회 공헌 활동의 추진, 소비자 보호 대책, 남녀공동참여사회 형성, 인권시책의 추진, 동화(同和) 대책, 문화진흥, 국제 교류 등의 업무를, 후자는 자연보호, 환경보전, 폐기물 대책 등의 업무를 담당하고 있다. 건강복지부에서는 어린이, 노인, 장애인 등이 건강하고 행복하게 살 수 있도록 보건·복지·의료 추진, 개호보험, 식품·약품의 안전 확보 등의 업무를 맡고 있다. 기존에 보건과 복지 두 개의 부문으로 나뉘어 있던 것을 통합해서 한 부문으로 만든 현이 많다. 이는 고령자 등에게 알맞은 행정 서비스를 제공하기 위해서는 보건, 의료, 복지의 연대를 통한 원활한 지원 업무가 필요하기 때문이다.

농림수산부는 농업, 임업, 수산업의 생산진흥과 유통 대책, 토지개량사업, 어항과 어장 등의 생산기반 정비, 농산어촌(農山漁村)의 생활환경 정비, 삼림 보전 등의 업무를 담당한다. 각 지자체의 지리적 조건과 주요 산업에 따라 조직 구성과 명칭에 특징이 드러나는 경우가 있다. 아오모리(青森) 현의 사과과수과(果樹課) 등이 전형적이다. 시마네 현에서는 시마네브랜드추진과를 두고 있다. 상공노동부는 산업진흥, 기업 입지의 촉진, 중소기업의 경영지원, 관광진흥, 현 생산품의 브랜드화 추진, 고용 대책, 직업능력개발 등의 업무를 담당하면서 지역 내 경제 활성화 도모와 노동시장 개척 등에 중점을 두고 있다. 토목부는 도로, 하천, 사방, 항만, 공항, 댐 등의 산업과 생활을 유지하는 기반의 정비, 하수도, 공원, 주택 등 주거 환경의 정비, 고속도로망의 정비 촉진 외에 건설산업 대책과 경관 대책, 재해복구 등의 업무를 맡고 있다. 마지막으로 출납국은 현의 업무에 필요한 자금의 입출금과 관리, 결산 등 회계 사무에 관한 업무를 담당한다.

(2) 공영기업의 직무

시마네 현은 지방공영기업법에 의해 현이 운영하는 기업으로 기업국과 병원국을 두고 있다. 기업국은 택지(공업단지)조성사업, 공업용 수도사업, 수도사업, 전기사업(수력발전, 풍력발전)을 실시한다. 병원국은 중앙병원, 정신병원을 운영하며, 전 현을 대상으로 하는 고차원 의료 제공과 지역 의료 지원 등의 업무를 담당한다.

(3) 행정위원회의 직무

교육위원회는 비교적 친숙한 부서이다. 교육위원회는 충실한 학교교육, 생애학습 추진, 체육·스포츠 진흥, 문화재 보호 등을 적절히 실시하기 위해 설치된 위원회로, 크게 학교교육 부문, 생애학습 부문, 문화 부문으로 나뉜다. 현 내 시정촌의 초등학교·중학교(의무교육인 모든 학교)에 근무하는 교원은 현의 직원이어서 교육위원회에 소속된 직원은 상당수에 이른다. 선거관리위원회는 국가와 현 선거의 관리·집행, 정치단체로부터의 각종 계출(신고), 수지보고서의 수리와 공표 등을 적절히 실시한다. 또 인사위원회는 직원의 급여·근무시간 등 근무 조건에 관한 조사, 지사 등에게 직원의 급여

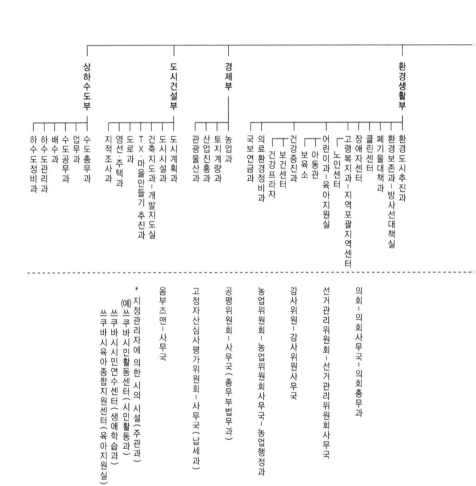

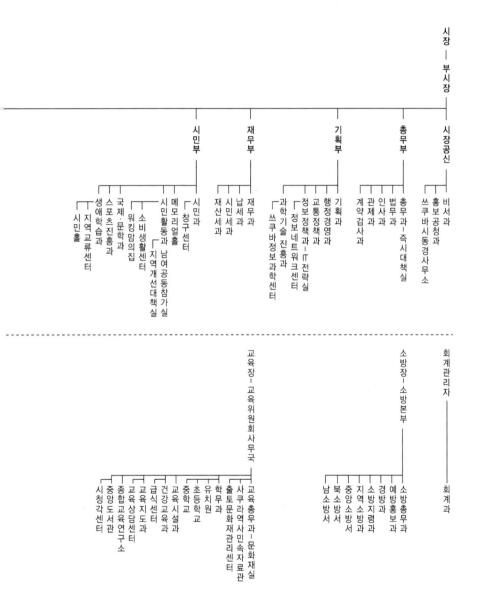

시장 ── 부시장

시장공신
├ 비서과
├ 홍보공청과
└ 쓰쿠바시동경사무소

총무부
├ 총무과 ── 즉시대책실
├ 인사과
├ 법무과
├ 관제과
└ 계약검사과

기획부
├ 기획과
├ 행정경영과
├ 정보정책과 ── IT전략실
├ 교통정책과
├ 정보네트워크센터
├ 과학기술진흥과
└ 쓰쿠바정보과학센터

재무부
├ 재무과
├ 납세과
├ 시민세과
└ 재산세과

시민부
├ 시민과
├ 창구센터
├ 메모리얼홀
├ 시민활동과
├ 소비생활센터
├ 워킹맘의집
├ 남여공동참가실
├ 지역개선대책실
├ 국제 · 문학과
├ 스포츠진흥과
├ 생애학습과
├ 지역교류센터
└ 시민홀

회계관리자
└ 회계과

소방장 ── 소방본부
├ 소방총무과
├ 예방홍보과
├ 경방과
├ 소방지령과
├ 지역소방과
├ 중앙소방서
├ 북소방서
└ 남소방서

교육장 ── 교육위원회사무국
├ 교육총무과 ── 문화재실
├ 사쿠라역사민속자료관
├ 출토문화재관리센터
├ 학무과
├ 유치원
├ 중등학교
├ 초등학교
├ 교육시설과
├ 건강교육과
├ 급식센터
├ 교육지도과
├ 교육상담센터
├ 종합교육연구소
├ 중앙도서관
└ 시청각센터

<표 6-1> 구마모토 현의 주요 부국 변천 과정

1945년~ (쇼와 20년대)		1955년~ (쇼와 30년대)				1965년~ (쇼와 40년대)	1975년~ (쇼와 50년대)		1989년~ (헤이세이 원년)				
S 23	S 26	S 31	S 33	S 34	S 38	S 46	S 50	S 54	H 1	H 2	H 9	H 14	H 22
총무부	지사실	지사공실											지사공실
	총무부	총무부	총무부	총무부	총무부	총무부	총무부	총무부	총무부	총무부	총무부	총무부	총무부
	진흥국	기획국	기획부		기획부	기획계발부	기획개발부	기획개발부	기획개발부	기획개발부	기획계발부	기획계발부	기획진흥부
노동부	노동부	민생노동부	민생노동부	민생노동부	민생노동부	복지생활부	복지생활부	복지생활부	복지생활부	복지생활부	건강복지부	건강복지부	건강복지부
민생부	민생부												
위생부	위생부	위생부	위생부	위생부	위생부	위생부	위생부	위생부	위생부	위생부			
						공해부	공해부	공해부	환경공해부	환경생활부	환경생활부	환경생활부	환경생활부
경제부	경제부	경제부	경제부	상공수산부	상공수산부	상공노동	상공노동	상공관광	상공관광	상공관광	상공관광	상공관광	상공관광
						수산부	수산부	노동부	노동부	노동부	노동부	노동부	노동부
	임무부	농지임무부	농지임무부	농림부	농정부	농정부	농정부	농정부	농정부	농정부	농정부	농정부	농정부
농지부	농지부			토지계량부	임무부	임무관광부	임무관광부	임무관광부	임무수산부	임무수산부	임무수산부	임무수산부	농림수산부
토목부	토목부	토목부	토목부	토목부	토목부	토목부	토목부	토목부	토목부	토목부	토목부	토목부	토목부
		출납실	출납실	출납실	출납실	출납실	출납실	출납실	출납국	출납국	출납국	출납국	출납국

전국적인 주요 추세
★ 1947년 지방자치법 시행
·고도 경제성장에 따라 기획부 신설 추세
·환경 부문 신설 추세

★ 1991년 지방자치법의 표준국부에 폐지
·위생 부문과 복지 부문의 통합 추세
·환경 부문 중시 추세
·총무 부문과 기획 부문의 통합예
·산업 부문의 통합예

자료: 「熊本県行政システム 改革プラン」(2002) 참조.

등에 대한 보고 및 권고, 직원의 채용시험 등을 실시한다.

감사위원은 지자체의 공정하고 합리적이며 효율적인 행정 운영을 확보하기 위한 것으로, 예산집행이나 재산 관리, 지방공영기업의 경영관리 등에 대한 경상적인 점검 등을 실시한다. 공안위원회는 범죄 예방, 범죄 수사, 범인 검거, 교통단속 등 공공의 안전과 질서를 유지하는 경찰을 관리하고 경찰의 공평·중립성을 확보하기 위한 곳이다. 위원회 아래 현경(県警)본부가 설치되어 있는 구조이다. 노동위원회는 노동조합 또는 노동자 개인과 사용자 사이의 노동분쟁을 조정하고 해결하는 곳이다. 노동위원회에는 사법적인 기능이 부여된다. 수용위원회는 공공사업의 사업자가 토지 등을 취득할 때 소유자와 손실 보상 등의 분쟁이 생긴 경우 공정하고 중립적인 입장에서 심리하고 최종적인 판단을 하는 곳이다.

지자체의 사무량은 시대가 변하면서 증가하고 있으며 이에 맞춰 조직의 규모와 편성 역시 (앞에서 본 바와 같이 자치조직권의 제약을 받으면서도) 변화하고 있다. 하나의 예로 구마모토 현의 부국 변천을 보면 〈표 6-1〉과 같다. 표에 나타난 바와 같이 고도 경제성장에 따라 기획부 신설, 공해나 환경 부문 신설, 위생과 복지 부문의 통합, 농정과 임업의 통합 등의 흐름이 전국에서 나타난다. 다음으로는 시정촌 조직의 사례로 쓰쿠바 시의 조직도를 제시하려고 한다(〈그림 6-2〉 참조).

3) 지자체 종적 직무계층의 전국적인 경향

이상 지자체의 조직 편성을 살펴보았다. 하지만 각 지자체가 어떠한 직무계층을 둘 것인지, 다시 말해 지자체 조직의 종적 계층분화를 어떻게 할 것인지는 법 규제가 없어 각 지자체가 자유롭게 정할 수 있다. 조직론의 일반 이론에 따르면 조직 규모(직원 수)가 커지면 종적 계층분화도 더 많이 이루어지는데, 이 이론대로라면 일본 지자체의 계층분화도 지자체의 규모에 따라 상당한 차이가 있을 것으로 예상된다.

그러나 실제로 보면 그렇지 않다. 법적 제약도 없고 지자체마다 규모에 상당한 차이가 있음에도 일본의 도도부현 조직은 전국적으로 종적 계층분화가 거의 비슷하다. 이는 자치성이 제시한 표준직무표(標準職務表)와 급료표(給料表)를 따라야 한다는 현실적 제약요인이 영향을 주었다고 생각된다.

표준직무표란 직무의 복잡성과 난이도 및 책임의 정도에 기초해 직원의 직무를 급여표의 등급으로 분류하는 것으로, 분류의 기준이 될 만한 표준적인 직무의 내용을 기술한 표이다. 이는 지자체마다 조례 또는 규칙으로 정하게 되어 있지만 1950년대부터 자치청(그 후 자치성)의 지도 통지가 시행되어 많은 지자체가 이를 따랐다. 지도의 준거 틀이 된 것은 국가공무원의 급여제도와 표준직무표였다. 도도부현은 이 통지에 따라야 하는 법적 의무는 없지만 급여표를 작성하는 비용(독자의 급여표, 종적 계층을 만들 경우 기술적 노하우, 의회나 국가에 대한 설명 비용), 국가와 같은 수준의 급여 개정률 확보 관점에서 국가의 통지에 준거한 표준직무표와 급여표를 도입했다. 이 때문에 전국 지자체의 종적 계층분화가 비교적 유사해진 것으로 보인다. 앞에서 본 표준국부에, 법정국부제와 표준직무표를 통한 간접 지도에 따라 전국의 지자체(특히 도부현)는 비교적 유사한 조직 편성이 이루어졌다.

지자체의 종적 계층 수는 앞서 언급한 표준직무표 통지의 개정에 따라 또는 지자체 직원의 처우를 위해 직위를 확보해야 한다는 요청에 따라 점차 증가하는 경향이 있다. 후자는 특정 세대, 특히 단카이 세대*의 많은 직원이 서서히 고령화되면서 그들의 직무승진에 대한 기대를 채우기 위해 새로운 자리를 만든다는 실무상의 압박에서 설계되었다. 특히 지자체의 규모가 팽창을 멈춘 1970년대 말 이후에는 다양한 중간직위와 스태프 직위가 만들어졌다. 예를 들면 과장과 동격인 참사직위, 과장 아래 과장 대리나 부참사, 계장과 동격인 주사, 그 아래 주임 등이다.

관청의 의사 결정은 통상 품의제(稟議制) 방식으로 이루어진다. 품의제는 담당자가 결재를 기안해서 순차적으로 상위자의 결재를 받아 최종 결재권자에게 이르는 것이다. 중요한 안건은 최종 결재자 또는 그 바로 아래 직

---

* 1948년 전후로 출생률이 높아져 베이비붐 세대를 이루었는데, 이들을 단카이 세대라고 한다. 사카이야 다이치(堺屋太一)의 소설 『단카이 세대(団塊世代)』에서 비롯된 말이다. ─ 옮긴이

무자를 포함한 부 내의 회의에서 의사 결정이 이루어지는데, 이를 확인하면서 문서기록을 남기기 위해 결재가 이루어진다. 일상의 판에 박힌 업무는 이런 회의를 하지 않고 담당자가 과거의 경위를 참조하면서 결재를 만들어 상위자에게 올린다.

어느 경우에나 순차적으로 날인을 받아야 하기 때문에 단계가 많을수록 의사 결정에는 시간이 걸린다. 원래는 '담당자 → 계장 → 과장 → 부장'이라는 소수의 날인으로 끝났던 의사 결정이 조직 계층 수가 늘면서 '담당자 → 주임 → 주사 → 계장 → 과장 보좌 → 과장 대리 → 참사 → 과장 → 부차장 → 부장'과 같이 관계자 수가 많아지는 것이다.

담당자는 날인을 받을 때마다 설명을 해야 하고 결재 도중에 미세한 수정이 있으면 이전의 결재자에게 다시 취지를 설명해야 한다. 주임과 주사의 주장이 다르면 최종적으로는 상위자인 주사의 의견이 통하지만 담당자에게는 쓸데없는 업무가 늘어난다. 이러한 과정은 의사 결정을 지연시키며 담당자의 근무 의욕도 저하시킬 수 있다.

최근에는 이러한 사태를 타개하기 위해 결재의 권한을 하위직에 부여하거나 결재에 필요한 라인을 명확하게 해서 스태프직을 의사 결정 라인에서 배제하는 등 다양한 노력이 이루어지고 있다. 나아가 조직 자체를 수평관계로 만들어서 이와 같은 결점을 타파하려는 움직임도 보인다.

2. 조직 개편의 동향

1) 정책 목적에 부합한 조직으로 개편

앞에서 보았듯이 기존의 지자체 조직은 중앙 부처에 대응한 분야별 조직

<표 6-2> 사가 현청의 조직 개편

2003년	2004년부터
총무부	총괄본부
기획부	생활환경본부
후생부	건강복지본부
(환경생활국)	농림수산상공본부
경제부	(생산진흥부)
농정부	현토만들기본부
(수산임무부)	(교통제작부)
토목부	경영지원본부

자료: 사가 현 웹사이트.

편성, 즉 계층구조를 기본으로 했다. 그러나 표준국부예와 이후의 법정국부수가 폐지되면서 국가 등의 행정조직과 균형을 취할 필요가 없어졌다. 그 결과, 기존의 중앙 부처 조직 편성에 대응한 종적 조직에 구애받지 않고 명확한 비전과 전략 체계에 기초해 효과적이면서 효율적으로 사업을 수행할 수 있는 조직으로 바꿀 필요가 있었다. 이에 따라 정책·시책·사무 사업을 완성하기 위해 지역에 대응해 조직을 편성하고 실행 책임의 소재를 명확히 하기 위해 조직을 개정하는 선진적인 지자체가 생기고 있다. 여기서는 사가 현의 사례를 들어보자.

사가 현은 2004년 4월, 다양화·고도화하는 현민의 니즈(needs)와 새로운 행정 과제에 대응하고 현민의 만족도를 높일 수 있도록 현청 조직을 생활자와 소비자의 관점에서 정책횡단적 조직으로 개편했다(〈표 6-2〉 참조).

예를 들면, 기존에는 유치원(총무학사과), 보육소(아동청년과), 어린이 양육지원(저출산대책실) 업무의 담당 부서가 분리되어 있었지만 조직을 새롭게 정리·통합해 어린이과를 신설했고 이 과에서 이들 업무를 소관하는 것으로 정했다. 또 좀 더 현장에 가까운 각 본부가 스스로의 전략과 판단에 따라 자율적으로 경영할 수 있도록 사업부제를 도입했으며, 예산편성과 인원배분·직원배치의 권한은 청내분권을 실시하고 있다. 이러한 개혁으로 특정 행정 과제와 니즈에 관한 주민의 문의를 하나의 부국에서 대응하게 되었고, 이와 동시에 시정촌과의 업무 협조가 원활해졌다.

청내분권은 예산편성(범위배분), 인원배분(범위배분), 인원배치(부과장 이하)의 권한을 각 본부에 이양하고 각 본부가 자율적으로 조직을 경영하는 체제로 운영하고 있다. 기존의 조직은 다른 현과 마찬가지로 조직 편성[건제순(建制順)이라고 칭함]의 제일 상위에 있는 총무부가 인사·재정 등에서 중요한 자원을 쥐고 있었다. 건제순 상위 부서는 현민과 직접 접하지 않는데도 조직 내에서 중요한 조직으로 인식되어 출세 코스가 되었다. 그렇지만 사가 현의 경우 조직 개편 후 그들의 업무가 현민 지향의 행정 서비스를 간접적으로 지원하는 것으로 바뀌어 조직 편성상 제일 아래에 있는 경영지원본부에 속하게 되었다. 게다가 상당한 권한이 각 본부에 이양되어 기존에는 권력의 상징이던 총무부라는 곳이 명실공히 없어진 것이다.

현청의 큰 방침은 총괄본부가 각 본부와 논의해서 결정한다. 그 큰 방침에 따라 각 본부가 사업을 실시하는 방식이다. 이는 '인사와 재정은 어디까지나 지원을 위한 것이지, 그것이 큰 길이 되어서는 안 된다'라는 사고방식에 기인한다. 사가 현에서는 예산이나 인사도 큰 틀은 총괄본부와 경영지원본부에서 결정하지만 그다음은 각 본부에 맡긴다. 부과장 이하의 배치 권한이 각 본부장에게 있기 때문에 연중에 바쁜 일이 생기면 우선 본부 내의 자리이동으로 대응한다. 이제는 인사 담당(지금은 직원과라고 칭함)과 협의해서 당국이 판단하는 방식은 사라졌다고 한다.

2) 조직의 수평화: 조직 계층의 간소화

앞서 말한 바와 같이 1970년대 후반 이후에는 조직 계층이 늘어나서 의

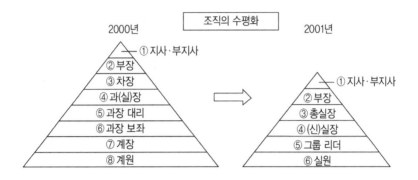

〈그림 6-3〉 히로시마 현 조직의 수평화 현황

사 결정이 지연되는 일이 많았다. 그러나 주민 니즈에 대응하는 관점에서 신속한 의사 결정이나 대응이 요구되는 경우가 많아졌으며, IT화가 진전된 1990년대 이후에는 그 필요성이 점점 커졌다. 이로 인해 전국적으로 아직 수가 많지는 않지만 시즈오카(靜岡) 현, 미에 현, 시가 현, 히로시마(広島) 현 등에서는 그룹제를 도입하고 조직을 수평화하는 방법을 통해 직원 개개인의 책임과 권한을 명확히 하고 의사 형성 과정을 간소화하고 있다. 이 경우 기존의 조직대로(직계를 바꾸지 않고) 그룹제를 도입하는 지자체도 있고, 참사와 과장 보좌가 그룹 리더(GL)가 되고 계장급, 주임, 계원이 그룹원이 되는 사례도 있다. 하지만 후자의 경우도 실질적으로는 그룹 리더와 그룹원이라는 조직으로 수평화된 것이라고 볼 수 있다.

히로시마 현청에서는 2001년부터 본청 조직이 수평화되었다(〈그림 6-3〉 참조). 히로시마 현청은 수평화의 목표로 신속성(사무 처리, 의사 결정)의 향상, 직원의 총 전력화, 조직의 활성화, 사기 고양, 기동성·탄력성의 향상, 목적지향형 행정 운영으로의 전환을 들고 있다. 조직의 수평화를 통해 7계층(부장, 차장, 실과장, 과장 대리, 과장 보좌, 계장, 계원)을 5계층(부장, 총실장, 실장, 그룹 리더, 실원)으로 축소했다. 단, 그룹 리더는 직제상 편제되지 않으므로 4계층으로 볼 수도 있다.

개혁의 요점은 다음과 같다. 첫째, 차장, 과장 대리, 과장 보좌라는 중간직을 폐지해서 총실장으로 권한을 이양한 것이다. 24명의 차장은 대부분 신설된 총실장으로 전보되었지만 단순히 이름이 바뀐 것이 아니라 대부분의 부장 권한이 총실장에게 이관되었다. 전결권한 사항을 갖지 않는 부장의 보좌역이라는 위치에서 책임과 권한을 가진 자리로 바뀐 것이다. 사업집행에 필요한 권한을 대담하게 총실장에게 부여했기 때문에 부장은 전청(全廳)적 시야에서 높은 차원의 정책적 판단을 내리는 일에 힘을 쏟게 되었다.

둘째, 과(課)를 폐지하고 소규모인 실(室)을 조직의 가장 기본적인 단위로 만들었다는 점이다. 기존에는 한 개의 과가 평균 30~40명으로 구성되었지만 개혁 후에는 한 개의 실이 10~20명의 소규모로 조직되었다. 이로 인해 실장과 실 전체의 전문성이 높아졌으며 실장직위에 젊은 직원을 등용하는 것도 가능해졌다. 한편 행정의 종합성 확보를 목표로 총실(総室)이 설치되었는데, 총실장은 자신이 소관하는 각 실의 사업 추진을 담당하는 책임자로 총실과 다른 부국의 시책을 조정하는 등 행정의 종합성을 확보할 수 있게 되었다.

셋째, 계(係)를 폐지하고 그룹제를 도입했다는 점이다. 업무가 고정화되고 새로운 니즈나 돌발적인 사안에 대응하기 어려웠던 계제도를 폐지하고 유연하게 대응할 수 있는 제도로 전환한 것이다. 또 기존에는 일반 직원과 과장은 계장을 통해 업무를 처리하는 것이 원칙이었지만, 그룹제에서는 업무가 원칙상 실장과 실원(그룹원) 사이에서 추진되는 것으로 바뀌었다. 실장은 실원에게 직접 지시·명령을 하고 실원은 실장에게 직접 보고·설명하는 방식이다. 기안문서도 실원이 실장에게 직접 올리는 것이 원칙이다.

그렇지만 그룹제나 조직의 수평화가 장점만 있는 것은 아니다. 일반적으로 다음과 같은 점에 유의할 필요가 있다. 첫째, 처우를 위한 조직이 되

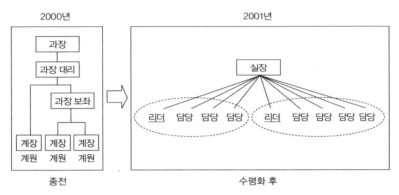

〈그림 6-4〉 히로시마 현의 그룹제 도입

2000년

과장
과장 대리
과장 보좌
계장 계장 계장
계원 계원 계원

종전

2001년

실장
리더 담당 담당 담당   리더 담당 담당 담당 담당

수평화 후

자료: ≪ガバナンス≫, 2002年 4月号.

지 않도록 해야 하며, 각자의 직책에 책임과 권한을 명확히 부여하기 위한 조직 세분화여야 한다. 지나치게 조직을 세분화해서 자리를 양산한다면 결국은 조직의 효율화로 연결되지 않을 것이다. 둘째, 그룹제 도입은 경우에 따라서는 자발적인 OJT(on the job training, 직장 내 훈련)를 감소시키거나 계획적인 인재 육성 의식을 감소시킬 수 있다. 기존에는 젊은 직원이 주임이나 계장에게 지도를 받으면서 서서히 일을 파악했지만, 그룹제가 되면 계장이나 주임도 단지 실원일 뿐이어서 실장에게 직접 지도를 받게 된다. 실장은 자신이 담당한 직원과의 업무 범위가 넓기 때문에 직원 개개인을 지도하는 데 충분한 시간을 할애할 수 없는 경우도 많다. 또한 이전에는 계장이나 주임이었다 하더라도 그룹 내 동격의 실원인 젊은 직원의 업무에 간여하기 어렵다는 딜레마가 있다. 다른 한편 실원 개개인의 책임과 권한은 증대된다. 따라서 이들을 어떻게 육성할지, 인사관리를 어떻게 할지가 중요한 문제로 대두된다.

이와 같이 유의할 사항이 있고 또 그것이 단점으로 나타나기 때문에 그룹제를 선택했다가 다시 원래의 조직 형태로 되돌아간 지자체도 적지 않다. 앞서 말한 시즈오카 현과 히로시마 현은 2010년 이후에는 총실과 실제를 중단하고 기존의 부과제로 되돌아갔다. 어떠한 조직이 적절할지 판단하는 것이 쉽지 않음을 보여주는 사례이다.

| 키워드 |

제한열거주의, 개괄예시주의, 자치조직권, 표준국부예, 종적 직무계층, 조직의
수평화, 그룹제

| 연구 과제 |

1. 자신이 속한 지자체의 조직이 어떻게 구성되어 있는지 살펴보고, 주위의 지
   자체나 이 책에 나오는 지자체와 비교했을 때 어떤 특징이 있는지 조사해
   보자.
2. 자신이 속한 지자체 조직이 어느 정도의 시간을 두고 변화했는지 조사해보자.
3. 자신이 속한 지자체의 사무분장조례와 사무분장규칙을 조사해보자.

| 참고문헌 |

稲継裕昭. 2000. 『人事・給与と地方自治』. 東洋経済新報社.

_____. 2010. 「地方公務員の組織と地方公務員・人事行政」. 村松岐夫 編. 『テキス
トブック地方自治』(第2版). 東洋経済新報社.

稲継裕昭・山田賢一. 2011. 『行政ビジネス』. 東洋経済新報社.

谷畑英吾. 2003. 「日本の地方自治における自治組織権」. 村松岐夫・稲継裕昭 編著.
『包括的 地方自治ガバナンス改革』. 東洋経済新報社.

日本都市センター. 2004. 『自治体組織の多様化―長・議会・補助機関の現状と課
題』. 日本都市センター.

村松岐夫・稲継裕昭・日本都市センター 編著. 2009. 『分権改革は都市行政機構を変
えたか』. 第一法規.

지방자치에서 자치조직권은 중요한 의미를 갖는다. 일본 지자체 중 도 도부현 단위와 시정촌 단위에 허용되는 자치조직권에는 차이가 있었다. 도도부현은 국가사무를 분장하는 중앙정부의 하위 기관이라는 성격도 있기 때문에 조직편제에서 중앙 부처의 통제를 좀 더 강하게 받았다. 우리나라의 경우 지방자치제도가 출범한 이후 지방자치단체가 앞장서서 자치조직권 확대를 요구해왔고, 이는 제한된 범위에서나마 점진적으로 수용되었다. 예를 들면, 지방자치단체에 두는 국가공무원 수의 축소, 조직 변경에 대한 자율권 확대, 정원승인(통제) 방식의 합리화 등이 그것이다.

그럼에도 우리나라 지자체는 여전히 자치조직권이 미약하다는 불만의 목소리도 있다. 따라서 일본 지자체와 비교해 시·도와 시·군·구에 허용된 자치조직권에 차이가 있는지, 총액인건비제도와 결부된 자치조직(정원) 통제 기준이 자치단체 규모별로 적정하게 설계되어 있는지 등을 검토할 필요가 있다.

07 이원대표제

이원대표제하에서 지자체의 수장과 의회는 각각 민주적 정통성을 가진다. 양자의 의견이 일치하면 지자체 전체의 업무가 원활히 진행되지만 의견이 대립되는 경우에는 다양한 문제가 발생할 수 있다. 이 경우 양자의 대립을 조정하는 장치가 중요하다. 이 장에서는 양자의 대립을 해소할 수 있는 장치를 살펴보고 사례를 토대로 이원대표제를 검토해보려고 한다.

1. 이원대표제

일본국 헌법 제93조는 "지방공공단체의 장, 의회의 의원 및 법률이 정하는 기타의 공무원은 그 지방공공단체의 주민이 직접 선거한다"라고 규정하고 있다. 여기에 의거해 지방자치법 제17조에는 지자체의 종류와 규모의 구분 없이(즉, 도도부현, 시정촌, 인구 100만 명을 넘는 대도시, 인구 수백 명의 촌 모두) 획일적으로 지자체의 '의회 의원 및 장'은 직접 선거한다는 취지가 규정되어 있다. 이처럼 직선의원으로 구성된 의회와 직선수장으로 이루어진 제도를 이원대표제라 한다.

수장과 의회를 주민이 직접선거로 모두 선출하는 지자체의 통치기구는 미국의 대통령제와 대비되는 제도로, 뒤에 기술하듯이 미국에는 수장에 대

〈그림 7-1〉 의회와 집행기관(장) 간의 견제 관계

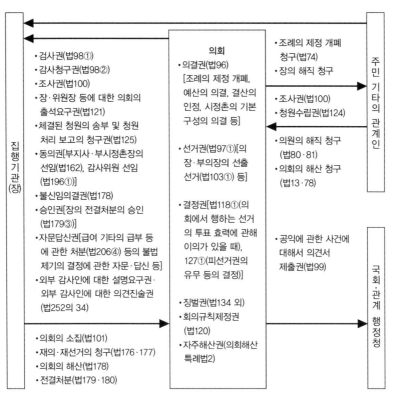

주: 예를 들어 법98①은 지방자치법 제98조 제1항을 말한다. 이하 뒤에 나오는 도표들도 동일한 방식으로 표기했다.

자료: 総務省, 『分権型社会における自治体経営の刷新戦略』(2005年 4月 15日), 参考資料 17 참조.

한 의회의 불신임의결권이나 수장의 의회해산권이 없다.

법제도상으로 수장과 의회는 모두 주민의 직접선거에 의해 선출된 자로서 서로의 행동을 견제하고 균형을 도모하는 역할을 맡으며, 양자가 대립하는 상황은 제도상으로도 예정되어 있다(기관대립주의. 단, 의안을 제출하는 것은 대부분 수장이고, 의원 제안의 조례는 한정되어 있으며, 예산의 제안권이 수장에게만 있다는 점 등으로 볼 때 '집행기관 우위'의 성격을 가지기도 한다).

이원대표제에서 수장과 의회는 독자적인 입장에서 서로 견제하고 균형과 조화를 이루면서 지방자치를 공정하고 원활하게 운영하려고 노력한다. 따라서 앞의 〈그림 7-1〉과 같이 수장의 의회소집권(지방자치법 제101조), 의회의 의결권(제96조), 조사권(제100조) 등 수장 및 의회가 각자 본래의 기능을 완수하기 위한 상호관계인 경우 외에 일반적으로도 권력의 분립을 꾀한다. 단, 경우에 따라서는 양자의 의견이 일치하지 않기도 하는데, 이 경우에는 상호의 조화를 도모하거나 저촉을 해결하지 않으면 안 된다. 그래서 지방자치법은 수장과 의회가 서로 상대방의 활동을 견제하거나 주민의 의사에 따라 해결이 필요한 경우에 관한 규정을 두고 있다.

이러한 규정을 성격에 따라 분류하면 다음과 같다. ① 중요한 문제는 수장과 의회의 정통성의 근거인 민의를 다시 듣는다(주민의 의사를 묻는다). ② 법률 해석 등 객관적으로 판단할 수 있는 문제는 양자와 이해관계가 적은 제3자 기관의 재정(裁定)에 맡긴다. ③ 그다지 중요하지 않은 문제는 의회 특별다수의 의결 또는 수장의 의사 가운데 하나를 우선시해서 결정한다.

1) 재의제도

의회의 의결(또는 선거)을 수장이 납득할 수 없는 경우 수장이 의회에 재차 의결(또는 선거)을 요구할 수 있도록 만든 제도를 재의(再議)제도라 한다. 재의제도는 단순한 이의로 발동할 수 있는 일반거부권과 이의가 있을 뿐만 아니라 특별한 요건을 필요로 하는 특별거부권으로 나눌 수 있다(〈그림 7-2〉 참조).

우선 일반거부권은 조례의 제정·개폐 또는 예산에 관한 의결에 관해 수장이 이의를 가질 때 송부를 받은 날로부터 10일 이내에 이유를 붙여 재의에 부칠 수 있다(지방자치법 제176조 제1항). 이 경우 의회가 다시 한 번 동일

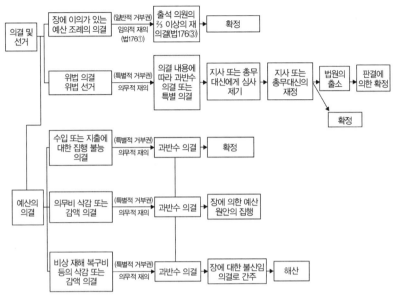

〈그림 7-2〉 재의제도와 그 효과

자료: 総務省,『分権型社会における自治体経営の刷新戦略』(2005年 4月 15日), 参考資料 17; http://www.soumu.go.jp/main_content/000084396.pdf 참조.

한 내용의 의결을 출석 의원 2/3 이상의 동의로 재의결하면 그 의결은 확정 된다(③의 경우에 해당). 2/3 이상의 동의를 얻을 수 없는 경우에는 성립되지 않는다.

특별거부권을 행사할 때에는 몇 가지 요건이 있다. 우선 의회의 의결 또 는 선거가 의회의 권한을 넘거나 법령 등에 위반되는 경우 수장은 이유를 붙여 이를 재의에 부치거나 재선거를 하지 않으면 안 된다(제176조 제4항). 여기서 시정되면 좋지만 재의(또는 재선거)에 부쳐졌는데도 시정되지 않은 경우(과반수에 의해 의결된 경우)는 도도부현에서는 총무대신(시정촌에서는 도 도부현 지사)에게 당해 의결(또는 선거)로부터 21일 이내에 심사를 청구할 수 있다(제176조 제5항 ②의 경우에 해당).

둘째, 의회의 의결이 수입 또는 지출을 이유로 집행될 수 없다고 여겨질 때 수장은 이유를 붙여 재의에 부치는 것이 인정된다(제177조 제1항). 이 경우 의회가 같은 의결을 재차 행한다면 수장이 여기에 대처할 법적 수단은 더 이상 없다.

셋째, 의회가 의무적인 경비(법령에 의해 부담하는 경비 등)를 삭제 또는 감액하는 의결을 한 경우 수장은 이유를 붙여 재의에 부칠 수 있다(제177조 제2항 제1호). 통상적으로 의무적 경비를 삭제·감액하는 경우는 별로 없으므로 이는 단순히 수장에 대한 정치적인 흥정(또는 짓궂은 행위)이라고 간주할 수 있다. 이 경우 의회가 같은 의결을 재차 행했더라도 수장은 이를 무시하고 당초 원안을 집행할 수 있다(③의 경우에 해당).

넷째, 의회가 재해복구경비 또는 감염증예방경비를 삭감 또는 감액하는 의결을 할 경우 수장은 이유를 붙여 재의에 부칠 수 있다(제177조 제2항 제2호). 이런 경비를 삭감·감액하는 것은 정치적 의도가 있거나 수장과 신뢰관계가 무너진 것으로 볼 수 있으므로 의회가 같은 의결을 행한 경우 수장은 그 의결을 불신임의결로 간주할 수 있다(제177조 제4항 ①의 경우에 해당).

2) 수장 불신임에 관한 제도

수장과 의회 간에 대립이 생겨 균형과 조화가 유지되지 않을 경우 의회는 불신임의결권으로 수장을 실직시킬 권한을 부여받으며 수장 측은 여기에 대항할 수단으로 의회해산권을 인정받아 선거를 통해 주민의 판단에 맡길 수 있다(①의 경우에 해당).

의회에서 수장의 불신임의결은 의원 정수 2/3 이상의 출석과 출석 의원 3/4 이상의 동의가 필요하다. 즉, '(2/3)×(3/4)=1/2'이므로 의원 수의 절대 과반수가 필요하다. 불신임의결은 의장으로부터 수장에게 바로 통지되는

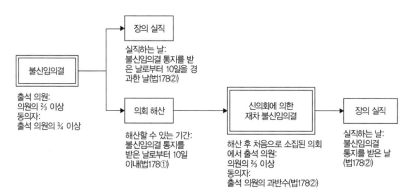

〈그림 7-3〉 불신임의결의 효과

장의 실직

실직하는 날: 불신임의결 통지를 받은 날로부터 10일을 경과한 날(법178②)

불신임의결

출석 의원: 의원의 ⅔ 이상
동의자: 출석 의원의 ¾ 이상

의회 해산

해산할 수 있는 기간: 불신임의결 통지를 받은 날로부터 10일 이내(법178①)

신의회에 의한 재차 불신임의결

해산 후 처음으로 소집된 의회에서 출석 의원: 의원의 ⅔ 이상
동의자: 출석 의원의 과반수(법178②)

장의 실직

실직하는 날: 불신임의결 통지를 받은 날 (법178②)

자료: 総務省, 『分権型社会における自治体経営の刷新戦略』(2005年 4月 15日), 参考資料 17; http://www.soumu.go.jp/main_content/000084396.pdf 참조.

데 수장은 10일 이내에 의회를 해산할 수 있다(제178조 제1항). 10일 이내에 의회가 해산되지 않을 경우 수장은 그 직을 잃는다(실직, 제178조 제2항).

의회가 해산되면 의원 선거가 치러지는데, 여기서 선출된 새 의원에 의해 재차 불신임의결이 되면[의원 수의 2/3 이상이 출석해서 출석 의원 과반수의 동의로 성립됨. 즉, '(2/3)×(1/2)=1/3'이므로 의원 수 1/3로 성립됨] 수장은 실직한다(〈그림 7-3〉 참조).

3) 수장에 의한 전결처분

의회가 의결(또는 결정)해야 할 사항에 관해 필요한 의결 등을 받을 수 없는 경우 보완적 수단으로 의회의 권한에 관한 사항을 당해 지자체의 수장이 대신해서 행하는 것을 전결처분이라 한다. 자치법의 규정에 의해 행해졌다면 이러한 처분은 의회의 의결(또는 결정)을 거쳐 행해진 것과 마찬가지로 적법하고 유효하다. 전결처분이 인정되는 것은 의회가 성립되지 않을

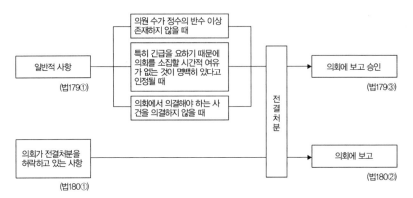

〈그림 7-4〉 전결처분

자료: 総務省, 『分権型社会における自治体経営の刷新戦略』(2005年 4月 15日), 参考資料 17; http://
www.soumu.go.jp/main_content/000084396.pdf 참조.

때(의원 수가 정수의 절반에 못 미칠 때 등), 특히 긴급을 요하기 때문에 의회를
소집할 시간적 여유가 없음이 명백하다고 인정될 때, 의회에서 의결(또는
결정)해야 할 사건을 의결(또는 결정)하지 않을 때이다(제179조). 이들 규정에
의거해 수장이 전결처분한 사항은 처분 후에 이루어지는 최초의 회의에서
의회에 보고하고 승인을 구할 필요가 있다. 여기서 의회가 승인하지 않을
경우 정치적 책임은 남지만 전결처분의 법적 효력에는 영향이 없다. 즉, 의
회가 불인정하더라도 법적으로는 유효하다(③의 경우에 해당). 또 이와 별도
로 본래는 의회의 의결 사항이지만 의회의 의결로 지정한 특히 경미한 사
항은 수장이 전결처분을 할 수 있다(제180조).

2. 수장에 대한 불신임의결 사례

수장에 대한 불신임의결은 간혹 발생하는데, 최근에 전국적인 뉴스가 된

것은 나가노(長野) 현의 다나카 야스오(田中康夫) 지사에 대한 불신임의결이다. 2002년 7월 5일 나가노 현의회는 다나카 지사에 대한 불신임의결을 찬성 44표, 반대 5표로 가결했다. 2000년 10월에 현직 지사의 후계자를 누르고 당선한 다나카 지사는 취임 직후부터 기존 현정에 없던 정책을 잇달아 내놓았다. 그중에서도 의회와 대립의 불씨가 된 것은 현 내의 댐 건설을 일시 중지하겠다고 표명한 탈댐정책이다. 2002년 6월에 두 개의 댐 건설 중지를 정식으로 표명한 지사에게 현의회 다수파는 불신임의결을 제출해 가결했다. 여기에 대항해 다나카 지사는 현의회 해산이라는 수법을 취하지 않고 실직을 택했다. 그리고 같은 해 9월에 재선거가 치러졌는데, 다나카는 이 선거에 출마해서 상대 후보에 큰 차이로 승리하여 다시 지사 자리에 올랐다. 지사가 현의회 해산이라는 선택을 하지 않고 자동실직을 선택해 재선거에 출마한 것과 관련해 당시의 총무대신은 "지방자치법의 취지에 맞지 않는다"라고 비판했다.

시정촌 수준에서는 불신임의결된 사례가 꽤 많다. 2007년 3월 29일 효고(兵庫) 현 가사이(加西) 시에서는 직원 채용 및 시장 공용차의 사적인 사용에 대한 부정 의혹으로 나카가와(中川暢三) 시장에 대한 불신임안이 가결되었다. 나카가와 시장은 4월 5일 의회를 해산했지만 시의회 의원 선거 이후인 5월 13일에 불신임안이 재가결되어 자동으로 실직되었다. 그러나 나카가와는 같은 해 6월 17일에 다시 치러진 시장 선거에 재입후보해 당선되었다.

2008년 이후 가고시마(鹿児島) 현 아쿠네(阿久根) 시에서는 지방자치 관계자 사이에 갖가지 파문이 일어났다. 2008년 8월 아쿠네 시 시장 선거에 당선된 다케하라 신이치(竹原信一) 시장은 빈번히 블로그에 글을 게재해 '블로그 시장'이라고 불렸다. 시장이 되기 전부터 선거 공시 이후에도 자신의 블로그를 갱신해서 계속 사용한 점에 대해 시 선거관리위원회는 공직선거법 위반 소지가 있다며 주의를 주었다. 다케하라는 공약으로 시장 급여·퇴직급의 대폭 삭감, 의원 정수의 대폭 축소, 시청 인건비의 대폭 삭감을 행정·재정개혁의 핵심으로 내걸었다. 그리고 시장에 취임한 뒤에는 바로 의원 정수를 16명에서 6명으로 줄이려는 의사를 표명해 의회와 맞서게 되었다. 이런 이유로 의회는 의회동의인사(부시장 등)를 부결시켰고, 양자의 대립은 서서히 증폭되었다.

같은 해 11월에는 자신의 블로그에 '시의회 해산에 찬성인가, 반대인가'라는 인터넷 투표를 실시했고, 다음 해인 2009년 1월에는 '떨어뜨리고 싶은 의원' 인터넷 투표를 호소하기에 이르렀다. 이는 언론에서도 크게 다루어 다케하라 시장은 전국에서 '블로그 시장'으로 주목받게 되었다. 의회 측은 이런 행동을 하는 시장에 대한 불신임의결을 2월 6일 전원 일치로 가결했다. 이에 다케하라 시장은 의회 해산을 선택했고, 3월 22일 시의회 의원 선거가 행해졌다. 그러던 중 전국적으로 더 큰 주목을 받은 사건이 일어났다. 다케하라 시장이 2월 20일에 시 웹사이트와 자신의 블로그에 아쿠네 시 직원의 급여와 퇴직자의 퇴직금을 공표한 것이다. 실명은 감췄지만 개개인의 급여가 공공연하게 밝혀졌고 수당의 내역도 명백하게 공표되어 누가 누구인지 쉽게 알 수 있었다. 3월 22일에 치러진 시의원 선거에서는 시장파 의원 5명이 당선됐지만 반시장파도 11명이 당선되어 결국 4월 17일 불신임안이 가결되었다. 다케하라는 자동 실직했지만 재선거가 치러진 5월 31일의 시장 선거에 입후보해 재선되었다.

이후 다케하라 시장은 시 직원 10명을 강등처분하고 각 과 창구에 급여액('○○과 직원의 인건비 총액은 ○○입니다')을 쓴 벽보를 게시했다. 이 벽보를 뜯어버린 직원을 징계·면직처분한 데 대해 가고시마 지방법원(地裁)이 징계·면직처분의 효력정지 결정을 내렸음에도 당해 직원의 출근을 인정하지 않는 등 다케하라 시장은 점차 화제를 뿌렸다.

2010년 3월 아쿠네 시의회는 분위기가 험악했다. 3월 정례의회의 첫날에 다케하라 시장은 자신이 취재를 거부해온 언론은 회의장에 출입할 수 없도록 시의회 의장에게 제의했다. 그러나 의장이 이를 거부했다는 이유로 의회 출석을 거부하는 등 자세를 굽히지 않았다.

4월 말 이후 다케하라 시장은 빈번히 전결처분을 했다. 시장이 5월의 정례회의를 소집하지 않았기 때문에 의회가 개최되지 않은 중에 시장이 전결처분을 한다는 것은 지방자치법상 허용될 수 없는 행동이었다. 이사이에 시장, 시의회, 시 직원의 보너스 반액 삭감이 전결처분되었고, 수수료조례와 시세조례 등의 일부 개정, 보정예산 등이 모두 전결처분으로 이루어졌다. 앞에서 보았듯이 전결처분은 '특히 긴급을 요하기 때문에 의회를 소집할 시간적 여유가 없음이 명백하다고 인정될 때' 행할 수 있으므로 시장이 의회를 소집하지 않아서 정례 시의회가 개최되지 못하는 상황은 법에 상정되지 않은 상황이었다. 이에 현지사가 6월에 다케하라 시장에게 행동을 자제하라는 조언을 했으며, 7월에는 임시 의회를 소집하도록 2회에 걸쳐 권고했다. 다케하라 시장은 이런 조언과 권고를 무시했고, 아쿠네 시의 문제는 국회에서까지 문제가 되었다. 결국 주민에 의해 시장소환청구가 발의되어 주민 투표가 실시되었고, 그 결과로 시장의 소환이 결정되었다. 이후의 시장 선거에서는 다케하라가 낙선했다.

아쿠네 시 문제는 지방자치법을 확신범적으로 어긴 수장을 현행법의 틀로는 유효하게 해결할 수 없는 부분도 있다는 사실을 부각시켰다.

3. 메이지 헌법기 의회와 수장의 관계 및 외국과의 비교

1절에서 지적했듯이 현행 지방자치법에서는 집행기관과 의회의 관계가 획일적이다. 하지만 메이지 헌법기의 시제·정촌제와 부현제에서는 양자의 관계가 다양한 형태를 취하고 있었다.

첫 번째 유형은 정촌제에서 도입된 제도로, 공민(주민 중에서 일정한 자격을 갖춘 자)에 의해 선출된 의원으로 구성된 의회가 집행기관으로서의 정촌장(독임제(独任制))을 공민 중에서 뽑는 방식이었다. 이 경우 정촌장은 반드시 의원일 필요가 없으며 정촌의 공민으로 만 30세 이상의 선거권을 가진 자 중에서 정촌회에서 투표로 선출되었다. 정촌장의 선거는 부현지사의 인가를 받지 않으면 안 되었다. 인가를 받을 수 없는 경우에는 인가를 받을 수 있는 인물이 선출될 때까지 선거를 반복했으며, 그동안은 부현지사가 대리인을 선임했다.

두 번째 유형은 시제에서 도입된 제도로, 이 제도는 시대에 따라 변화가 심했다. 당초의 시제에서는 집행기관이 시장이 아니라 합의제의 시참사회(市参事会)였다. 시참사회는 시장, 부시장, 명예직 참사회원(도쿄는 12명, 교토·오사카는 각 9명, 기타 시는 6명)으로 구성되었다. 시장은 시의회(공민에 의해 선출된 의원으로 구성)가 선임한 3명의 후보자 가운데 내무대신이 임명했다. 부시장과 시참사회원은 시회에서 선거했지만 부시장은 부현지사의 재가를 받지 않으면 안 되었다. 그 후 1911년에 단행된 시제의 전문개정으로 집행기관은 시장이 되었고('시장은 시를 통할하고 시를 대표한다') 참사회는 의회와 함께 의결기관이 되었다. 참사회라는 합의제 집행기관은 책임의 귀속이 불명확해서 사무를 신속하게 처리할 수 없다는 것이 폐지의 이유였다. 1926년부터 시장은 시회의 선거만으로 선임되었지만 제2차 세계대전 중이던 1943년에는 1926년 개정 이전의 상태로 되돌아갔다. 또한 시회에서 시장 후보자를 추천하지 않는 경우에는 천왕의 재가를 거쳐 내무대신이 직접 시장을 선임할 수 있다는 규정까지 추가되었다. 결과적으로 당초의 제도보다 강한 국가 통제가 이루어진 것이다.

세 번째 유형은 부현에서 도입된 제도로, 집행기관인 지사는 정부가 임명하는 중앙정부의 관료였다. 당초 부현회를 선출하는 방법으로는 복수제라는 간접선거가 도입되었는데, 시에서는 시회의원과 시참사회원이, 군에서는 군회의원과 군참사회원이 각각 선거를 통해 부현회의원을 선출했다. 이 선거 방법은 1899년의 부현제 개정으로 공민에 의한 직접선거로 바뀌었다. 그 후에는 직선의원으로 이루어지는 부현회와 관료인 지사로 부현이 구성되었다.

이상으로 살펴본 바와 같이 메이지 헌법기의 일본의 지자체는 부현을 제외하면 공민에 의한 선거로 선출된 의회가 집행부를 선출하는 제도가 기본이었다. 이런 제도는 외국에서도 드물지 않다. 15장에서도 서술하겠지만 프랑스의 기초지자체인 코뮌에서는 시민이 직접선거로 의회의 의원을 선출하고 의회의 호선(互選)으로 의장이기도 한 집행기관의 장과 부시장을 선출한다.

영국은 주민이 직접선거로 선출한 의회에서 내부에 설치한 상임위원회(정책·자원위원회)가 집행기관이 되는 제도를 취한다. 2002년부터는 지자체별로 의회가 리더를 선출하는 유형이나 주민이 직접선거의 수장을 선거로 선출하는 유형이 추가되어 세 가지 유형 가운데 하나를 선택하는 다양성을 인정하게 되었지만 수장직접선거제로 이행한 지자체는 많지 않다.

영국에서 2002년부터 선택이 가능해진 수장직접선거제의 모델이 된 것은 미국이지만 미국의 제도도 다양해서 몇 가지로 분류된다. 첫 번째 유형은 시장−의회형(Mayor-Council Form)이다. 이 유형은 일본과 마찬가지로 직접선거로 시의회를 선출하지만 여기에는 강시장형(Strong-Mayor Type)과 약시장형(Weak-Mayor Type)이 있다. 강시장형은 시장이 주요 공직자를 임면하는 권한, 의회에 거부권을 행사할 수 있는 권한을 가져 시장이 강력한 리더십을 갖고 시정을 지도한다. 대부분의 시장−의회형은 강시장형을 취한다. 지금은 많지 않은 약시장형은 주요 공직자의 임면 등에 의회가 관여하고 시장의 통솔력이 약한 유형으로 시장은 명목적·의례적 책임자가 되기 쉽다.

두 번째 유형은 의회-지배인형(Council-Manager Form)으로, 직접선거로 선출된 의회가 행정·재정 전문가를 시 지배인(city manager)으로 임명하고 행정과 정치를 분리시키는 유형이다. 시 지배인은 예산편성이나 조직의 편성, 부국장의 임면 등을 행하는 권한을 가지고 행정을 운영한다. 의회는 조례제정권과 조사권을 통해 시 지배인의 활동을 감시한다.

세 번째 유형은 위원회형(Commission Form)으로, 주민의 직접선거로 선출된 위원으로 구성된 위원회가 입법 기능과 행정 기능을 겸하는 조직으로, 기존의 영국 제도에 가깝다. 시장은 위원의 호선으로 선출되지만 의례적인 의미만 있다.

네 번째 유형으로 주민총회(Town Meeting)형이 있지만, 이는 식민지 시대의 유물로 북동부 주의 규모가 작은 지자체에서 도입되고 있다.

이처럼 선진국의 지자체 제도는 의회의 의원은 직접 뽑는 것을 필수로 규정하고 있지만 집행기관은 다양한 형태를 취하는 것을 허용하는 경우도 있다. 일본의 지자체 중 시구정촌의 실태가 극히 다양하다는 것을 감안해 여기에 대응한 다양한 지자체의 제도를 고려할 필요가 있다는 의견도 강하다. 지자체의 의회와 집행기관 제도의 다양화는 지방자치법의 유연화로 대응할 수도 있지만 헌법 제93조를 개정하지 않으면 대응할 수 없는 면도 있다. 장과 의회 관계의 제도적 문제는 지방자치법 개정으로 대응할 수 있는 부분이 많지만, 수장을 직접선거 이외의 방법으로 선출하는 제도로 바꾸기에는 헌법상의 제약이 있다.

2010년 1월 정부에 설치된 지역주권전략회의 예비 간담회에서는 하시모토 도오루(橋下徹) 오사카 부지사가 「지역주권 확립을 위한 개혁 제안」이라는 제목의 자료를 제출했다. 그는 수장과 의회가 협동해서 책임을 공유하는 구조가 필요하다면서 의회내각제의 도입을 제안했다. 정치 임용을 통

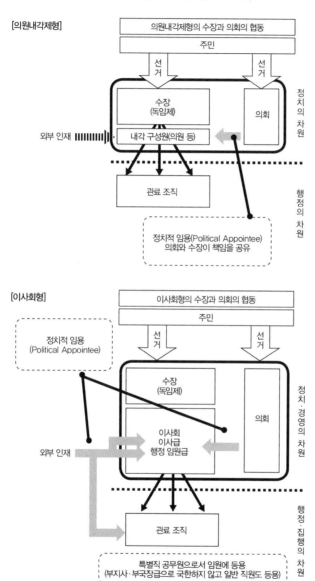

〈그림 7-5〉 의회내각제의 제안

[의원내각제형]

의원내각제형의 수장과 의회의 협동

주민

선거   선거

수장
(독임제)

의회

내각 구성원(의원 등)

외부 인재

관료 조직

정치적 임용(Political Appointee)
의회와 수장이 책임을 공유

정치의 차원

행정의 차원

[이사회형]

이사회형의 수장과 의회의 협동

주민

선거   선거

정치적 임용
(Political Appointee)

수장
(독임제)

의회

이사회
이사급
행정 임원급

외부 인재

관료 조직

특별직 공무원으로서 임원에 등용
(부지사·부국장급으로 국한하지 않고 일반 직원도 등용)

정치·경영의 차원

행정·집행의 차원

자료: 오사카 부 웹페이지, '의회내각제의 목표(議会内閣制のねらい)'.

해 의원을 행정의 요직에 취임시키자는 것이다. 도도부현과 지정도시에서
는 관료 조직이 커서 이원대표제에서 수장 혼자 정치 주도로 지자체를 경
영하기에는 한계가 있다는 것이다. 이런 이유로 의원내각제형의 의회내각
제(수장이 의회의 추천을 받은 의원을 내각 구성원으로서 정치적으로 임용하는 방
식) 또는 이사회형의 의회내각제(의원에 추가해 외부 인재와 특별직의 직원을 이
사회 구성원으로서 정치적으로 임용하는 방식)를 제안했다(〈그림 7-5〉 참조).

의회내각제가 목표하는 것으로는 첫째, 지방정부 기본 구조를 다양화하
고, 둘째, 정치 주도의 거버넌스를 지향해 지방의회가 매니지먼트의 기능
(예산편성 등)을 함께 맡으며, 셋째, 의회내각제를 도입하더라도 체크 기능
은 충분히 작용할 수 있을 것이라는 점을 들고 있다.

그렇지만 의회내각제에 대해 '상호 견제 기능의 저하로 연결될 우려가
있어 신중한 대응이 필요'(전국지사회), '의원을 집행기관의 구성원으로 만
들어 집행기관을 더욱 강하게 만드는 것은 지역 주권개혁에 반함'(전국도도
부현의회의장회), '이원대표제를 실질적으로 변질시켜 수장의 권한을 강화시
키려는 목적이 아닌지 의심스러움'(전국시의회의장회) 등 지방 6단체에서 비
판적인 견해가 잇달아 표출되었다. 이후로도 의회와 집행기관의 구성에 관
한 논의가 전개되겠지만 주민 서비스 향상과 주민 의사의 표명이라는 관점
에서 어떠한 제도가 바람직한지 항상 염두에 두어야 한다.

4. 연구 동향

이원대표제에 관한 기존의 연구는 규범적인 연구, 연구자의 선입관에 기
초한 연구, 수장에 의한 체험담적인 연구가 많았다. 그러나 2000년대 이후
여러 자료를 근거로 한 본격적인 실증연구가 등장했다. 그중 몇 가지를 살

퍼보려고 한다.

우선 쓰지 요(辻陽)는 의회의 수정·부결 사례와 이것의 인과관계를 분석했다. 상술한 대로 일반적으로 집행기관이 우위라고 하지만 쓰지는 의회의 당파적 권력(다수파와 회파의 규율)이 수장에게 미치는 영향을 검증하려고 시도했다. 지방의회에서 수장의 여당률(與黨率), 즉 수장의 당파적 권력을 독립변수로, 수장 제출 의안의 의결 상황을 종속변수로 해서 긴키(近畿) 지방의 부현 의회를 대상으로 분석했다. 그 결과, 지사 여당률이 낮은 경우에는 지사에 대한 의회의 영향력이 높고 여당률이 높은 경우에는 양자가 서로 도움을 주고받는 관계에 있다는 점, 그리고 지사와 (지사가 속한) 여당이 반드시 굳건히 단결된 행동을 취하지는 않는다는 점 등을 밝혀냈다.

마와타리 쓰요시(馬渡剛)는 전후 50여 년에 이르는 기간을 대상으로 한 방대한 자료를 기초로 도도부현 의회를 분석했다. 그 결과, 지사가 정책 선택을 주도한다는 기존의 견해와 달리 의회에 제안된 인사안과 지사 제출 의안에 대해 찬반의 정책 선택을 할 때면 의회가 일정한 영향력을 행사한다는 점을 밝혀냈다. 또한 쓰지는 지방의회 수준에서의 파벌 형성과 파벌 연합이 국정 수준의 정당의 이합집산과는 다른 차원에서 움직인다는 점, 즉 국정에서의 정당개편이 지방에 미치는 영향은 한정적이며 지방 정치는 국정과는 다른 양상이 있다는 점을 명백히 했다.

도도부현 수준의 정책 선택을 지사와 의회라는 이원대표제의 구조에서 더욱 총체적이고도 체계적으로 분석한 사람은 소가 겐고와 마치도리 사토시이다. 이들은 지사와 의회의 관계를 독립변수로 하고 당해 지자체의 정책지출을 종속변수로 해서 지사와 의회의 당파적 구성 유형에 따라 정책 선택이 크게 달라진다는 점을 명백히 밝혔다. 독립변수란 지사와 의회의 관계를 양자의 정책선호 배치와 권한 배치에 착안해 일곱 가지 유형으로 분류한 것이다. 이들은 독립변수에 영향을 받는 정책 선택을 ① 세입의 수준, ② 세출의 거시적 총액, ③ 개별 정책 영역에서의 세출 수준이라는 세 가지 종속변수로 분석한다. 이들은 세 가지 기본 가설, 즉 '세입에 관한 정책 선택은 중앙정부의 제도화가 강하기 때문에 지방정부의 정치변수는 영향을 받지 않는다', '세출의 총액은 정부의 규모와 같으므로 여기에 관심을 갖는 것은 지사뿐이다', '세출의 개별 정책 영역에 관심을 갖는 것은 의회뿐이다'라는 가설(또는 이의 보정가설)에 대해 상세한 자료를 분석하여 명백히 밝혔다.

또한 1960년부터 2005년까지 장기에 걸친 자료를 분석한 뒤 지방 정치의 구조 및 정책이 거의 15년을 주기로 변한다는 점을 알아냈고, 이들 시기를 ① 1960년대의 혁신지자체 융성기(혁신계 지사가 많이 탄생한 한편, 의회는 보수계가 다수를 점했으며 소수 여당인 지자체도 적지 않았다. 혁신계 지사는 복지를 중시한 데 반해 의회는 보혁을 불문하고 개발을 중시해서 대립했다), ② 1970년대 중반부터의 보수회귀기(중도정당이 자민계 지사 지지로 돌아섰다. 1960년대의 대립의 시대는 가고 재정 위기 가운데 지사에 의한 재정개혁과 의회에 의해 서로 혜택이 돌아가는 예산 배분이 공존했다), ③ 1990년대 이후의 무당파 지사기(무당파 지사이거나 개혁파라 불리는 혁신 유형의 지사가 등장했다. 지사는 지자체 규모의 축소를 지향하기 시작하고 개별 정책 영역에서의 정당 간 대립 및 수장과 의회의 대립이 격해졌다)로 나눴다. 그리고 각각의 시기에 중앙정부의 동향, 주민의 정책 선호 변화, 지역 간 경쟁의 정도, 재정 상황의 변화 등 지방 정치의 맥락상 중요한 요인을 포함해서 함께 분석했다.

이원대표제는 수장과 의회 의원을 함께 선거로 뽑는다는 점은 같다. 그러나 도도부현과 정령지정도시의 수장 선거제도는 전 선거구에서 1명이 선출되는 소선거구제이지만 의회 의원의 선거제도는 시구정촌을 여러 개로 나누어서 각 선거구에서 여러 명이 선출되는 중선거구제(또는 1명만 선출되는 소선거구제)이다. 수장은 당해 지자체에서 광범위하게 표를 모아야 하는 데 반해 의회 의원은 자신의 선거구를 우선적으로 의식한다. 스나하라 요우스케(砂原庸介)는 '다른 선거제도에 의해 수장과 지방의회를 뽑는 이원대표제를 다른 유형의 공익이 양립하는 것을 허락하는 제도로 이해해서, 그러한 제도하에서 정책이 어떻게 결정되는가라는 문제에 초점'을 맞춰 분석을 하고 있다. 스나하라는 지방정부의 영역 전체에서 조직화되지 않은 이익을 대표하는 수장과 영역 내에 편재한 조직화된 개별 이익을 대표하기 쉬운 중선거구·대선거구에서 선출되는 지방의회 간에는 정치적 대립이 생기기 쉽다고 말한다. 구체적으로는 의안설정 권한을 가지고 있는 수장은 변화를 지향하는 데 반해 지방의회 의원은 현상 유지를 원한다. 하지만 이러한 주장은 특정한 시대를 배경으로 한 주장이기도 하다. 1990년도 이전에는 도도부현에서의 정책 선택이 이원대표의 당파성으로 설명되었으나 냉전이 끝난 1990년대 이후로는 그러한 당파성 대립으로는 도도부현의 정책 선택 과정을 설명할 수 없게 되었다. 지사와 의회의 상호작용은 정량분석(定量分析)에 의한 치밀한 분석이 이루어진다.

이처럼 기존에는 경험담의 영역을 벗어나지 못했던 지방 정치와 이원대표제가 다각도에서 분석 대상이 되고 있으며 그 범위 또한 점점 넓어지고 있다. 지방자치에 대해서는 이후로도 다양한 실증연구가 거듭될 것이 틀림없다.

| 키워드 |

이원대표제, 기관대립주의, 재의제도, 불신임의결, 전결처분, 의회내각제

| 연구 과제 |

1. 자신이 속한 지자체의 수장과 의회 구성의 관계 변화를 조사해보자.
2. 자신이 속한 지자체에서 수장과 의회 구성의 변화가 정책의 변화와 얼마나 관계가 있는지 조사해보자.
3. 자신이 속한 지자체 또는 자신이 아는 지자체에서 수장과 의회가 결정적인 대립을 한 사례가 있는지 조사해보자.
4. 이상과 같은 조사를 하기 위한 기초 자료는 쉽게 구할 수 있었는지, 어떤 시설에 자료를 보존하는 것이 적절한지 생각해보자.

| 참고문헌 |

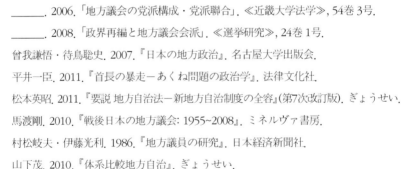

砂原庸介. 2011.『地方政府の民主主義-財政資源の制約と地方政府の政策選択』. 有斐閣.

信一. 2010.『独裁者-"ブログ市長"の革命』. 扶桑社.

辻陽. 2002.「日本の地方制度における首長と議会との関係についての一考察(1)(2)」. ≪法学論叢≫, 151巻 6号, 152巻 2号.

_____. 2006.「地方議会の党派構成・党派聯合」. ≪近畿大学法学≫, 54巻 3号.

_____. 2008.「政界再編と地方議会会派」. ≪選挙研究≫, 24巻 1号.

曾我謙悟・待鳥聡史. 2007.『日本の地方政治』. 名古屋大学出版会.

平井一臣. 2011.『首長の暴走-あくね問題の政治学』. 法律文化社.

松本英昭. 2011.『要説 地方自治法-新地方自治制度の全容』(第7次改訂版). ぎょうせい.

馬渡剛. 2010.『戦後日本の地方議会: 1955~2008』. ミネルヴァ書房.

村松岐夫・伊藤光利. 1986.『地方議員の研究』. 日本経済新聞社.

山下茂. 2010.『体系比較地方自治』. ぎょうせい.

일본의 지방자치제도는 지자체 수장과 의원을 주민이 직접 선출하는 이원대표제이다. 아울러 수장과 의회는 견제와 균형을 원칙으로 하는 기관대립주의에 입각해 이에 상응하는 권한과 책임을 가진다. 이런 점에서 수장에 대한 의회의 불신임의결권과 수장의 의회해산권도 인정된다. 우리나라는 일본과 같은 기관대립주의를 택하고 있으면서도 자치단체장에 대한 불신임제도나 지방의회 해산제도는 인정하지 않고 있다. 그 결과, 의회와 집행기관의 대립으로 갈등이 장기화될 경우 지방자치법에 의한 상급자치단체장 또는 중앙정부의 조정에 따르거나 사법적 해결을 기다리는 수밖에 없다. 어느 경우에나 지방자치 본래의 취지와 거리가 있을 뿐만 아니라 실효성이나 갈등의 근원적 해소 여부도 의문시된다. 기관대립주의를 택하는 이유는 행정의 효율화를 도모하면서 견제와 균형을 통한 행정의 합목적성을 유지하기 위해서이다. 그러나 지나친 의견 대립으로 갈등이 증폭되고 행정이 교착 상태에 빠질 경우 행정의 지속성·연속성 차원에서 바람직하지 않으므로 주민 참여에 의한 해결방안 등과 함께 이를 극복·해소하기 위한 적절한 제도를 모색해야 할 것이다.

08 │ 인사행정

　일본의 지자체에는 전국적으로 약 280만 명의 지방공무원이 근무한다. 그렇다고 지방공무원이라는 하나의 직원 집단이 존재하는 것은 아니며 각 지자체가 각각의 고용주로서 지자체마다 인사·급여제도가 다른 것이 일반적이다. 단, 일본의 경우 지방공무원법이 근본법으로 정해져 있어 모든 (일반직) 지방공무원에게 적용된다. 이 장에서는 지자체의 인사행정을 알아보도록 하자.

1. 지방공무원의 종류와 수

　지방공무원이란 법적으로 '지방공공단체의 모든 공무원'(지방공무원법 제2조)을 의미하며, 일반직과 특별직으로 나뉜다. 지방공무원법의 규정은 일반직에 속하는 지방공무원(직원)에게만 적용되며 특별직, 즉 ① 직접·간접으로 주민의 신임에 의해 취임하는 직(장, 의원, 부지사, 부시정촌장 등), ② 자유임용에 의한 직(장의 비서), ③ 비전무(非專務)적인 직(임시 또는 비상근의 위원, 고문, 조사원, 소방단원 등), ④ 실업대책사업 등에 고용되어 있는 자에게는 적용되지 않는다.

　일반직에 속하는 직원이라도 교육직원, 단순노무직원(기능노무직), 경찰

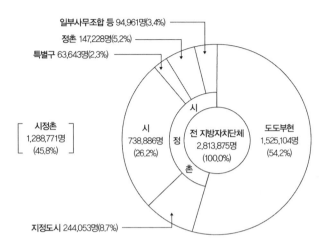

〈그림 8-1〉 총 직원 수의 단체 구분별 구성

일부사무조합 등 94,961명(3.4%)
정촌 147,228명(5.2%)
특별구 63,643명(2.3%)

시정촌
1,288,771명
(45.8%)

시
738,886명
(26.2%)

정

전 지방자치단체
2,813,875명
(100.0%)

촌

도도부현
1,525,104명
(54.2%)

지정도시 244,053명(8.7%)

자료: 総務省, 『平成22年地方公共団体定員管理調査結果』(2011年 1月).

관, 소방직원 등에 대해서는 직무와 책임의 특수성에 의거해서 특례가 정해져 있으며 지방공무원법의 규정이 전적으로 적용되는 것은 아니다. 이 절에서는 주로 일반행정직을 염두에 두고 살펴보기로 하자.

일반직 지방공무원의 총수는 약 281만 명(2010년 4월 1일 기준)이다. 이 중 도도부현(47개 단체)의 직원이 약 153만 명으로 과반수를 차지하며, 지정도시(19개 단체)의 직원(약 24만 명)과 합하면 전 직원 수의 60%가 넘는다. 일반 시(767개 단체)가 약 74만 명, 정촌(941개 단체)이 약 15만 명, 특별구(23개 단체)가 약 6만 명이다(〈그림 8-1〉 참조).

1개 지자체당 평균 인원은 1,566명이며, 도도부현이 3만 2,450명, 지정도시가 1만 2,850명, 일반 시가 963명, 정촌이 156명이다. 단체 구분에 따라 조직의 크기도 상당히 다르다는 것을 알 수 있다.

부문별로 보면, 일반행정 부문(일반관리, 복지 관계)은 약 94만 명(33.3%), 특별행정 부문(교육, 경찰, 소방)은 약 150만 명(53.4%), 공영기업 등 회계 부

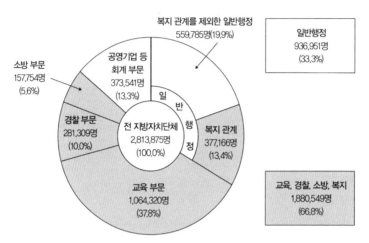

〈그림 8-2〉 총 직원 수의 부문별 구성

복지 관계를 제외한 일반행정
559,785명(19.9%)

일반행정
936,951명
(33.3%)

소방 부문
157,754명
(5.6%)

공영기업 등
회계 부문
373,541명
(13.3%)

경찰 부문
281,309명
(10.0%)

전 지방자치단체
2,813,875명
(100.0%)

일
반
행
정

복지 관계
377,166명
(13.4%)

교육 부문
1,064,320명
(37.8%)

교육, 경찰, 소방, 복지
1,880,549명
(66.8%)

자료: 総務省, 『平成22年地方公共団体定員管理調査結果』(2011年 1月).

문은 약 37만 명(13.3%)이다. 특별행정 부문 중에는 교육이 약 106만 명, 경찰이 약 28만 명, 소방이 약 16만 명이다(〈그림 8-2〉 참조).

부문별 특색을 보면 복지 관계를 제외한 일반행정(의회, 총무·기획, 세무, 노동, 농림수산, 상공, 토목)은 국가의 법령 등에 의해 직원이 배치될 여지가 적고 지자체가 주체적으로 직원을 배치할 여지가 비교적 큰 부문이다.

복지 관계(민생, 위생) 부문은 국가의 법령 등에 의해 직원의 배치 기준이 정해져 있는 경우가 많고, 직원 배치가 주민 서비스에 직접 영향을 미치기 때문에 이 부문을 개혁할 때에는 다양한 배려가 필요하다. 교육 부문, 경찰 부문, 소방 부문은 국가의 법령 등에 의한 배치 기준이 있어서 지자체가 주도적으로 직원을 재배치하기가 곤란한 부문이다. 또 공영기업 등 회계 부문(병원, 수도, 교통, 하수도, 기타)은 독립채산을 기조로 기업 경영의 관점에서 정원 관리가 이루어진다.

부문별 구성은 도도부현인지 시정촌인지에 따라 크게 다르다. 도도부현

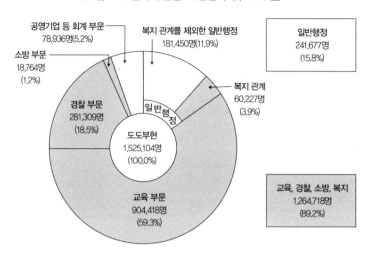

〈그림 8-3〉 단체 구분별·부문별 구성(도도부현)

공영기업 등 회계 부문
78,936명(5.2%)

복지 관계를 제외한 일반행정
181,450명(11.9%)

일반행정
241,677명
(15.8%)

소방 부문
18,764명
(1.2%)

복지 관계
60,227명
(3.9%)

경찰 부문
281,309명
(18.5%)

일반행정

도도부현
1,525,104명
(100.0%)

교육 부문
904,418명
(59.3%)

교육, 경찰, 소방, 복지
1,264,718명
(89.2%)

자료: 総務省, 『平成22年地方公共団体定員管理調査結果』(2011年 1月).

은 지방공무원의 60% 가까이가 교육 부문에 종사한다. 이는 의무교육의 교원을 포함하기 때문이다. 경찰 부문 직원도 19% 정도를 차지한다(〈그림 8-3〉 참조).

이미 본 바와 같이 교육, 경찰, 소방, 복지 같은 분야는 정원을 감축하기가 매우 곤란하며, 정원 감축이 가능한 분야는 복지 관계를 제외한 일반행정직과 공영기업 등 회계 부문이다. 따라서 부현 수준에서는 직원 감축이 가능한 부문이 꽤 제한되어 있다.

지사 선거 기간이면 현의 직원 수를 20% 감축하겠다고 지역 매니페스토에 명기하는 후보자가 있는데, 이는 규정을 제대로 모르고 하는 말이다. 막상 지사가 되면 〈그림 8-3〉의 회색 부문은 아무것도 건드릴 수 없다는 사실을 알게 된다. 결국 직원을 20% 감원하려면 일반행정직을 모두 해고하거나 공영기업을 전부 민영화해야 하므로 현실성이 없는 이야기이다. '현 직원 20% 감원'을 힘차게 외치다가 어느 순간 '일반행정직 20% 감원'으로 지

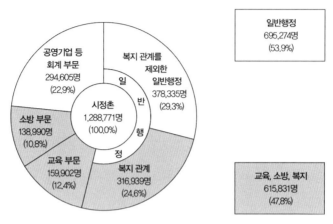

〈그림 8-4〉 단체 구분별·부문별 구성(시정촌)

일반행정
695,274명
(53.9%)

복지 관계를
제외한
일반행정
378,335명
(29.3%)

일반행정

공영기업 등
회계 부문
294,605명
(22.9%)

시정촌
1,288,771명
(100.0%)

소방 부문
138,990명
(10.8%)

교육 부문
159,902명
(12.4%)

복지 관계
316,939명
(24.6%)

교육, 소방, 복지
615,831명
(47.8%)

자료: 総務省, 『平成22年地方公共団体定員管理調査結果』(2011年 1月).

역 매니페스토를 수정하지 않을 수 없게 된다. 지방공무원의 부문별 구성에 대한 이해가 부족한 후보자가 현민을 위한 매니페스토를 만든 나머지 현민을 경시한 꼴이 되어버리는 것이다.

시정촌에서는 일반행정 부문에 근무하는 직원의 비율이 높고(약 54%) 도도부현과 비교할 경우 복지 관계 부문의 직원 비율이 높다는(약 25%, 도도부현은 약 4%) 사실을 알 수 있다(〈그림 8-4〉 참조).

2. 지방공무원의 채용·이동·승진

1) 직원의 채용

지자체의 직원이 되기 위해서는 통상 직원채용시험(경쟁시험)을 보지 않으면 안 된다. 지방공무원법 제15조는 직원의 임용(채용, 승진 등)은 "시험

성적, 근무 성적, 그 외의 능력의 실증에 의거해서 해야 한다"라는 근본 기준을 정하고 있다. 채용시험에 국한해서 보면 시험 성적 및 그 외의 능력의 실증에 의거해서 채용하지 않으면 안 된다고 정해져 있다. 그렇지만 이러한 능력실증주의를 충족시키기 위해 구체적으로 어떠한 채용시험을 실시해야 하는지는 법에 언급하지 않고 각 지자체에 일임하고 있다. 그렇기 때문에 채용시험의 실시 시기와 방법은 무척 다양하다. 다만 실시 시기는 많은 지자체가 택일식의 필기시험을 공통으로 이용하는 등 몇 개의 그룹으로 나뉜다.

1차 필기시험은 비교적 공통적으로 6월 하순에 도부현·정령지정도시가 실시하고(A일정이라고 불린다), 7월 하순에는 일반 시가 시험을 실시(B일정)하는 경향을 보인다. 9월 중순에 시험을 실시하는 시정촌도 있다(C일정).

1980년대까지는 일반적으로 1차 시험은 필기시험(교양 및 전문)으로 치르고 2차 시험인 구술시험은 개별 면접으로 이루어지는 형태였다. 1차 필기시험에서 상당수가 걸러지기 때문에 2차 시험인 구술시험에서 떨어지는 수험자는 적었다. 면접을 본 4명 중 3명은 합격하는 것이 일반적이었다.

이는 1960~1970년대에 지자체 채용시험에서 연고채용이 많았던 것에 대한 반성에서 비롯되었다. 지방 유력자의 입김으로 채용을 결정하는 관행은 지방공무원법의 능력실증주의에 반하는 것으로 언론 등의 비판을 초래했다. 이 때문에 필기시험에서 체로 거르듯이 상당수를 탈락시키고 유능한 인재를 채용하는 방식이 정착했다.

1980년대에 들어서면서 제2차 임시행정조사회 때에는 채용이 억제되어 경쟁 배율이 급격히 높아지고 필기시험의 난도도 높아졌다. 이를 대비하기 위한 공무원 시험 예비 학원도 만들어졌는데, 1990년대 후반 이후 불어닥친 민간 불황은 여기에 박차를 가했다. 그 결과, 1차 시험에 합격하는 사람들은 엘리트로 한정되었다. 그러나 이들이 지자체의 업무 수행에서도 우수한가 하면 반드시 그렇지는 않았다. 오히려 필기시험 성적보다는 주민 대응을 잘할 수 있는가와 새로운 과제에 과감히 도전하는 기개를 가지고 있는가를 중시하는 지자체가 많아졌다.

이로 인해 최근에는 기존의 시험 유형에 구애받지 않고 다양한 방법으로 더욱 많은 수험생을 모아 인물 본위로 채용하는 경우가 많아지고 있다. 예를 들면 1차 시험에서 필기시험 외에 개별 면접을 도입하고 2차 시험에서는 개별 면접 외에 집단토론이나 프레젠테이션을 도입하는 지자체가 증가하고 있다. 또 시정촌에 의한 공동채용시험도 점점 증가하는 등 기존의 채용시험제도에 얽매이지 않고 새로운 방식을 모색 중이다.

2) 직원의 배속과 이동

채용시험에 합격한 자는 통상 4월 1일에 임명권자(대부분 지사나 시장)에게서 신규 채용직원으로 채용발령을 받고 바로 초임자 연수를 받는다. 지자체에 따라 그 기간은 수일부터 수 주까지 다양하지만 이 연수에서 공무원으로서의 마음의 준비나 권리·의무, 집무의 기초를 배우게 된다. 초임자 연수 후에는 특정 과에 배속 또는 가(假)배속된다. 여기에서 개별 업무가 부여되고 상사나 선배에게 일을 배우게 된다. 이른바 OJT가 지자체 현장에서는 기능과 지식 향상의 중요한 기능을 하는 것이다.

최근에는 신규 채용자에게 각자 선배 트레이너를 붙여서 친절하고 자상하게 지도하는 제도를 만드는 곳도 늘고 있다. 이를 멘토(mentor) 제도라고한다. 조직에는 각각 다양한 규칙이나 관례가 있지만 전부 매뉴얼로 작성되어 있는 것은 아니기 때문에 이러한 규칙과 관례를 언제라도 물을 수 있는 존재가 가까이 있다는 것은 마음 든든한 일이어서 이 제도는 비교적 폭넓게 받아들여지고 있다.

일본의 조직에서는 본인의 신청 유무와 상관없이 정기적인 인사이동이 이루어지는 것이 통례이다. 지자체도 예외는 아니어서 대부분 매년 4월에 일제히 인사이동을 실시한다. 인사과는 각 소속 인사 담당자에게서 12월 경부터 의견을 듣고 이를 근거로 해서 2~3월에 집중적으로 이동작업을 실시한다. 인사과 직원은 거의 제때 퇴근도 하지 못하고 이동작업을 실시하는 경우가 많다.

정년으로 그만둔 A가 있던 자리에 B를 데려오면 B가 있던 자리에 누군가를 충원하지 않으면 안 된다. 그러면 그다음 그다음 식으로 마치 당구를 치듯 수많은 사람이 일제히 움직인다. 인사이동 즈음에는 다음에서 논의될 승진인사도 함께 이루어지는 것이 통례이다. 이동의 주기는 지자체에 따라 상당히 다르다. 3년 주기로 이동하는 것을 기본으로 삼는 지자체도 있지만 한자리에 10년이나 머물러 있도록 인사정책을 취하는 곳도 있다.

일반적으로 의료직과 같은 특정 직종을 제외하면 신규 채용직원은 특정 분야의 전문가가 아니어서 직무를 통해 일을 배우고 능력을 향상시킨다. 특정한자리에 오래 있으면 그 직무에는 통달하지만 다른 일과의 비교 등 더욱 넓은 시야에서 행정을 시행하기는 어렵다. 반대로 매년 이동하는 식으로 자리가 바뀌는 이동정책을 취하면 제너럴리스트가 필요하다는 관점에서는 적합하지만 일을 충분히 익히기 전에 이동될 가능성도 있다. 인사정책을 택할 때에는 직원의 업무 흡수 능력, 조직 전체의 배치 전략 등 다양한 면을 고려해야 한다.

3) 직원의 승진

승진이란 직원을 직위의 명칭(직무의 급수, 조직상의 지위 등)이 부여되어 있는 직에서 현재의 자리보다 상위로 임명하는 것을 말한다. 속된 말로 하면 '출세'다.

직위의 명칭을 몇 개로 할지, 부장·과장·계장 같은 라인의 직 외에 참사·주간·주사라는 직위를 만들지, 아니면 과장 대리·과장 보좌·부주간·부주사 등의 직위를 만들지는 각 자치단체가 결정할 나름이다. 그리고 근속 몇 년이면 각 직위에 도달할지도 각 지자체의 인원 구성 등의 요건에 따라 천차만별이다. 단, 기존의 각 자치단체에서는 일정한 연령에 도달하면 상위의 직위로 승진시키는 정책을 취하는 것이 일반적이었다(뒤에 언급할 승진시험제도를 실시하는 지자체는 별도임). 이른바 연공서열의 관행이 많았다.

일반적이라고 단정하기는 곤란하지만 전국적으로 평균 40세 전후에는 과장으로 승진하는 것이 보통이다. 부장이나 국장에 도달하는 것은 50대 후반이다. 단, 이 승진 연령은 직원의 고령화·고학력화에 따라 서서히 늦춰지고 있다. 즉, 계장급과 과장급으로의 평균 승진 연령이 높아지는 현상을 많은 지자체가 경험하고 있는 것이다. 이는 고령화, 고학력화 등 지자체 직원 구성의 변모가 영향을 끼친 결과이다.

1960년대부터 1970년대 전반까지는 많은 지자체에서 사무량의 증가에 맞춰 신입 직원을 대량으로 채용했다. 그러나 그 후 오일쇼크가 발생하고 제2차 임시행정조사회에 의한 지방행정개혁 방침에 따라 지자체가 직원 정원을 억제한 결과, 신규 보충은 적어지고 1970년대의 대량 채용자가 연령대별로 비율이 높아져 지자체의 직원 연령이 높아졌다. 전국적으로 지자체 직원(일반행정직)의 평균 연령은 1973년에는 34.6세였지만 2003년에는 42.6세이다. 30년 만에 여덟 살이 높아진 것이다.

대학 진학률의 비약적인 상승과 행정 수요의 고도화·복잡화에 따라 고학력자를 신규 충원하지 않을 수 없어 고학력화도 가속화되었다. 또한 1975년 국제부인년(國際婦人年)을 맞아 남녀별 채용·비율이 철폐되었으며, 승진에서도 남녀를 동등하게 취급하게 된 지자체가 많았다.

많은 지자체에서 이들 직원 구성의 변모에 대응하기 위해 계장과 과장으로의 승진 초임 연령을 상향하거나 자리를 증설했다. 승진 초임 연령의 상향은 앞에서 기술한 연공서열의 승진제도를 취하고 있기 때문에 일어나는 현상이다.

그러나 지자체 행정의 주변 환경이 크게 변화하고 과제가 산적해 있는 지금 연공서열로 관리직에 고참을 앉히는 것은 문제이며, 조직의 중핵인 부장이나 국장이 되면 정년까지 남은 기간이 얼마 되지 않는다는 것도 문제이다. 그래서 최근에는 이러한 연공서열을 되도록 배제해 능력에 맞게 사람을 발탁하거나 승진시험제도를 도입해서 승진자를 선별하는 방법으로 승진 연령을 낮추려는 지자체도 많아졌다.

지방공무원법은 인사위원회를 두는 단체(도도부현·정령지정도시 등)에서는 승진시험을 치르는 것이 원칙이라고 규정하고 있으나 승진시험을 도입하고 있는 단체는 도도부현 수준에서도 도쿄 도 등 몇 개밖에 없다. 그러나 정령지정도시나 일반 시에서는 승진시험, 특히 계장급으로의 승진시험을 실시하는 비율이 서서히 높아져서 정령지정도시는 이 비율이 2/3에 달한다. 또 2007년 이후 지방공무원 중 관리직이 많이 퇴직해서 자리가 비지만 그 자리에 알맞은 인물이 육성되어 있지 않다는 새로운 문제가 있다.

3. 인사 교류

일단 어느 지자체에 취직하면 통상적으로는 정년까지 그 지자체에서 일을 한다. 단, 당해 지자체에서 다른 지자체나 국가의 다른 부처로 일정 기간 파견되는 사례가 있기는 하다. 부현과 역 내의 시정촌 간에 많게는 100명 이상 인사 교류를 단행하는 부현도 있으며, 국가로의 파견도 꽤 많이 증가하고 있다.

최근에는 동일 현 내에서 현과 시정촌의 교류뿐만 아니라 다른 도도부현으로의 파견이나 다른 현의 시정촌으로의 파견도 증가하고 있다. 이는 다른 선진 지자체에서 우수한 행정 분야를 배우기 위해서이다.

또 인재 육성의 관점에서 민간 기업으로 직원을 파견하는 등 민간과의 인사 교류도 폭넓게 실시하고 있다. 민간 기업에 파견을 하는 지자체에서는 민간 기업의 경비 절감 의식을 배우는 등 직원의 자질 향상을 목적으로 한다. 그렇지만 민간 기업으로 파견 연수를 할 때에는 지방공무원법이 복무에 관한 여러 가지 규정을 두고 있는 점을 감안해서 취지·목적의 명확화, 파견 대상 기업의 선정, 연수 기간·내용의 설정 등에 특히 유의할 필요가 있다.

이 같은 인사 교류에서 최근 화제가 된 것은 국가의 각 부처에서 부현이나 대도시로 내려온 출향 관료(出向官僚), 즉 매스컴 용어로 말하자면 하늘에서 내려온(天下り) 관료의 문제이다. 각 부처에서 부현의 간부 직원(과장급 이상)으로 출향한 수는 전국적으로 500명이 넘었는데, 이에 대해서는 국가의 지방 지배로 보는 비판적인 시각과 지자체 직원의 사기를 저하시킨다는 주장이 많다.

그러나 현에 따라 받아들이는 사람의 수에 상당한 폭이 있다는 점, 그리고 시간의 경과에 따라 파견하는 부처에 변화(농수성, 건설성은 그 수가 줄어들고 통산성, 운수성, 대장성은 그 수가 늘고 있다)가 있다는 점에서 반드시 국가가 밀어붙여서 직원을 파견하고 있는 것은 아니라는 사실을 알 수 있다. 출향 관료는 오히려 지자체에서 원해서 받아들이고 있을 가능성도 높다.

중앙 부처가 사람을 보내는 이유로는 첫째, 지방의 요청, 둘째, 직원 경력개발의 일환으로 지자체 현장 파악, 셋째, 중앙과 지방의 의사소통 도모 등을 들 수 있다. 반대로 지방에서 중앙 부처의 사람을 받아들이는 이유로는 첫째, 조직의 활성화, 둘째, 중앙 부처와의 연결(파이프), 셋째, 대담한 개혁추진 등이 있다. 지방에서는 수많은 조직을 경험한 국가의 관료를 받아들여 지자체 내의 조직을 활성화하고, 직원에게 다양한 영향을 주며, 본래 직원이 (이해관계자와 가까운 거리에 있기 때문에) 손쓸 수 없었던 개혁을 추진하는 역할을 맡는 등의 효과를 기대할 수 있다.

4. 급여

지자체 직원에게는 다음 〈그림 8-5〉에서 제시된 급여와 여러 수당이 지급된다. 지자체 직원에게 지불되는 급여는 직무급의 원칙(직무와 책임에 따른 급여 지급), 균형의 원칙(생계비, 국가나 기타 자치단체의 직원 또는 민간 노동자 급여와의 균형), 조례주의의 원칙(법률·조례에 의거한 급여 지급) 등 세 가지 원칙이 법률상 정해져 있다.

급여에서 주요한 부분을 차지하는 것은 급여 월액이지만 이는 위의 세 가지 원칙에 따라 정해진다. 하지만 직무급의 원칙이라는 방침을 취하고 있지만 직무 내용이 바뀌지 않아도 근속 연수에 따라 급여가 계속 오르는 급여 구조이다. 이는 국가도 동일하다.

한편 균형의 원칙은 ① 생계비, ② 국가공무원의 급여, ③ 다른 지자체 직원의 급여, ④ 민간사업 종사자의 급여, ⑤ 기타 사정을 고려해서 집행하는 것으로 규정되어 있지만 실제로는 '국가공무원의 급여에 준한다'라는 규정에 따라 운용되는 것으로 해석된다. 이는 국가공무원 급여 결정의 기초가 되는 인사원(人事院) 권고에 ①, ④가 포함되어 있고 지자체 직원의 급여를 국가공무원에 준하는 것으로 한다면 ②, ③도 만족할 수 있기 때문이다. 그렇지만 최근에는 당해 지역의 민간 급여와의 균형(④)을 더욱 중시하는 방향으로 바뀌고 있다.

〈그림 8-5〉 지방공무원의 급여 체계

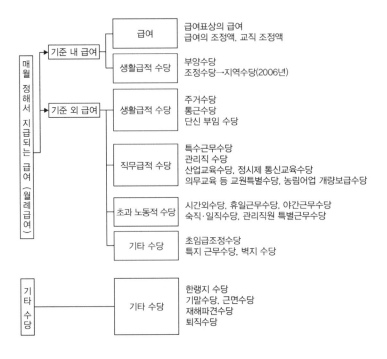

지방공무원의 급여는 국가공무원의 급여와 균형을 이루고 있을까? 국가공무원의 급여에 준하는지 여부는 급여 수준과 급여제도라는 두 가지 측면에서 살펴볼 필요가 있다.

급여 수준에서 보면 정령지정도시나 일반 시에서는 라스파이레스 지수(Laspeyres index, 국가를 100으로 했을 때 당해 지자체의 급여 수준)가 한동안 꽤 높았지만 그 후 점점 낮아져 2004년에는 전국 평균 라스파이레스 지수가 처음으로 100선이 깨졌다.

급여제도의 측면에서 보면 급여표의 구조와 초임, 승격 및 승급의 결정 방법, 각종 수당의 종류와 내용 등이 국가공무원에 준해 정해지는지에 의해 판단한다.

156 일본 지방자치단체 거버넌스

지자체는 지방자치법 제204조에 규정되어 있는 여러 수당을 조례로 정해서 지급할 수 있다. 단, 각 수당의 구체적인 내용은 법률에는 규정되어 있지 않고 조례로 정하는 것으로 되어 있어 단체에 따라 미묘한 차이가 있다. 예를 들면, 관리직 수당의 지급 기준(정액으로 할지 정률로 할지 여부, 계장에게 관리직 수당을 지급할지 여부), 부양수당 액수 등은 지자체에 따라 다른 곳도 많다.

특히 특수근무수당의 종류와 금액은 지자체에 따라 상당히 다르며 적정한지 의심되는 사례도 있다. 그렇지만 2004년 이후 공무원 급여에 대한 언론의 엄격한 비판에 부적절한 특수근무수당은 시정되고 있는 중이다. 또한 조정수당(2006년부터 지역수당으로 명칭이 변경됨)과 같이 지역에 따라 액수가 다른 것도 있다.

한때는 기말수당·근면수당(민간 기업의 상여금에 해당)의 연간 총 지급월수와 퇴직수당의 지급월수 등이 지자체에 따라 상당히 다르기도 했다. 여기에 대해서는 지방재정을 압박하는 것이라고 비판을 받기도 했으나 지금은 전국적으로 거의 같은 월수가 되었다.

5. 향후 지자체 인사·급여제도 전망

일본 공무원의 인사·급여제도는 국가와 지방 모두 장기적인 고용을 전제로 하고 있으며 장기간에 걸친 평가를 통해 보상하도록 하는 제도를 취했다고 할 수 있다.

일본 공무원의 인사·급여제도는 상위 직급으로 승격·승진하지 않아도 매년 정기승급하는 방식으로 기본급 인상 외에 급여의 인상이 가능했고 상위 직급으로 승격·승진되는 것과 그렇지 않은 것의 급여 차이도 처음에는 얼마 나지 않았다. 다만 그 차이가 서서히 벌어질 것으로 기대되었다.

결국 일본형 공무원 인사·급여제도는 근무태도에 따라 장기적인 안목으로 평가하고(근무평정 같은 유형의 평가이든, 아니면 부 내나 동료 간의 평판에 의한 무형의 평가이든) 그 결과를 장기적으로 축적해 승격·승진할 때 적용하고 있으며, 더 상위의 급(관리직)으로 승격(승진)한 자는 더 많은 포상을 받는 시스템으로 설계되어 있다. 즉, 연공급(年功給)을 기초로 하면서도 축적된 사정(査定)에 의한 승격·승진의 차이로 장기간에 걸쳐 서서히 차이가 나는 구조[축적형(蓄積型) 포상 시스템]이다. 하지만 이러한 차이를 의도적으로 회피하면서 급여를 지급한 지자체도 여러 곳에서 발견된다.

이처럼 보수를 주는 방식은 일본의 직무수행 특징(하위 직위로의 권한 이양, 불분명한 직무 분담)과도 관련이 있다. 외국과 비교하면 일본은 하위 직위로 권한이 많이 이양되어 있으며 전체 직원의 자원을 동원하는 구조적 특징이 있다. 또 과마다 관장 범위는 명확하게 정해져 있지만 각 과 내 구성원 간의 직무 분담은 애매하며 상호 의존하는 영역이 넓다. 개인의 직무 내용을 내규 등으로 정하고 있더라도 복수의 담당자를 두거나 바쁠 때면 다른 사람이 도움을 주는 제도를 만드는 경우도 많다. 이는 사무실의 형태가 외국과 달리 큰 사무실에서 함께 업무를 집행하는 집무 형태를 취하고 있어 서로 협력해서 업무를 수행하는 부분이 많다는 특징과도 관련이 있다.

그러나 이러한 인사·급여제도는 지금 큰 전환점을 맞고 있는데 이는 국가보다 지자체에서 더욱 심각하다. 지자체에서는 1990년대 이후 직원 구성의 변모, 지방분권, NPM(New Public Management, 신공공관리)의 보급 등세 가지 흐름이 배경이 되어 인사제도 개혁이 긴급한 과제로 대두되었다.

첫 번째 배경으로, 일본의 지자체는 앞서 승진과 관련된 내용에서도 보았듯이 직원 구성의 큰 변모를 경험했는데, 이 때문에 이전처럼 연공에 따른 승진제도를 점점 취할 수 없었다. 이를 타개하기 위해 능력·실적에 따라 승진·승격에 차이를 두게 되었다.

두 번째 배경으로, 지방분권의 흐름에 따라 지역에서 해결하지 않으면 안 되는 행정 과제가 복잡·다양해졌고 이와 함께 직원에게 요구되는 능력도 변모한 점을 들 수 있다. 기존에는 사무 처리 능력 외에 법률과 성이 정한 규정[정성령(政省令)]과 통첩을 어느 정도 파악하고 있는지, 이를 바르게 해석할 수 있는지가 중시되었다. 그러나 스스로 마을 만들기를 생각해야만 하고 지금까지 의지하던 국가의 통첩도 하달되지 않는 경우가 늘었다. 법치 만능 시대에는 법규 해석 능력과 선례 답습 능력이 중시되었다면, 최근에는 과제 발견 능력, 과제 해결 능력, 조사해서 정책을 입안하는 능력이 점차 요구된다. 불투명한 상황에서 사태를 분석하고 스스로 판단해야만 하는 상황에 직면하는 경우도 생긴다. 기존에 상정된 연공적인 업무 숙련의 기반이 붕괴된 것이다. 사무 처리 업무만 담당하던 때의 관리직은 능력이 없는 직원이라도 그럭저럭 근무할 수 있었지만 지금의 관리직은 앞에서 말한 여러 가지 능력을 겸비한 자가 아니면 근무를 할 수 없다. 무능력한 사람이 책임 있는 자리에 올라 지자체 전체에 대단히 큰 손실이 발생하는 경우도 있다.

세 번째 배경으로는 NPM을 들 수 있다. 일본의 공무원 제도는 장기 고용을 전제로 장기간 직원을 평가하고 이러한 정보를 인사 담당과에 축적한 뒤 직무 경력 후반에 서서히 이를 보상하는 제도이다. 그러나 10장에서 살펴보겠지만 NPM은 공공 부문의 경영관리에 민간 기업의 경영관리 수법(아웃소싱 등)과 감각(고객지향주의 등)을 도입하려고 한다. 〈표 10-2〉 등에서 추론하면 NPM은 단기적인 평가, 분권적인 인사제도, 유연한 고용 형태를 요구한다. NPM의 수용과 진전은 기존 일본의 인사행정에 대대적인 개선을 강요하는 계기이다.

이러한 세 가지 흐름이 개혁을 촉진하여 지금은 현행 제도에서 다양한 인사 개혁을 시도하는 지자체도 등장하고 있다. 연공에 따른 승진 관리에서 능력·실적에 입각한 승진 관리로 변화하기 위해 승진시험제도를 새롭게 도입하거나 인사 평가제도를 본격적으로 도입하는 지자체가 증가하고 있다.

| 키워드 |

지방공무원의 종류, 직원 채용, 배치와 이동, 승진제도, 인사 교류, 급여 체계

| 연구 과제 |

1. 자신이 속한 지자체의 채용시험제도는 어떤지 조사해보자.
2. 자신이 속한 지자체의 직원 수, 직종별 내역, 급여 수준 등을 조사해보자. 또 이를 주변 지자체와 비교해보자.
3. 출향 관료의 실태와 사례(자신이 속한 현이나 시)를 조사해보자. 또 이것을 어떻게 평가할 수 있는지 지자체의 인적 자원 동원이라는 관점에서 생각해보자.

| 참고문헌 |

稲継裕昭. 1996. 『日本の官僚人事システム』. 東洋経済新報社.

_____. 2000. 『人事・給与と地方自治』. 東洋経済新報社.

_____. 2006. 『自治体の人事システム改革―ひとは「自学」で育つ』. ぎょうせい.

_____. 2008. 『プロ公務員を育てる人事戦略―職員採用・人事異動・職員研修・人事評価』. ぎょうせい.

_____. 2011. 『プロ公務員を育てる人事戦略 part2―昇進制度・OJT・給与・非常勤職員』. ぎょうせい.

小堀喜康. 2007. 『元気な自治体をつくる逆転発想の人事評価―岸和田市方式「人材育成型」制度のつくり方と運用法』. ぎょうせい.

地方公務員人材育成施策研究会 編. 2004. 『(創る育てる変える)分権時代の人材育成』. ぎょうせい.

村松岐夫 編著. 2008. 『公務員制度改革―英米独仏の動向を踏まえて』. 学陽書房.

일본의 지자체 직원은 약 280만 명이나 된다. 지자체 직원의 급여는 균형 원칙에 따라 국가공무원에 준해 지급되었으나 최근에는 지자체 사정에 따라 차이가 난다. 이 점이 우리나라 지방공무원과 다른 점이다.

일본의 소방행정은 시정촌 중심으로, 자치경찰은 도도부현 중심으로 운영된다. 우리나라는 소방행정이 광역자치사무이고 자치경찰제도는 아직 도입되지 않았다(제주특별자치도는 예외).

우리나라의 소방행정체제는 사무 분담에서는 보충성의 원칙에 부합하고, 재원 분담에서는 응익주의(應益主義)의 원칙에 부합하는 기초자치단체사무로 개편되도록 요구되었다. 자치경찰제도를 도입하는 문제는 법률에도 명시되어 있고 실무 추진단도 구성되어 있으며, 제주특별자치도에서는 시범 운영되고 있다.

소방·경찰행정체제를 개편하는 문제는 소속된 공무원의 수와 사무량에 비추어 기능 이관 차원을 넘는 지방자치 행정조직의 큰 변혁이라고 볼 수 있다. 따라서 현재 실시되고 있는 100만 명 이상 대도시의 소방사무 운영 현황과 제주특별자치도의 자치경찰제도 시범 운영 결과를 정밀하게 분석·검토한 후 발전 방향을 도출하는 것이 바람직할 것이다.

09 | 세재정 구조와 예산 관리

이 장에서는 국가 전체에서 지방재정을 조감·설계하는 과정과, 설계된 재정 구조 내에서 개별 지자체가 재정계획을 세워 예산을 작성·집행하는 과정으로 나누어 고찰해보자. 전자를 매크로 지방재정, 후자를 마이크로 지방재정이라고 칭해 논의를 진행하려고 하며, 또 시민이 개별 지자체의 재정력을 판단할 때 어떤 점에 유의해야 하는지도 고찰하려고 한다.

1. 매크로 지방재정

매크로 지방재정을 고찰하는 데 국가와 지방의 세입과 세출이 각각 어느 정도이고 그 차이를 어떻게 메우고 있는지 조감하는 것은 중요하다.

내각이 작성하는 다음 연도의 지자체 세입·세출 총액에 관한 문서를 지방재정계획이라고 한다. 지방재정계획은 ① 지방교부세 제도로 지방 재원을 보장하고, ② 지방재정과 국가재정, 나아가 국민경제 등과의 연결·조정 역할을 하며, ③ 개별 지자체의 행정·재정 운영의 지침이 된다. 2012년 지방재정계획은 다음 〈그림 9-1〉의 오른쪽에 나타나 있는 바와 같다.

그리고 〈그림 9-3〉은 세출의 크기를 면적으로 표시한 것이다. 교육비는 국가와 지방을 합해 국가 전체 세출 가운데 약 12%를 점한다. 교육비 중

<그림 9-1> 국가예산과 지방재정 계획 간의 관계(2011년도 당초)

교부세 및 양여세

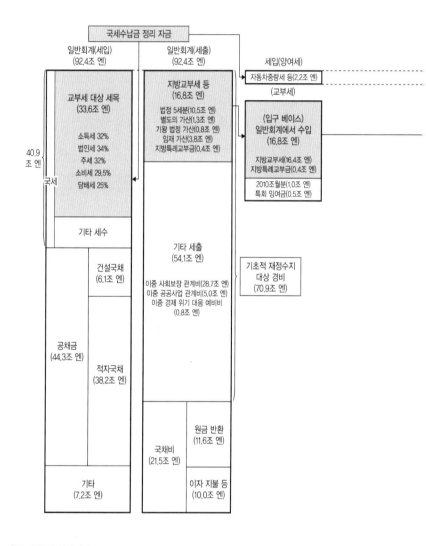

국세수납금 정리 자금

일반회계(세입)
(92.4조 엔)

일반회계(세출)
(92.4조 엔)

세입(양여세)

지방교부세 등
(16.8조 엔)

자동차중량세 등(2.2조 엔)

(교부세)

교부세 대상 세목
(33.6조 엔)

소득세 32%
법인세 34%
주세 32%
소비세 29.5%
담배세 25%

법정 5세분(10.5조 엔)
별도의 가산(1.3조 엔)
기왕 법정 가산(0.8조 엔)
임재 가산(3.8조 엔)
지방특례교부금(0.4조 엔)

(입구 베이스)
일반회계에서 수입
(16.8조 엔)

지방교부세(16.4조 엔)
지방특례교부금(0.4조 엔)

2010조월분(1.0조 엔)
특회 잉여금(0.5조 엔)

40.9
조 엔

국세

기타 세수

기타 세출
(54.1조 엔)

이중 사회보장 관계비(28.7조 엔)
이중 공공사업 관계비(5.0조 엔)
이중 경제 위기 대응 예비비
(0.8조 엔)

기초적 재정수지
대상 경비
(70.9조 엔)

건설국채
(6.1조 엔)

공채금
(44.3조 엔)

적자국채
(38.2조 엔)

원금 반환
(11.6조 엔)

국채비
(21.5조 엔)

기타
(7.2조 엔)

이자 지불 등
(10.0조 엔)

자료: 총무성 웹사이트.

배부금 특별회계

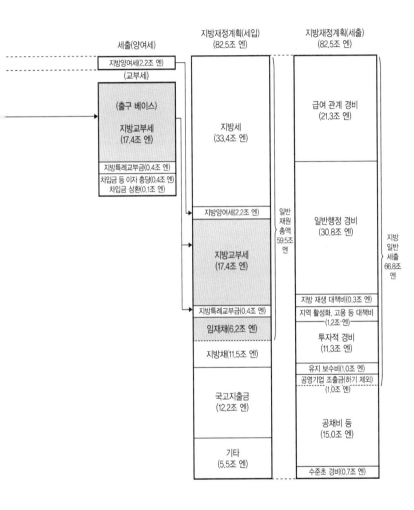

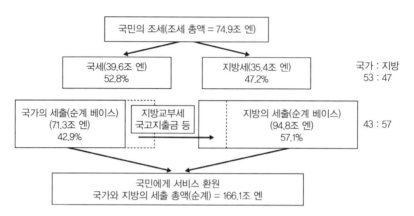

〈그림 9-2〉 국가·지방 간의 재원 배분(2009년 기준)

자료: 총무성 웹사이트.

89%를 차지하는 학교교육비는 대부분 지방에서 지출된다. 〈그림 9-3〉에서 알 수 있듯이 일본의 내정을 담당하는 주체는 지자체이며, 국민 생활과 밀접한 관련이 있는 행정은 대부분 지자체에 의해 집행된다. 이외에도 공공부문 전체로 볼 때 지자체의 재정 활동이 차지하는 비중이 높다. 그러나 국민들은 지방보다는 국가에 많은 세금을 납부했다.

〈그림 9-2〉를 보면 세금 총액의 53%는 국가에 납부하고 있으며, 지방에 납부하는 세금은 47%로 절반에도 못 미친다. 반면 〈그림 9-3〉에서 보는 바와 같이 공공 부문 지출의 57%는 지방의 세출로 이루어진다. 그 차이를 메우는 것이 지방교부세(지자체의 재정 상황에 따라 국세에서 일부 교부되는 재원), 국고지출금(지자체의 특정 사업을 위해 국가가 지출하는 재원) 등이다. 이와 같이 국세의 일부를 지자체에 돌려주는 것을 이전 재원이라고 한다.

일본의 재정 현실은 국민이 납세하는 기관(국가 또는 지방)의 조세 비율과 최종 지출을 기준으로 한 국가와 지방의 지출 비율이 역전되어 있고 양자 간에는 커다란 괴리가 존재하는데, 이를 지방교부세, 국고지출금 등 이전

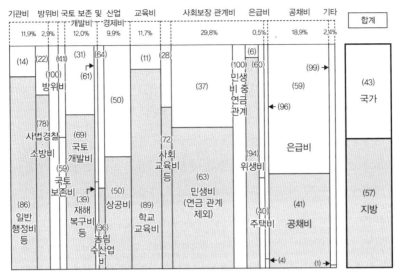

〈그림 9-3〉 국가와 지방의 역할 분담(2009년도 결산): 세출 결산·최종 지출 베이스

주: 괄호 안의 수치는 목적별 경비에서 차지하는 국가·지방의 비율이고, 계수는 정사 중이어서 이동하는 경우가 있다.

재원으로 메우고 있음을 알 수 있다.

세출 규모와 지방세 수입의 차이(국고지출금, 지방교부세)는 지역으로 봐서는 수익과 부담의 직접적인 관계를 적게 만들고 재정 운영에서 세출 억제 기능을 약화시킨다는 지적을 받는다.

결론적으로 지역 주권을 확립하려면 국가와 지역의 역할 분담을 대폭 수정하고 지방이 자유로이 쓸 수 있는 재원을 확충해야 하는데, 이러한 관점에서 총무성은 국가와 지방의 세재원 배분 방식을 수정할 필요가 있음을 지적하고 있으나 재무성은 이에 대해 신중한 자세를 취한다. 다음에서는 세입을 구성하는 각 항목을 좀 더 자세히 살펴보도록 하자.

1) 지방교부세

지방교부세는 지자체의 자주성을 훼손하지 않고 지방 재원의 균형을 도모하며 지방행정의 계획적인 운영을 보장하기 위해 국세 5개 세액의 일정 비율을 국가가 지자체에 교부하는 세이다. 지방교부세는 재원 보장 기능과 재정조정 기능을 모두 가지고 있다고 할 수 있다.

지방교부세 총액은 '소득세·주세의 32% + 법인세의 34% + 담배세의 25% + 소비세의 29.5%'로 산출된다. 배분은 지방교부세 총액의 94%를 보통교부세로, 6%를 특별교부세(재해 등 특별한 사정에 따른 교부)로 나누어 배분된다.

보통교부세는 기준재정수요액(基準財政需要額, 지자체가 합리적으로 타당한 수준의 행정을 시행할 경우에 필요로 하는 수요액을 일정한 방법으로 산정한 금액)이 기준재정수입액(基準財政收入額, 표준적으로 징수가 예상되는 지방세와 지방양여세의 수입을 일정한 방법으로 산정한 금액)을 초과하는 지자체에 그 차액(재원부족액)을 기준으로 교부된다. 기준재정수요액은 비목(방위비, 도로교량비 등)별로 '측정 단위(인구·도로 면적 등) × 단위 비용(측정 단위 1마다의 비용) × 보정 계수(한냉 보정, 합병 보정 등)'로 구해 그 합계액으로 산정된다.

1990년대 중반 이후 각 지자체의 교부세 총액을 합한 금액과 국세 5세를 기준으로 계산한 교부세 총액의 괴리는 상례화되었다. 즉, 국세 5세를 기초로 산출한 재원으로는 '기준재정수요액 - 기준재정수입액'의 실제 차이(재원부족액)를 도저히 충족할 수 없는 상태이다. 이러한 괴리를 보정하는 방법에 대한 견해 차이 때문에 매년 재무성(구 대장성)과 총무성(구 자치성)은 대립한다. 재무성은 가능한 한 국고에 부담을 주지 않는 방법을 원하는 데 반해 총무성은 지방의 이익을 대변해 교부세율을 상향해주기를 바란다. 국가(각 부처)가 새로운 사무와 사업의 집행을 지자체에 의무화한 것이 지자체 간 재정력의 차이에 원인이 되었다. 중앙 관청가의 영향력만을 놓고 보면 재무성의 권한이 강하다고 여겨지지만 총무성도 지역에 선출 기반을 둔 여당 정치가의 지지를 받기도 하므로 최종적으로는 정치적 타협에 따르는 경우가 많다.

2) 국고지출금(국고보조부담금)

국고지출금은 국가와 지자체 간 경비 부담 구분에 기초해 국가가 지자체에 지출하는 부담금, 위탁비, 특정 시책의 장려금 또는 재정 원조를 위한 보조금 등을 말한다. 사용 용도가 특정되어 있는 특정재원(이른바 묶여 있는 재원)이라는 점에서 일반재원(사용 용도가 특정되어 있지 않은 재원)인 지방교부세와는 크게 다르다.

국고지출금은 초과 부담 문제가 계속 지적된다. 국가 업무의 집행을 지자체에 맡기면서 그 비용의 일부를 지자체에 부담시키는 것은 이치에 맞지 않다는 지적도 있다. 또한 국가가 일방적으로 보조율을 낮출 경우 지자체에 커다란 부담을 강요하는 결과가 초래되기도 한다.

삼위일체 개혁[세 배분 개정(세원 이양), 국고지출금(부담금, 보조금) 삭감, 지방교부세 개정이라는 세 가지 과제를 동시에 개혁하는 방식을 말하는 것으로, 이들 과제에는 여러 이해관계자가 복잡하게 얽혀 있어 부분적인 개혁을 피하고 한꺼번에 개혁하는 방법밖에는 없다고 여겨져 고이즈미 내각 시절인 2002년 경제재정자문회의에서 제안·채택되었음]의 논의 과정에서 지방 측은 특정국고지출금의 폐지와 세원 이양을 주장한 반면, 다수의 중앙 부처는 보조율을 낮추는(1/2 또는 1/3로 하는 등) 방법으로 대응했다. 삼위일체 개혁 후에도 국고지출금이 중앙 부처의 끈 달린 재원이라는 문제는 여전히 남아 있어 결과적으로 지자체의 초과 부담이 확대되어 예산편성에 곤란을 겪는 지자체가 증가했다.

3) 지방세

　지자체 입장에서는 지방세가 가장 중요한 재원이다. 도도부현은 지방세 가운데 도부현민세, 도민세 중 법인분과 법인사업세(양자를 합해 법인 2세라 칭함), 지방소비세, 자동차세가 차지하는 비중이 높아 경기 동향에 따라 세수가 크게 좌우된다. 이런 점을 감안해 지자체에서는 법인의 수익에 관계없이 세금을 부과하는 외형표준과세가 검토·모색되어 2004년부터는 법인사업세의 1/4에 외형표준과세가 도입되었다. 시정촌에서는 시정촌민세, 고정자산세가 차지하는 비중이 높아 도도부현과 비교하면 세수 구조가 비교적 안정되어 있다고 볼 수 있다.

　기존에는 일본 지방세의 경우 세목과 세율이 지방세법 등에 비교적 상세하게 정해져 있었으며, 지자체가 독자적으로 법정 외의 세금을 부과하는 경우는 그다지 많지 않았다. 2000년에 시행된 지방분권일괄법(지방분권의 추진을 도모하기 위한 관계 법률의 정비 등에 관한 법률)에 따라 기존의 법정외보통세 이외에 법정외목적세가 창설되었고, 이와 함께 법정외세 전체가 허가제에서 협의제로 바뀌었다. 세수의 사용 용도를 한정하고 주민의 동의가 용이하다고 생각되는 법정외목적세는 현재 산업폐기물 대책이나 삼림 보호·육성과 같은 환경 분야에 특화된 경우가 많을 뿐만 아니라 납세의무자를 전력 회사와 같은 특정 기업에 한정하는 경우도 적지 않다. 그 결과, 지방세 전체에서 법정외목적세가 차지하는 비중은 극히 미미하며 실제 세입 창출 효과도 크지 않다.

4) 지방채

　지방채는 자금 조달을 위해 부담하는 채무로서 그 상환이 한 회계연도를 넘어서 이루어지는 것을 말한다. 지방재정법 제5조에 지자체는 지방채 이외의 세입을 재원으로 해야 한다고 규정되어 있으나 단서로 ① 공영기업, ② 출자금·대부금, ③ 지방채의 상환, ④ 재해 복구 사업, ⑤ 공공시설이나 공용시설의 건설 사업 등 5개 항목은 예외적으로 지방채를 발행할 수 있는 적채사업(適債事業)으로 적시한다(건설지방채라고도 함).

이러한 기본 원칙의 예외로 특별법에 의해 지방채를 발행할 수 있는 몇 가지 경우가 있는데, 바로 퇴직수당채, 과소대책(過疎對策)사업채, 임시재정대책채 등이다.

한편 주민이 행정구역을 달리해 이동할 경우가 있으므로 국채를 발행할 때 세대 간 부담 문제를 고려하듯이 지방채도 세대 내의 부담 배분을 배려해야 한다. 즉, '지방채 편익을 취하고 사라지는 현상'을 막기 위해 매년 편익에 부합하게 지방채 상환을 이행하거나 장래의 상환에 대비해 매년 조금씩 재원을 적립[감채기금(減債基金)]할 필요가 있다. 그러나 1990년대 후반 이후 지방재정난 때문에 감채기금의 적립이 이루어지지 않고 오히려 기금을 써버리는 지자체도 적지 않다.

한편 정부 보증이나 재정 조치(교부세 조치 등)에 힘입어 지자체가 안일하게 지방채를 발행했다는 비판도 강하게 제기된다. 또한 영세 지자체가 오히려 베일아웃(bailout, 사후적인 재정구제 조치)을 기대해 지방채를 제한 없이 발행하는 등 불합리한 인센티브를 가진다는 비판도 있다. 여기에 국가에 의한 지방채의 암묵적 정부보증 방식을 없애고 빌려주는 측에 부담을 지게하는 채무조정 방식을 제도화해야 한다는 의견도 제기된다.

2. 마이크로 지방재정

1) 개별 지자체의 세입 내용

앞에서 본 세입은 나라 전체를 합친 규모인데, 개별 지자체가 어디에서 어떻게 예산을 조달하는지, 즉 세입의 구성 내용을 살펴보면 지자체 마다 상당히 다르다는 사실을 알 수 있다. 지방교부세를 지원받지 않는 지자체(불교부 단체라 칭하며, 2010년에 1,774개 지자체 중 71개 지자체가 여기에 해당)도 있는가 하면 세입의 상당 부분을 지방교부세에 의존하는 지자체도 있다.

지방세는 지자체에서 가장 중요한 재원이다. 지방세법은 세목과 표준세율(지자체가 세율을 정할 때 통상적으로 적용하는 세율)을 상세하게 정하고 있는데, 표준세율을 초과하는 세율(초과 과세)을 적용하는 경우도 많다. 주민세의 법인세할에서는 도부현이나 시정촌 단위에서 상당히 많은 지자체가 초과 과세를 적용한다. 단, 개인 과세에서 초과 과세를 적용하는 사례는 많지 않다. 특히 개인주민세 소득할에서는 제한 세율이 없는 데도 대부분의 도도부현, 시정촌은 표준세율로 과세한다. 주민의 반발이나 이탈을 우려해 동일세율 정책을 취하는 것으로 보인다.

앞에서 설명했듯이 지방세법 등에서는 세목이 꽤 상세하게 법으로 정해져 있으며, 지자체가 독자적으로 법정 외의 세를 부과하는 경우는 많지 않다. 2000년에 시행된 지방분권일괄법에 따라 기존의 법정외보통세에 더해 법정외목적세가 창설되었고 법정외세 전체가 허가제에서 협의제로 바뀌었다.

그런데 법정외세를 부과하는 지자체 현황을 보면 2010년 4월 기준 시정촌 단위에서는 법정외보통세가 7개 단체(사리채취세 3개 단체, 별장 등 소유세 1개 단체, 협소가옥집합주택세 1개 단체 등), 법정외목적세가 6개 단체(환경협력

세 3개 단체, 낚시세[遊漁稅] 1개 단체 등)에서 부과되며, 도도부현 단위에서는 법정외보통세가 15개 단체(핵연료세 11개 단체 등), 법정외목적세가 29개 단체(산업폐기물세 27개 단체, 숙박세 1개 단체 등)에서 부과된다.

현 단위에서 보급되는 산업폐기물세는 당초 예측했던 만큼 세수입이 들어오지 않는 경우가 많아 세원으로서보다는 산업폐기물의 현 내 반입을 감소시키는 환경보호 정책 기능을 더 발휘하고 있다고 할 수 있다.

한편 지방재정이 압박을 받고 있어 많은 지자체에서는 징세율을 향상시키기 위해 진지하게 고민한다. 재원 확보의 필요에서나 과세의 공평성이라는 관점에서나 체납자가 발생하는 것은 바람직하지 않은데 실제로 징세율이 90%가 되지 않는 지자체도 꽤 된다. 이런 지자체에서는 최근 징세특명팀을 만들거나, 체납자에게 하는 독촉 전화를 외부에 위탁하거나, 광역연합으로 징세 기구를 창설하는 등 여러 가지 방도를 취한다.

과세 비용이라는 관점에서 보면 국세청이 지자체로부터 수탁을 받아 동일 과세 대상은 국세 징수와 병행해 지방세도 징수하는 등의 방법을 생각해볼 수 있다. 그러나 지방자치라는 관점에서는 반론이 따를 수도 있다.

지방교부세의 94%를 차지하는 보통교부금의 액수는 총무성의 산정 방식에 따라 자동으로 결정된다. 특별교부금은 정치적 절충을 거쳐 '쥐게 된다'라고 표현되나 하나의 현에 속한 여러 시정촌을 비교해볼 때 재해 등의 요인을 제외하면 (약간의 조정이 있지만) 재량의 여지가 그리 크지 않다.

지자체가 국고지출금을 선택하는 경우에는 정책 여지가 생긴다. 예를 들면, 총 사업비가 1억 엔인 사업에서 국가 보조율이 50%라고 하면 나머지의 반인 25%는 도도부현이 부담하는 경우가 많다. 그 결과, 시정촌은 총 사업비의 25%만 자기 부담으로 하면 당해 사업을 실행할 수 있다. 시정촌이 원래 확보하고 있던 1억 엔의 사업비를 시정촌이 단독으로 부담해야 한다면 당해 사업밖에 할 수 없지만 이와 같은 지원 방식의 보조금을 활용해 다른 사업에도 투자한다면 재원이 4배로 늘어 네 가지의 서로 다른 보조 사업을 할 수 있다.

이와 같은 정책 유도 효과를 국가가 지방을 묶어두는 국고보조부담금제도의 최대 폐해라고 단언하는 의견이 많긴 하지만, 다른 한편으로는 지자체가 이러한 제도를 교묘히 활용하고 있다고 분석하는 시각도 있다. 지자체가 각 중앙 부처의 정규 행정 통로를 활용하거나 이른바 지역 연고 선출 국회의원 등의 정치 통로를 활용해서 만만치 않게 보조금을 획득했다는 사실도 부인할 수 없다.

1990년대 이후 국가의 경기 부양책에 따라 지방의 경제가 덩달아 춤추거나 국가의 감세정책으로 지방이 직격탄을 맞는 등 지자체의 내부 요인보다는 국가 여러 정책의 희생양으로 지방재정이 어려워졌다는 점도 간과할 수 없다. 이럴 때 지자체의 대응 방식에는 여러 가지가 있다. 신중히 재정 상황을 주시하고 규모에 맞는 건전한 재정 운영을 하는 지자체가 있는가 하면 무리하게 재정을 운영하는 지자체도 있다.

2) 개별 지자체의 세출 결정: 예산편성

(1) 세출 결정 과정

지방재정계획은 지자체의 세입·세출 총액의 계획을 나타낸다. 개별 지자체는 예산편성에서 세입 총액을 추계할 때면 그 지방재정계획으로부터 커다란 영향을 받는다(예를 들면, 지방세 감세로 개별 지자체의 세수가 축소되기도 하고 지방교부세의 총액이 개별 지자체에 영향을 주기도 한다).

매년 지방재정계획의 영향을 받아 각 지자체는 독자적으로 예산편성 작업을 실시해서 세출의 내역을 결정한다. 세출을 분류할 때에는 목적별 분류와 성질별 분류가 주로 사용된다. 목적별 세출은 행정 목적에 착안한 세출의 분류인데, 총무비, 민생비, 위생비, 노동비, 농림수산업비, 상공비, 토목비, 소방비, 경찰비, 교육비, 교제비 등으로 대별할 수 있다. 성질별 세출은 경비의 경제적 성질에 착안한 세출의 분류로, 의무적 경비, 투자적 경비 및 기타 경비로 대별할 수 있다. 이 중에서 의무적 경비는 지자체 세출 중에서 임의로 삭감할 수 없는 경직된 경비로서, 직원 급여 등의 인건비, 생활보호비 등의 부조비(사회보장제도의 일환으로 지자체가 각종 법령에 기초해 실시하는 급부나 지자체가 단독으로 시행하는 각종 부조에 관계되는 경비로, 현금은 물론 물품의 제공에 드는 경비도 포함됨), 지방채 원리상환금 등의 공채비 등으로 구성된다. 투자적 경비는 도로, 교량, 공원, 학교, 공영주택의 건설과 같은 사회자본의 정비 등에 드는 경비로서, 보통건설사업비, 재해보수사업비, 실업대책사업비 등으로 구성된다.

(2) 예산의 중요성과 재정과의 역할

지자체의 예산은 한 회계연도에서의 세입·세출 견적과 같은 일람표 형식이지만, 이는 지자체의 정책 자체라고 볼 수 있다. 예산편성은 지자체의 조직적 의사 결정의 일종으로 조직 간 협의·절충의 결과라고도 할 수 있다. 예산은 수장에게 편성권이 있다. 재정민주주의 관점에서 의회의 의결이 사전에 필요하지만 의회의 예산수정권에는 한계가 있다는 점이 전제되어 운용된다.

편성권은 수장에 속하기는 하지만 운용 실태를 보면 일정 규모 이상의 지자체에서는 대부분 예산을 담당하는 과에 그 권한이 실질적으로 위임되어 있다. 지자체의 정책은 예산을 통해 실현되기 때문에 지자체 내에서 예산편성을 담당하는 부·국, 재정과(재무과)는 중요한 역할을 맡고 있으며 사실상 지자체의 지령탑(사령탑) 역할을 하는 경우도 많다. 따라서 지자체 내에서도 장래 간부 후보로 촉망되는 직원이 배치되는 경우가 많으며, 자치성(현 총무성)에서 부현으로 내려온 사람(계원으로 견습을 마친 후 일단 본성에 복귀한 사람)은 부현의 재무과장을 경험하는 경우가 많다.

(3) 예산편성 과정

전통적으로 지자체에서 채택되는 예산편성 과정은 다음과 같다. 먼저 1단계로 예산 담당 부문(재정과)이 전체의 예산 요구 총액을 파악한다. 매년 7월경 재정과는 각 부·국의 예산 담당과(총무과 등)에 경상 경비와 정책경비, 특히 신규 충실예산 등 개산액의 견적을 의뢰한다. 각 부·국의 총무과는 이 견적을 받아 부·국 내의 각 과에 조회한다. 각 과에서는 재정과의 통지(신규 충실예산 요구에서 밝힌 것처럼 필요한 경비와 그 세원을 명시하는 등의 지시)에 기초해 개산액의 견적을 산출해 총무과에 제출한다. 8월 말부터 9월 경까지 각 부·국의 총무과에서는 부·국 내의 개산 견적서를 마무리해 재정과에 제출한다. 재무과는 이 견적서를 근거로 예산 요구의 총괄을 우선 파악한다.

2단계는 세입과 세출의 예상액을 대조해 예산 요구 틀을 설정하는 단계이다. 10월경에는 재정부국 내의 세무 담당 부문에서 시세의 세입 견적액을 추계하는데, 재정과는 그 세입 견적액, 즉 일반재원 수입과 세출의 일반재원 충당액, 즉 경상적 경비견적액 및 정책적 경비개산견적액에 의한 수지총괄(예상)을 예산 요구 틀[예를 들면, 경상적 경비 0% 증(감), 정책적 경비 0% 증(감)]을 설정해 각 부·국의 총무과에 통지한다. 각 부·국의 총무과에서는 그 예산 요구안을 그대로(또는 약간의 조정을 거처) 부·국 내의 각 과에 통지한다. 그사이 각 부·국에서는 각 계, 각 과, 각 부·국의 순서로 정책적 경비의 예산 요구안을 조정한다. 총무과는 각 사업과에 대해 마치 재정과에 근무하는 것처럼 조정 권한을 발동해 요구안을 지키기도 하고(ㄱ), 거꾸로 부·국의 당초예산 요구가 완성된 후 11월경에 재정과에 제출하고 설명할 때 원안이 최선의 것이라고 주장하기도 한다(攻). 이는 공수(攻守) 교대 시스템을 보는 것과도 같다.

3단계에서는 각 부·국에서 제출된 당초예산 요구를 재정과에서 사정한다. 11월경 청 내의 각 부·국 총무과가 당초예산 요구를 제출하면 재정과의 사정이 시작된다. 담당자마다 담당 부·국이 지정되어 있는 것이 통례로, 그 담당자가 당해 부·국의 예산사정을 한다. 사정을 거쳐 관련 부·국의 총무과가(경우에 따라서는 사업과) 산출 근거나 당해 사업의 필요성 등에 대해 청문을 되풀이하는 경우도 많다. 경상경비의 사정에서 중시하는 것은 첫째, 점증주의(과거의 결정을 대부분 필요한 것으로 인정하고 새로운 조건에 부응하기 위해 부분적인 변화에만 주의를 집중하는 것)와 둘째, 정책의 본지에 대한 내재적인 검토보다도 사무적인 측면(단가 견적액의 적절성 등)의 검토이다. 정책 경비에 대해서는 정책의 본지에 깊이 파고드는 논의가 이루어진다. 재정과의 담당자 차원에서 1차 사정을 완료한 단계에서 예산담당 계장, 재정 과장의 사정이 이루어지며, 그 위의 직위가 있는 경우에는 당해 부장·국장의 사정이 계속된다. 그런데 상위 직위에 대한 설명은 공수 교대 형태로 이루어진다.

통례로 예산 요구안을 미리 설정하고 있더라도 예산 요구의 총액은 당초 예정하고 있는 세입 총액을 상회하는 경우가 많다. 사정에 의한 삭감에 한계가 있는 경우, 기채나 기금 사용 같은 방법으로 세입의 증가가 시도된다. 12월 말에 이루어지는 국가 예산편성의 동향도 살펴보면서 최종적으로 1월에는 재정과에 의해 예산원안의 내시(內示)가 이루어진다.

예산안이 내시된 이후에는 대부분 중요한 신규 사업만 부활 절충의 대상이 되므로 최종적으로 수장 사정까지 가는 사항은 여기에서 압축된다. 이런 과정을 거쳐 2월에는 당초예산안이 확정되고 2월 말에 의회로 넘겨져 3월 의회에서 심의를 받는다.

최근에는 앞에서 본 바와 같은 재정과에 의한 집권적 예산편성을 대폭 변경해 각 부문에 일괄해 예산 틀을 배분하며, 세부적인 배분은 각 부·국에 맡기는 예산편성 방식도 눈에 띈다. 예를 들면 경상적 경비는 각 부에 전액 배당을 끝내고 각 부에서는 배당된 일반재원과 각 부가 예상하는 특정재원(국고지출금이나 사용료, 수수료 등)을 합산한 범위 내에서 세출예산을 편성하는 방식이다. 각 부에서는 자산 활용이나 국고지출금의 확보 등이 인센티브로 작용한다. 집행 단계에서의 유용이나 집행위임에 관해서도 그 권한을 각 부장·국장에게 위임하는 경향이 늘어나고 있으며, 각 부에서 발행한 그 회계연도의 재정 잉여를 익년도 이후의 예산 틀에 가산해주는 지자체도 있다. 이는 부·국의 재정 자율성을 높이기 위한 것이다.

이와 같은 총합예산제도, 포괄예산제도는 2003년경부터 일부 지자체에서 택하기 시작했다. 이는 청 내 분권이라는 풍토의 일환으로 보이지만 어떤 의미에서는 해당 지자체로서는 1980년대와 달리 이미 전체에 배분할 수 있는 충분한 재원이 없기 때문에, 세출을 삭감하기 위한 수단으로 총액 배분을 시행하고 있다고 속내를 털어놓는 재정과장도 적지 않다.

3. 개별 지자체에 대한 재정력 판단

1) 재정력 지표

예산서는 전화번호부와 같이 두꺼워서 일반 주민이 이를 읽고 해석하기란 현실적으로 어렵다. 따라서 주민들은 몇 가지 지표를 기본으로 재정을 분석하고 납세자로서 당해 지자체의 재정 상태를 확인할 필요가 있다. 여기서는 이러한 지표에는 어떤 것이 있는지 살펴보도록 하자.

먼저 재정력 지수(財政力指數)는 지자체의 재정력을 나타내는 지수인데,

기준재정수입액을 기준재정수요액으로 나누어 얻은 수치의 과거 3년간의 평균치이다. 이 수치가 높을수록 보통교부세 산정상의 유보 재원이 커져 재원에 여유가 있다고 말할 수 있다.

경상수지비율(經常收支比率)은 지자체 재정 구조의 탄력성을 판단하는 지표이다. 인건비, 부조비, 공채비처럼 매년 경상적으로 지출되는 경비(경상적 경비)에 충당되는 일반재원의 액수가 마찬가지로 매년 경상적으로 수입이 있는 일반재원(경상일반재원), 감세보전채(지방세의 특별 감세와 제도 감세로 인한 감수액을 메우기 위해 특례적으로 인정되는 지방채) 및 임시재정대책채의 합계액에서 차지하는 비율을 말한다. 경상적 경비에 경상일반재원 수입이 어느 정도 충당되고 있는지를 보여주는 것으로서 이 비율이 높을수록 재정 구조가 경직되어 있음을 알 수 있다.

실질공채비비율(實質公債費比率)은 공채비에 의한 재정 부담의 정도를 판단하는 지표로, 기채에 협의를 요하는 지자체인지 허가를 요하는 지자체인지를 판정하는 데 쓰인다(지방재정법 제5조의 4 제1항 제2호). 이때에는 기존의 기채제한비율에 반영되어 있지 않은 공영기업(특별회계 포함) 공채비의 일반회계조출금(繰出金), PFI(Private Finance Initiative, 민간자금의 활용에 의한 공공시설 등의 정비)나 일부사무조합의 공채비에 대한 부담금 등도 산입된다. 실질공채비비율이 18%가 되는 지자체는 지방채협의제도(기존 지방채의 발행은 대신 등의 허가제였다가 지방분권일괄법에 의한 법률 개정에 따라 협의제로 바뀌어 2006년부터 시행됨)가 시행된 이후에도 기채를 할 때마다 허가권자의 허가가 필요하다.

실질공채비비율이 25% 이상인 지자체는 일정의 지방채(일반 단독 사업에 관계되는 지방채)의 기채가 제한되며, 35% 이상인 지자체는 그 제한의 정도가 높아진다(일부 일반 공공사업에 관계되는 지방채도 기채가 제한됨). 이런 지표를 기본으로 당해 지자체의 재정 상태를 주민의 감시하에 둘 필요가 있다.

2) 지자체 재정건전화법

2007년 6월에 '지방공공단체의 재정건전화에 관한 법률'이 만들어진 것은(2009년 4월부터 시행, 2008년 결산부터 적용) 1955년 재정재건법이 제정된 후 반세기만의 근본적 개혁으로, 유바리(夕張) 시의 재정 파탄이 계기가 되었다.

재정건전화법에서는 ① 실질적자비율, ② 연결실질적자비율, ③ 실질공채비비율, ④ 장래부담비율 등 네 가지 재정 지표(건전화판단비율)를 작성·공표하도록 지자체에 의무화했다.

기존에는 보통회계의 재정 상황을 나타내는 실질수지비율만을 지표로 사용했으나 공영기업과 토지개발공사 등의 재정 상황이 보통회계에 미치는 영향을 파악하기 어렵다는 비판과 스톡(일정 시점에서의 지자체 수입의 총량) 면에서의 재정 상황에 문제가 있는 지자체를 파악할 필요가 있다는 지적에 따라 이 법률이 제정되었다. 기존에는 보통회계와 기타회계 간의 자금 주고받기를 통해 실질적자를 적게 보이도록 눈속임했던 지자체도 이제는 주민에게 재정 상황을 훤히 드러내게 되었다. 법에는 재정의 조기건전화, 재정의 재생 등도 규정되어 있으므로 앞으로 이 법의 규제 대상이 되는 지자체가 생겨날 가능성도 적지 않다. 건전화 판단 비율 등의 대상이 되는 회계의 범위는 〈그림 9-4〉와 같다.

2008년도 결산에서 가장 상태가 안 좋았던 재정재생단체(재정 파탄 상태)는 유바리 시 하나였다. 재정재생단체가 될 염려가 큰 조기건전화단체(재정 파탄 염려)는 21개 시정촌이었으나 다음 해인 2009년도 결산에서는 12개 시정촌으로 감소했다. 이는 조기건전화단체로 지정된 시정촌이 재정재건에 진지하게 대처해 실질적자를 해소하거나 실질공채비비율을 낮추는 노력을 기울였기 때문이다. 하지만 가까운 시일 내에 조기건전화단체로 추락할 가능성이 있는 지자체도 적지 않다.

〈그림 9-4〉 재정재생단체 및 조기건전화단체의 기준

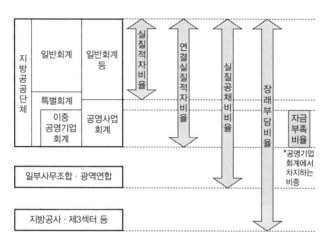

자료: 총무성 자료.

〈표 9-1〉 건전화 판단 비율에 관계되는 조기건전화 기준 등(2010년도)

	조기건전화 기준	재정재생 기준
실질적자비율	• 도: 5.54% • 도부현: 3.75% • 시구정촌: 재정 규모에 따라 11.25~15%	• 도: 8.57% • 도부현: 5% • 시구정촌: 20%
연결실질적자비율	• 도: 10.54% • 도부현: 8.75% • 시구정촌: 재정 규모에 따라 16.25~20%	• 도: 28.57% • 도부현: 25%* • 시구정촌: 40%*
실질공채비비율	• 도도부현·시구정촌: 25%	• 도도부현·시구정촌: 35%
장래부담비율	• 도도부현·정령시: 400% • 시구정촌: 350%	-
자금부족비율	(경영 건전화 기준) 20%	-

* 3년간(2009~2011년)의 경과적인 기준(도부현은 25% → 25% → 20%, 시구정촌 40% → 40% → 35%)
을 만들었으며, 경과조치 기간 종료 후의 재정재생 기준은 도부현 15%, 시정촌 30%이다(도쿄 도에 대
해서도 별도의 경과조치가 만들어졌다).

| 키워드 |

지방교부세, 국고지출금, 지방세, 지방채, 예산편성, 지자체 재정건전화법

| 연구 과제 |

1. 자신이 속한 지자체의 예산[세입 내역, 세출 내역(목적별·성질별)]은 어떤 형태인지 조사해보자.
2. 자신이 속한 지자체의 결산 카드를 조사해보자. 재정력 지수, 경상수지비율, 공채비부담비율 등을 이웃 지자체나 유사 지자체와 비교해보자.
3. 지방교부세의 연혁을 조사해보자.

| 참고문헌 |

池上岳彦. 2004. 『分権化と地方財政』. 岩波書店.

出井信夫·池谷忍. 2002. 『自治体財政を分析·再建する』. 大村書店.

出井信夫·衆議員総務委員会調査室 編. 2007. 『図説 地方財政データブック』(平成19年度版). 学陽書房.

岡本全勝. 2002. 『地方財政改革論議－地方交付税の将来像』. ぎょうせい.

総務省 編. 『地方財政白書』. 各年版.

中井英雄·斉藤槙·堀場勇夫·戸谷裕之. 2010. 『新しい地方財政論』. 有斐閣アルマ.

林健久 編. 2003. 『地方財政独本』(第5版). 東洋経済新報社.

林宏昭·橋本恭之. 2007. 『入門地方財政』(第2版). 中央経済社.

和田八束·青木宗明·星野泉 編著. 2004. 『現代の地方財政』(第3版). 有斐閣.

지방자치단체의 재정은 중앙정부 재정과 긴밀히 연결되어 운영된다. 중앙·지방 융합형 정부 구조를 택하고 있다는 점에서 일본과 우리나라의 지방재정은 여러 가지 면에서 공통점이 있다.

수입 면에서는 국세에 비해 지방세의 비중이 작다는 점이 같다. 그러나 과세자주권 면에서는 일본이 앞서 있다.

지출 면에서도 지방교부세, 국고보조금 등 중앙과 지방의 재정조정제도에 의해 지방자치단체 집행분이 훨씬 많다는 점이 동일하다. 그러나 지방교부세 운영은 다소 차이가 있다.

한국이나 일본 모두 지방재정의 안정적인 운영을 위해 기능 분담에 따른 재원보전원칙에 대한 중앙과 지방 간 기본적 합의가 필요하며, 이를 점검·이행하기 위한 제도적 뒷받침도 요구된다. 중앙과 지방의 재정 문제는 중장기적이고 연속적인 주제이므로 상시 논의되어야 한다는 점에서 정부 내에 협의조정기구를 설치하는 것이 바람직하다.

한편 일본의 '지방공공단체의 재정건전화에 관한 법률'과 같은 지방자치단체의 재정 운영 파행을 막기 위한 제도적 장치도 비교 연구할 필요가 있다.

10 | 지방자치단체 개혁

1990년대 이후 중앙 단위에서 추진된 분권개혁과는 다른 맥락에서 지자체에서도 다양한 개혁이 추진되고 있다. 주민 니즈의 다양화, 행정 정보의 투명화, 재정난 등을 기폭제로 행정 평가, 민간 위탁 등 각 지자체가 독자적으로 추진하는 개혁과 더불어 국가의 법률 제정·개정에 따라 새로이 시작된 지정관리자제도 등 다방면에서 여러 가지 개혁이 추진 중이다. 이 장에서는 지자체 개혁을 알아보려고 한다.

1. 다양한 지자체 개혁

1) 행정 평가

1990년대 중반 이후 많은 지자체에서는 사무 사업 평가와 행정 평가를 도입하는 흐름이 생겼다. 지자체의 사업과 정책을 적정하게 수행하기 위해서는 실제로 실행한 결과를 평가해 장래의 정책 결정에 피드백하는 것이 중요하다. '계획(Plan) → 실시(Do) → 평가(See)'를 순환시키는 PDS 순환 과정(PDS management cycle)이 민간 기업에서는 일반적이지만 국가나 지자체에서는 평가 부분이 충분하지 못했다. 예산을 획득하기까지는 많은 노력을 하지만 적정 절차라는 관점의 감사와는 다른, 예산을 사용해서 수행한 정책과 사업에 대한 평가는 제대로 하지 않았다.

그러다가 1990년대 중반 이후 미에 현의 사무 사업 평가, 시즈오카 현의 업무추진 현황표, 홋카이도의 시점별 종합 평가 등 다양한 선진적 사례가 등장하여 행정 평가의 붐이 일어났다. 이 세 가지에 대해 좀 더 상세하게 알아보자.

미에 현의 사무 사업 평가는 1995년 4월에 취임한 기타가와 마야사스(北川正恭) 지사가 행정개혁의 필요성을 강하게 호소하면서 시작됐다. 미에 현은 1996년 직원 의식 개혁의 핵심이라는 관점에서 사무 사업(행정이 이루어지고 있는 사무나 사업의 총칭)을 평가하는 시스템을 시작했다. 그 후 이를 사업의 평가·진행 관리·예산편성의 논의 과정에도 활용했다.

시즈오카 현에서는 1997년부터 일을 효과적·효율적으로 추진하기 위해 업무추진 현황표 방식을 도입하고 이를 활용해 행정 평가를 한다. 업무추진 현황표는 각 과가 종합계획의 목적을 달성하기 위해 실시하는 업무(수단)의 작전 체계를 나타내고 '어떤 목적을 위해 무엇을 하는 것인가'라는 업무의 내용을 목적별로 표로 정리해서 일목요연하게 볼 수 있도록 계획하는 것이다. 이 업무추진 현황에 의거해 일의 진척 정도와 타당성, 유효성 등을 평가하고 개선을 검토하여 예산과 조직 체제 등에 반영시킨다. 이는 주민에게는 정보공개를 위한 자료로, 직원에게는 성과를 확인하면서 일을 효과적·효율적으로 추진하기 위한 자료로 활용된다.

홋카이도의 시점별 종합 평가는 시간 경과에 따라 시책을 재평가한다. 이는 시책이 필요했던 당시의 사회 상황과 달리 현재는 주민 요구가 크게 변화해서 당초 기대했던 역할과 효과를 새롭게 점검·평가할 필요가 있는 시책이 그 대상으로, 현상을 재점검하고 다각적·다면적 관점에서 검토를 하는 것이다.

구체적으로는 장기간 정체되어 있다고 인정되는 시책, 시간이 경과하면서 시책을 둘러싼 사회 상황과 주민 요구가 변화해 그 가치나 효과가 저하되고 있다고 인정되는 시책, 시책이 원활히 추진되지 못해 장기간 정체될 우려가 있다고 인정되는 시책을 골라내 경우에 따라서는 이를 중지하는 것이다.

앞에서 본 세 가지 행정 평가는 각각 변수가 많지만 그 후 많은 지자체에서 이들의 수법을 차용한 행정 평가를 도입하게 되었다. 2000년대 들어 평가체계는 지자체마다 상당히 정밀하게 실시되었다. 예를 들면, 큰 틀의 정책을 대상으로 한 정책 평가, 이를 분해한 시책 평가, 개별 특정한 사무 사업을 대상으로 한 사무 사업 평가라는 3단계로 나누어 정책을 평가하는 지자체도 많다.

2) PFI

PFI(Private Finance Initiative)란 공공 서비스를 제공하기 위한 공공시설이 필요한 경우 국가나 지자체가 직접 시설을 정비하지 않고 민간자금을 이용해 민간에 시설 정비와 공공 서비스 제공을 위임하는 수법이다. 공공시설 등의 설계, 건설, 유지·관리 및 운영에 민간의 자금과 경영 능력, 기술적 능력 등을 활용하여 국가나 지자체 등이 직접 실시하는 것보다 효율적이면서 효과적으로 공공 서비스를 제공하려는 것이다. PFI 도입은 국가나 지자체의 사업 비용 절감, 더욱 질 높은 공공 서비스 제공을 목적으로 한다. PFI의 사업 주체는 어디까지나 지자체와 같은 공적 기관으로, 이 점이 민영화와는 다르다.

일본은 '민간자본 등의 활용에 의한 공공시설 등의 정비촉진에 관한 법률'(PFI법)이 1999년에 제정되어 2000년에는 PFI의 이념과 이를 실현하기 위한 방법을 나타내는 기본 방침이 민간자금활용사업추진위원회(PFI추진위원회)의 의결을 거쳐 내각총리대신에 의해 확정되어 PFI 사업의 구조가 만들어졌다. 이 방침에 따라 지자체에서도 PFI 도입이 추진되고 있다. 하시마(羽島) 시의 시민 수영장, 구와나(桑名) 시의 도서관, 고시가야(越谷) 시의 제장(齊場), 스기나미(杉並) 구의 케어하우스, 이치카와(市川) 시의 케어하우스와 여열(余熱) 이용 시설, 야오(八尾) 시의 시민 병원 등 수많은 선진 사례가 등장했다. 국가 수준에서는 형무소(교정 시설)에 대해 PFI 방식을 취해 사회복귀촉진센터를 설치하고(민활형무소) 세콤을 중심으로 한 민간회사가 운영 업무와 접수, 파수, 순찰, 교육, 청소, 급식을 담당한다.

영국을 비롯한 외국에서는 이미 PFI 방식에 의한 공공 서비스 제공이 상당히 진행되어 유료 다리, 철도, 병원, 학교 등 공공시설의 정비, 재개발 같은 분야에서 성과를 올리고 있다. 단, 영국의 PFI와 일본의 PFI는 민관의 리스크 분담 방식 등 중요한 부분에서 차이점이 있다.

3) 지정관리자제도

공공시설(지자체가 다양한 서비스를 위해 제공하는 시설로, 복지회관, 시민홀, 도서관, 박물관, 체육관, 수영장, 공원, 주차장, 주륜장 등이 있음)은 행정재산이기 때문에 지금까지 관리 주체가 지자체 이외에는 외곽단체, 사회복지법인 등 공적 단체로 한정되었다. 지자체가 이들 주체에 공공시설 관리를 위탁하는 방식을 관리위탁제도라 부르며, 그 수탁자는 일정한 공공성을 가지도록 요구되었다.

그러나 민간 기업에서 수영장이나 주차장을 경영하는 경우도 많고 나름의 노하우를 갖고 있는 사업자도 많다. 따라서 다양화·복잡화되고 있는 주민 요구에 정확하게 대응하고 시민 서비스의 향상 및 효율적인 운영을 위해서는 민간 사업자의 능력과 노하우를 폭넓게 활용하는 것이 유효하다고 판단하게 되었다. 또한 지자체의 시설을 민간과 NPO가 운영 주체가 되는 외국의 사례가 소개되었다. 이로 인해 2003년 6월에 지방자치법이 개정(같은 해 9월 시행)되어 지정관리자제도가 창설되었다. 특정의 공적 단체에 한정되어 있던 공공시설의 관리·운영을 민간 기업이나 NPO에 광범위하게 개방한 것이다.

이에 따라 민간 기업과 그 외의 단체(반드시 법인일 필요는 없음)도 공공시설의 지정관리자가 되고 그 시설의 관리·운영을 할 수 있게 되었다. 개정법 시행 시점에서 위탁 관리하는 시설은 2006년 8월까지 지정관리자제도로 이행하든지 직영으로 되돌리든지 선택하지 않으면 안 된다고 규정했다.

지정관리자제도를 처음 운영할 때에는 전국의 지자체가 시행착오를 반복했다. 지정관리자를 공모로 선정하는 지자체, 그렇지 않고 기존의 재단법인을 지정관리자로 택하는(특명지정) 지자체 등 여러 가지 형태가 있었다. 또 공모를 했지만 응모하는 민간단체가 거의 없는 중산간 지역의 사례도 있었다.

지정관리자를 공모할 경우 행정 측은 3~5년의 위탁 기간을 설정하고 지불하는 위탁료의 상한과 그 외의 조건을 제시했다. 조건을 자세하게 제시하기보다는 달성해야 할 사업의 성과를 제시하는 식이었다. 그 성과를 만족시키는 방법은 민간이 제안하도록 했다. 또 지정관리자제도에서는 행정에서의 수입 이외에 입관자 수입을 지정관리자 수입으로 허용해(이용 요금제) 민간 기업의 노력 여하에 따라 수입을 늘릴 수 있도록 했다.

지정관리자 공모에서는 행정 측의 위탁료 억제 시책에 부합하고 시설 관리나 소프트 사업의 실시에 우수한 제안을 한 민간 기업이 지정관리자로 선정된다. 결국 이용자의 잠재 욕구를 만족시키는 서비스를 제안하고 다수의 시민을 방문하게 하여 수입을 올리고 행정 측의 위탁료를 인하시키는

<표 10-1> 지정관리자제도 도입 시설 현황

구분	주식 회사	특례민법법인, 일반사단·재단법인, 공익사단·재단법인	공공 단체	공공적 단체	지연에 의한 단체	특정 비영리 활동법인	기타 단체	합계
레크리에이션·스포츠 시설	3,925 (28.6%)	4,956 (36.1%)	110 (0.8%)	2,036 (14.8%)	1,169 (8.5%)	894 (6.5%)	1,821 (13.3%)	13,742 (100.0%)
산업진흥 시설	1,614 (22.6%)	1,037 (14.5%)	29 (0.4%)	3,197 (44.8%)	1,576 (22.1%)	185 (2.6%)	1,076 (15.1%)	7,138 (100.0%)
기반 시설	3,440 (15.6%)	9,348 (42.3%)	177 (0.8%)	5,674 (25.7%)	2,861 (12.9%)	210 (1.0%)	3,252 (14.7%)	22,101 (100.0%)
문교 시설	1,003 (7.3%)	2,377 (17.3%)	40 (0.3%)	8,783 (64.0%)	7,937 (57.9%)	532 (3.9%)	982 (7.2%)	13,717 (100.0%)
사회복지시설	393 (2.9%)	1,557 (11.7%)	78 (0.6%)	10,134 (76.1%)	2,308 (17.3%)	490 (3.7%)	672 (5.0%)	13,324 (100.0%)
합계	10,375 (14.8%)	19,275 (27.5%)	434 (0.6%)	29,824 (42.6%)	15,851 (22.6%)	2,311 (3.3%)	7,803 (11.1%)	70,022 (100.0%)

주: '공공단체'는 지방공공단체나 토지개량구 등을, '공공적 단체'는 농업공동조합, 사회복지법인, 삼림조합, 적십자사 등을, '지연에 의한 단체'는 자치회, 정례회 등을, '특정비영리활동법인'은 NPO 법인을, '기타 단체'는 학교법인, 의료법인, 공동 기업체 등을 각각 가리킨다.
공공시설의 예는 다음과 같다.
1. 레크리에이션·스포츠 시설: 경기장, 야구장, 체육관, 테니스 코트, 수영장, 스키장, 골프장, 해수욕장, 국민 숙사, 숙박·휴양 시설 등
2. 산업진흥 시설: 정보 제공 시설, 전시장 시설, 견본시 시설, 개방형 연구 시설 등
3. 기반 시설: 주차장, 대규모 공원, 수도 시설, 하수도 종말처리장 등
4. 문교 시설: 현·시민회관, 문화회관, 박물관, 미술관, 자연의 집, 바다·산의 집 등
5. 사회복지시설: 병원, 노인복지 센터 등
자료: 総務省, 「公の施設の指定管理者制度の導入狀況等に關する調査結果」(2009年 10月).

사업안을 제안하는 사업자가 지정관리자로 선정된다.

지금은 도서관, 박물관, 미술관 등은 직영 중심이지만 이런 시설도 이제부터 민간 기업이 맡아 운영할 가능성이 많다. 지정관리자 시장은 아직 성장 중인 분야이다. 전국적으로 행정구역을 넘어 유사 시설의 지정관리를 독점적으로 인수하려는 기업도 꽤 많이 생겨났다.

계약 기간이 끝나 지정관리제도를 두 번째로 실시할 때에는 공모 방식을 바꾸는 지자체도 나타났다. 2009년 4월 기준 7만 개 이상의 시설이 지정관리자에 의해 운영되고 있다(총무성, 「공공시설의 지정관리자제도의 도입 상황 등에 관한 조사결과」, 2009년 10월). 이 중 도도부현·지정도시의 59%, 시구정촌의 36%, 총계 40%가 공모에 의해 지정관리자를 선정하고 있다. 하지만 나머지 60%는 기존의 관리수탁자·지정관리자를 그대로 유지하면서 공모 방식을 활용하지 않고 있다. 이는 공모에 의해 지자체 외곽단체 등이 탈락할 경우 여기서 일하는 직원의 고용을 어떻게 확보할 것인지 등의 고려가 작용한 것으로 보인다.

또한 이 제도는 지정관리 기간이 너무 짧다는 지적이 많다. 지정 기간을 3년 정도로 정해 공모를 내는 지자체가 많은데 민간 기업에서 보면 이 정도의 기간으로는 장기적 시야로 투자하기가 곤란하므로 응모에 주저하는 사례도 있다. 또 관리 비용을 낮추기 위해 시설 관리를 최저 수준으로 하는 바람에 안전 관리 면에서 문제가 발생하는 등의 폐해도 지적된다. 시설 관리 미비나 사고 발생, 지정의 취소 사례(600건 이상), 또는 지정의 반환 문제 등도 발생한다.

이러한 문제 때문에 총무성은 2010년 12월에 '지정관리자제도의 운용에 대해'라는 조언을 보냈다. 이에 따르면 지정관리자제도를 운용할 때에는 공공시설의 설치 목적을 효과적으로 달성하기 위한 제도일 것, 단순한 가격 경쟁에 의한 것이 아닐 것, 지정 기간을 시설의 목적 및 실정에 맞출 것, 지정의 신청자를 광범위하게 구할 것, 주민의 안전 확보를 위한 리스크 분담과 손해배상 책임보험 가입을 정할 것, 지정관리자의 노동법령 준수에 주의할 것, 정보관리 체제를 점검하고 배려할 것, 복수 연도의 위탁계약일 경우에는 채무부담행위를 설정할 것 등을 유념해야 한다.

4) 지방독립행정법인

지방독립행정법인이란 이른바 아웃소싱의 사고방식을 공공 부문에 적용해서 지자체에서 특정 부문(연구소, 박물관, 대학과 같이 대부분 서비스를 직접 제공하는 조직)을 분리해서 새로운 인센티브 구조 아래 두려는 시도이다. 엄밀하게 정의를 내리면 '주민 생활 안정 등의 공공상의 견지에서 그 지역에서 확실히 실시될 필요가 있는 사무·사업 중 지방공공단체 자신이 직접 실시할 필요는 없지만 민간 주체에 위임할 경우 확실한 실시가 확보될 수 없는 우려가 있는 사무·사업을 효율적·효과적으로 시행하기 위해 지방독립행정법인법에 의거해 지방공공단체가 설립하는 법인'을 말한다(지방독립행정법인법은 2003년에 제정됨).

제도가 목표로 하는 것은 ① 목표에 의한 업무관리(중기 목표·중기 계획·연도 계획에 입각해 계획적으로 업무를 운영·관리), ② 적정한 업무 실적 평가(평가위원회가 법인의 업무 실적을 정기적으로 평가하고 필요에 따라 권고), ③ 업적주의 인사관리(법인의 실적과 직원의 업적을 반영한 급여 구조 등의 확립), ④ 재무 운영의 탄력화(기업회계원칙에 의한 업무 운영. 경영 노력으로 발생한 매 사업연도의 이익은 중기 계획에서 정한 잉여금의 용도에 충당 가능) 등이다.

지자체에서 분리됨으로써 이관될 수 있는 사무 사업의 내용은 지자체의 다른 행정 분야와 관련성이 적고 일정한 통합을 가질 필요가 있다. 따라서 대상 범위를 지나치게 넓히는 것은 신중해야 한다는 의견이 지배적이다.

5) 공공회계 개혁

기존 지자체에서는 현금주의 회계라 불리는 단식부기에 의한 방식의 회계가 채용되어왔다. 가정에서의 보통예금통장과 같은 형태이다. 현금주의

회계하에서는 퇴직급여준비금 같은 장래의 지출에 대비해 준비해두어야 하는 금액이 부채로 인식되지 않는다. 직원이 퇴직할 때 세출예산이 계상될 뿐 그때까지는 아무런 회계적 준비가 강구되지 않는 것이다. 이 때문에 경상수지비율이 높은 지자체에서는 정년퇴직 직원이 대량으로 발생하면 당해 연도의 예산편성이 곤란해진다. 또 현금주의 회계는 지자체가 보유한 방대한 공유재산을 금액으로 파악할 수 없다는 한계도 있다. 시가 보유한 도로의 총길이나 총면적은 파악되더라도 그 가치가 얼마나 되는지는 파악되지 않는 것이다. 이처럼 현금주의 회계에서는 현금의 입출금, 즉 현금흐름의 정보만 명확해지고 재고에 관한 정보(자산 현황, 감가상각 등)는 누락된다.

민간 기업 회계에서는 일정한 시점에 자산·부채·자본의 현황을 확정하는 대차대조표가 작성되는데, 지자체에서도 이를 참고해서 공공회계 개혁에 박차를 가하는 곳이 등장하고 있다.

인구가 3만 6,000여 명에 불과한 우스키(臼杵) 시의 대차대조표 도입은 전국적으로 주목을 받았다. 이에 앞서 1999년경부터는 미에 현, 도쿄 도, 후쿠오카 시 등 전국 각지에서 공공회계 개혁에 박차를 가하는 곳이 늘어났다. 이런 흐름을 타고 총무성도 공공회계 개혁에 관한 연구회를 설치했고, 이 연구회의 보고를 받은 형식으로 2007년 10월에 총무성 자치재정국장은 '공공회계의 정비추진에 대한 통지'를 보냈다. 이에 따라 지자체는 2009년부터 대차대조표, 행정비용계산서, 순자산변동계산서, 자금수지계산서 등 네 가지 종류의 재무제표를 공표하게 되었다(정촌과 인구 3만 명 미만의 도시는 2011년부터 공표). 네 가지 재무제표에 대해 자세히 살펴보면 첫째, 대차대조표는 지방자치단체가 어느 정도의 자산과 채무를 갖고 있는가에 대한 정보를 나타내는 것이다. 행정 활동에 의해 만들어진 도로, 건물과 토지 등의 자산과 거기에 투자한 재원(부채, 순자산)의 관계를 표로 나타낸 것으로, 좌우가 균형을 맞추고 있다고 해서 밸런스시트라고도 불린다. 둘째, 행정비용계산서는 민간 기업의 손익계산서에 해당한다. 행정 서비스 중 자산 형성과는 관련이 없으며 복지나 쓰레기 수거 같은 행정 서비스와 관련된 경비 및 그 행정 서비스의 대가로 얻어진 재원(경상수익)을 나타낸다. 셋째, 순자산변동계산서는 대차대조표 내의 '순자산의 부'에 계상된 각 수치가 1년간 어떻게 변동했는지를 나타내는 재무제표이다. 넷째, 자금수지계산서는 행정 활동에서 1년간의 자금 증감을 나타내는 재무제표이다.

이 네 가지 재무제표의 공표로 ① 자산·채무관리, ② 비용관리, ③ 재무정보에 대한 알기 쉽고 분명한 표시, ④ 정책 평가·예산편성·결산분석 간의 관계 부여, ⑤ 지방의회의 예산결산심의 시 이용 등이 기대된다. ③은 지자체에 대한 설명 책임의 이행에 관계되는 것이고, ①, ②, ④, ⑤는 내부 관리 강화를 통해 최종적으로 재정의 효율화·적정화를 목표로 한다.

6) 시장화 테스트

2006년 5월 고이즈미 내각에서는 공공서비스개혁법이 성립되었다. 여기에 입각해 시장화 테스트가 제도화되었다. 시장화 테스트는 행정조직과 민간 기업 등이 특정 행정 서비스에 경쟁입찰하는 것으로, 이를 통해 행정비용의 절감 및 효율화를 목표로 했다. 후술하겠지만 이는 원래 영국의 대처 정권에서 지자체에 도입했던 강제경쟁입찰(CCT: Compulsory Competitive Tendering, 지자체의 일부 업무에 대해 지자체와 민간이 경쟁입찰을 하는 것으로, 나중에 국가 수준에서의 유사한 시도로 시장화 테스트가 도입되었으며 일본의 시장화 테스트에도 영향을 미쳤음)과 이를 국가 수준으로 끌어올린 시장화 테스트를 모델로 한 것이다.

국가에서는 행정처분을 제외한 행정 서비스 전반이 시장화 테스트의 대상이 될 수 있지만, 지자체에서는 법률이 특별히 정한 특정 행정 서비스가 대상이 된다. 예를 들면, 호적법에 의거한 호적등본 복사와 주민기본대장법에 의거한 주민등본 복사나 호적초본 복사의 교부 청구를 접수하고 인도하는 등의 업무가 여기에 해당된다. 관민 경쟁입찰을 통해 민간 사업자가 낙찰한 경우에는 시청 1층의 시민과 창구를 민간 기업이 모두 운영하게 되는 사태도 발생할 수 있다. 2010년 기준 나가노 현 미나미마키(南牧) 촌, 도쿄 도, 오사카 부를 비롯해 이미 13개소에서 시장화 테스트를 실시(창구 업무, 직업훈련, 직원 연수, 청사 관리 등)하고 있다.

시장화 테스트는 이를 도입하는 것 자체가 목적이 아니다. 시장화 테스트를 실시하여 더욱 효율적인 공공 서비스의 담당자를 결정하면 국민에게 더 좋은 공공 서비스를 제공할 수 있고, 비용 삭감과 인재의 유효 활용, 공무원의 의식 개혁을 꾀할 수 있다는 등의 장점이 있다. 하지만 관제 워킹 푸어(working poor, 근로 빈곤층)를 생산해내거나(비정규직의 아르바이트나 파견 사원이 담당자로 배정되는 경우가 많음) 서비스의 질이 저하될 가능성이 있다는 신중론도 제기된다.

7) 인사·급여제도 개혁

이미 8장에서 본 바와 같이 인사·급여제도 또한 지자체 개혁의 큰 과제 중 하나이다. 특히 핍박한 지방재정하에서 어떻게 인건비를 삭감할 것인지는 지자체의 커다란 경영 과제이다. 인건비의 총액은 '급여 단가(p) × 직원 수(q)'로 산정된다. 따라서 직원 정원의 대폭 삭감을 추진하는 지자체가 늘고 있다. 또는 앞에서 살펴본 것처럼 아웃소싱을 통해 행정 직원이 아니면 할 수 없는 업무 이외에는 되도록 외부로 내보내는 수법이 사용되기도 하며, 급여 단가를 낮추기 위해 직원 급여를 삭감하는 데 몰두하는 지자체도 적지 않다. 그렇지만 이에 대한 직원 단체(민간으로 말하면 노동조합)의 저항이 강하고 수장 자신이 직원단체의 응원을 받아 당선된 경우도 많아 이러한 시도가 원활하게 추진되는 것은 아니다.

2. NPM의 동향

앞에서 살펴본 지자체 개혁의 흐름을 크게 특징짓는 것은 NPM의 진전으로 볼 수 있다. 일본 중앙정부의 2001년 경제재정백서에서 처음으로 NPM이라는 용어가 본격적으로 사용되었다. 그 후로 언론이나 정부의 보고서 등에서 NPM이라는 용어가 자주 등장하게 되었다. 예를 들면, 2003년 경제재정백서에서는 선진적인 현의 NPM에 대한 연구를 자세히 소개한다. 지자체 중에서는 행정개혁 대강(大綱)의 실천 방침에 NPM이라는 말을 포함시키는 곳도 꽤 많다. 'NPM은 약한 사람을 해고시킨다'라는 비판적 목소리가 있기도 하지만 지금은 NPM을 이해하지 못하면 지자체 행정을 생각하기 어렵다. 따라서 여기서는 NPM에 대해 좀 더 상세히 살펴보려고 한다.

1) NPM이란 무엇인가

NPM 문제를 살펴보기 전에 유의해야 할 사항은 NPM이라는 개념의 다의성(多義性)이다. NPM은 지금까지 여러 측면에서 특징이 강조되었지만 학계에서 정의가 명확히 내려진 것은 아니다. NPM의 어디에 중점을 두느냐에 따라 관리 철학, 국제적인 메가트렌드, 공공 서비스 조직의 보편적인 스타일 등 NPM의 정의는 상당히 다르게 내려질 수 있다. 외국의 NPM 연구도 특정한 툴[예를 들면, 성과 관리(performance management, 성과를 측정하고 그 결과에 따른 보상 및 페널티를 개혁의 지렛대로 삼는 행정 운영 기법), 공정 관리 (process management, 행정의 시행 과정에 착안해 이 과정의 대담한 개혁을 제언하는 행정 운영 기법), 전략적 경영론 등에 주목하는 방식, 일반적인 정책 툴이 어떻게 정책 형성에 영향을 미쳤는지에 주목하는 방식, 특정 국가에서 NPM형의 개혁이 어떻게 추진되는지를 기술하는 방식 등 여러 갈래가 있다.

NPM에 대해 논의하는 방식도 학문적·실천적 배경에 따라 다양하다. 회계학자, 경영학자, 민간경영 컨설턴트는 주로 경영관리의 기술적인 면을 공무 부문에 적용하는 것에 관심이 있다.

한편 경제학 전문가는 국가와 시장의 역할 분담에 초점을 맞춘다. 정부의 실패를 언급하고 그 해결 방향을 제시하는 NPM의 역할을 중시하는 것이다. 경제학 전문가는 경쟁이 가능한 영역은 정부의 독점 공급에서 떼어내 이러한 영역을 민영화해서 시장에 의한 조정에 맡기든지, 또는 정부 서비스는 시장을 통해 공급될 수 없다는 전제를 뒤집고 실제와 비슷한 시장을 창설하라고 제안한다. 또한 관리 부문을 몇 개의 단위로 분산해서 제도의 효율성을 높이는 논의도 이루어진다.

행정학과 행정법 전문가는 NPM 중에서도 공무원과 노사 관계 등의 연구, 예산과 재무관리에 특화한 연구, 책임성의 관점에서 주로 논의한다.

주의해야 할 점은 NPM이라는 용어가 자신들에게 유리한 방향으로 정의되는 경향이 있다는 점이다. NPM을 적극적으로 추진하는 것을 옳다고 주장하는 사람들, 특히 민간 경영 컨설턴트는 대체로 민간의 경영 수법을 공무에 적극적으로 도입하는 것이 NPM이라고 정의하면서 NPM의 도입은 공무능률의 관점에서 불가결하다고 주장한다. 그러나 특정 국가의 개혁을 NPM이라고 정의하고 이것을 다른 나라에 적용하는 것은 불가능하다고 보는 회의파도 있다. 이러한 경향이 NPM에 대한 논의를 한층 복잡하고 이해하기 어렵게 만들고 있다.

<표 10-2> NPM의 교리상 구성 요소

	교리	의미	전형적인 정통화 근거
①	전문가에 의한 행정조직의 실천적인 경영	장으로는 가시적인 매니저(익명이 아님)로, 위임된 권한에 따라 자유롭게 관리	관리 책임은 권한의 확산이 아니며 책무의 명확한 할당을 요구함
②	업적의 명시적인 기준과 지표	성공의 척도로 정의되는 측정 가능한 목표나 타깃	관리 책임은 명확히 밝힌 목적을 요구하며, 효율성을 추구하려면 목표를 예리한 눈으로 관찰해야 함
③	결과 중시의 경영	업적에 따른 자원 배분과 보수	절차보다 결과를 강조
④	공공 부문에서 조직 단위 분해로의 전환	공공 부문을 위임된 예산을 갖고 서로 대등한 관계에서 처리되는 산하의 조직 단위로 분산	조직 단위를 관리할 수 있는 것으로 함. 공급과 생산의 분리, 공공 부문 내외의 계약 프랜차이즈를 활용해서 효율화 도모
⑤	공공 부문에서 경쟁을 강화하는 방향으로 전환	기간 계약·공공기관 입찰 계약 절차로 이동	더욱 저렴한 비용과 더욱 질 좋은 수준을 지향하는 열쇠로서의 경쟁 관계
⑥	민간 부문의 경영 실천 스타일 강조	군대 스타일의 공공 서비스 윤리를 버리고 더욱 유연한 급여, 채용, 규칙, 홍보로 전환	이미 민간 부문에서 증명된 경영 기법을 공공 부문에 적용할 필요가 있음
⑦	공공 부문 자원을 이용할 경우 규율과 검약을 한층 강조	직접 비용 삭감, 노동 규율 향상, 조합 요구에 대한 저항, 접대비 절감	공공 부문의 자원 수요를 확인해서 더 적은 자원으로 더 많은 정책을 실시할 필요가 있음

자료: Christopher Hood, "Exploring Variations in Public Management Reform of the 1980s," in Hans A. Bekke, James L. Perry and Theo A. Toonen(eds.), *Civil Service Systems in Comparative Perspective*(Indiana University Press, 1996); 稲継裕昭, 『人事・給与と地方自治』(東洋経済新報社, 2000).

여기에서는 비교적 중립적인 입장에서 NPM을 분석할 때 자주 인용되는 크리스토퍼 후드(Christopher Hood)의 연구에 의거해 정의를 내려보자. 그는 우선 NPM을 '많은 OECD 국가에서 1970년대 말부터 관료제 개혁의 어젠다가 되어온 것으로, 광범위하지만 유사한 행정 원리의 경향을 나타내는 간략한 명칭'이라고 파악하면서 그 특징을 <표 10-2>와 같이 정리한다.

<표 10-2>에 나타난 7개 교리 중 ① 전문가에 의한 행정조직의 실천적인 경영, ② 업적의 명시적인 기준과 지표, ③ 결과 중시의 경영, ⑥ 민간 부문의 경영 실천 스타일 강조, ⑦ 검약의 강조는 주로 신경영주의와 경영학의

실천에서 나온 것인 반면, ④ 조직 단위의 분해, ⑤ 공공 부문에서의 경쟁 강화는 신제도파 경제학의 주장에서 나왔다. NPM의 교리는 신경영주의와 신제도파 경제학이라는 서로 다른 두 개의 흐름에서 나온 것으로, 이들은 때로는 잠재적인 긴장 관계를 내포한다.

이처럼 여러 특징을 가진 NPM을 한마디로 정의하는 것은 곤란하지만 굳이 짧게 요약하자면 '기업 경영 방식에 가까운 경영·보고·회계적 접근을 가능케 하는 공공 부문 재조직화 기법'이라고 할 수 있다. 종래의 행정에서 보면 NPM은 공공 부문과 민간 부문의 인사, 구조, 경영 수법상의 차이를 크게 인정하지 않고 자금과 스태프, 계약 담당자의 자유재량 권한에 관한 규칙 등에서는 제한을 축소하는 방향으로 이동하는 기법을 의미한다.

2) NPM의 역사적인 전개

제2차 세계대전 이후의 역사를 돌아보면 전후 거의 사반세기 동안 선진 각국에서는 대체로 경제성장이 지속되었으므로 한층 고도화·복잡화되는 행정 수요에도 정부가 재정적으로 대응할 수 있었다. 1960년대에는 OECD 각국에서 복지국가화 현상이 점점 더 진전되었으며 행정 서비스의 범위와 규모는 세수의 자연 증가에 힘입어 한층 더 확대되었다. 하지만 1970년대 에 들어서 계속되는 재정 확대 현상에 식자들은 민주주의 통치 능력의 한 계를 논하기 시작했다. 거의 때를 같이해서 선진 각국에는 두 번째 석유 위 기가 닥쳐 불황기에 접어들었고 어느 국가나 재정 위기에 직면하게 되었 다. 이 무렵 밀턴 프리드먼(Milton Friedman), 프리드리히 하이에크(Friedrich Hayek) 등의 논리를 기반으로 한 정책의 전환이 영국의 대처 정권과 미국 의 레이건 정권에서 시작되었다.

영국의 경우 1980년대 대처 정권하에서는 국영기업 등의 민영화가 차례

차례 추진됨과 함께 공무 부문의 업무도 상당히 개선되었다. 중앙정부에서는 1979년부터 레이너 행정감찰(Rayner security, 민간인을 등용해서 행정의 낭비를 철저하게 점검하고 능률 개선을 추진한 것), 1982년부터 FMI(재무관리 이니시어티브로, 각 행정부의 관리자에게 명확히 정의된 목표를 제공하고 자원·행정 운영 쌍방에 책임을 명확히 하도록 추진한 것), 1989년부터 넥스트 스태프 에이전시(Next Staff Agency, 중앙 행정부의 업무를 정책 형성과 집행으로 나누어 후자를 독립한 집행 에이전시가 이행하는 것으로, 10년간 130개 이상의 에이전시가 창설되어 국가공무원의 3/4이 에이전시 직원으로 바뀌었으며, 이후 일본은 독립행정법인제도 창설 시 이를 참고함), 1991년부터 시장화 테스트, 1992년부터 PFI 등의 개혁을 잇달아 실시했다. 지자체에서도 1980년부터 강제경쟁입찰이 도입되어 그 대상 업무를 확대했으며, 전국지자체감사위원회(Audit Commission)가 지자체 업무의 업적 지표를 제시하는 등 업적 관리를 철저히 하는 시도(이니시어티브)도 추진되었다.

뉴질랜드에서는 1980년대 중반 이후 규제 완화와 세제 개혁 등의 대개혁이 추진되었다. 동시에 중앙정부의 통폐합, 사업·집행 부문의 분리(국영기업이나 독립운영기관으로 집행 기능을 이관하고 중앙정부는 정책 입안 기능에 특화), 관료 책임의 명확화와 권한의 부여(공적부문법을 제정해 사무차관을 계약제로 했으며, 고용 계약의 기간제 도입과 등용의 공개경쟁화, 성과계약제 실시), 공적 부문에 대한 발생주의 회계 도입(재정책임법 제정) 등 행정조직에도 대담하게 메스를 가했다. NPM형 개혁의 전형으로 영국과 뉴질랜드 두 나라가 소개되는 경우가 많지만 다른 OECD 국가도 유사한 개혁이 추진되었다. 예를 들면, 호주에는 재무관리 책임의 대폭적인 권한 이양을 수반하는 재무관리 개선 프로그램(FMIP)이 있으며, 또 영국과 마찬가지로 능률감찰부서가 설치되었다. 공무원 제도도 상급 공무원 제도의 도입과 인사권의 대담한 분권 등이 이루어졌다. 캐나다에서는 1980년대에 정부의 재량이 높은 행정 관행을 개선하기 위해 IMAA 이니시어티브나 공무원으로의 권한 이양 등을 목적으로 한 퍼블릭 서비스 2000(Public Service 2000) 등의 공무 부문 개혁이 시도되었다. 이들 개혁은 용두사미로 끝나버렸지만 1990년대 에 들어서면서부터 프로그램 리뷰(Program Review) 등의 본격적인 NPM형 개혁이 진행되고 있다. 미국에서는 빌 클린턴(Bill Clinton)의 선거운동에서 사용된 '정부 재창조(Reinventing Government)'라는 표어에서도 알 수 있듯이 행정 혁명을 기본으로 하면서 앨 고어(Al Gore) 부통령을 중심으로 다양한 행정개혁이 추진되었는데, 이는 신경영주의의 영향을 크게 받았다. 1993년 의 국가업적재검토(NPR: National Performance Review) 보고에서는 재무관 리 및 인사의 분권화, 의사적(擬似的) 경쟁 시장의 창설, 서비스의 품질 중 시 등 NPM형의 여러 개혁을 제언하고 있으며, 정부업적결과법(GPRA: Gov-ernment Performance and Results Act)에서도 결과 지향의 경영관리 시스템을 구축하고 있다.

이처럼 많은 OECD 국가에서 1970년대 말부터 시행된 관료제 개혁 어젠 다는 비교적 유사한 성질을 갖는다. 각 정부·각 부문으로의 예산 재량 증 대, 각 과로 권한 이양과 책임 명확화, 공무원 제도에 관한 분권화와 유연 한 급여 체계, 기관장에 대한 계약 고용 형태 도입, 업적 평가의 철저화, 정 책 입안 부문과 정책 실시·집행 부문의 분리, 공공 회계 분야에 발생주의 회계의 도입 등이다. 각국이 비슷한 경제·재정 문제에 직면해 있고 정부의 비능률에 대한 국민의 비판이 높아진 것이 그 배경이다. 하지만 동시에 정 책 네트워크, 국제적인 싱크탱크, 경영 컨설턴트 회사 등을 통해 한 국가의 성공 사례가 다른 나라의 정책 담당자에게 실시간으로 전해지고 언론이 자 국의 개혁과 비교하는 형식으로 타국의 선진 사례를 자주 소개한 것도 공 공 부문 개혁에 상당히 기여했는데, 특히 영어권에서의 정책 전파가 현저 하게 눈에 띄었다.

3) 일본에서의 NPM 도입과 보급

일본에서는 상술한 OECD 국가들과 달리 1980년대에도 중앙정부 수준에서나 지방정부 수준에서 NPM형의 개혁이 그다지 나타나지 않았다. 지나치게 확대된 행정 서비스를 반성하거나 지자체가 맡아야 할 수비 범위를 의논하거나 행정의 효율성에 대해 논의한 것은 확실하다. 또한 1980년대 초에는 제2차 임시행정조사회가 설치되었으며 3개의 공사(철도공사, 전신전화공사, 전매공사)에 대한 민영화도 이루어졌다. 이들의 운동과 개혁이 〈표 10-2〉에 나타난 NPM 교리의 일부를 구성할지는 모르지만 다른 나라와 달리 그 후 큰 흐름을 이루지는 않았다. 지자체의 행정개혁에서도 인원 삭감과 경비 삭감이 논의의 중심이었지, 조직의 하위 구조로의 권한 이양이나 업적 기준 설정, 결과 중시 등의 NPM형 교리는 적었다.

그 이유로는 일본이 적어도 1980년대까지는 OECD 국가 중에서도 가장 경제 상황이 좋은 국가였던 점, 다른 외국에 비해 일본의 정부 규모가 작아서 대규모 정부를 가진 국가에 비해 개혁의 동기가 적었던 점 등이 지적된다. 제2차 임시행정조사회에서 주장된 증세 없는 재정 재건은 거품 경기하에서 세수가 증가하여 목표가 이미 달성된 듯한 착각을 일으켰다.

그러나 1990년대, 특히 그 후반에 들어서면서부터 상황은 크게 변했다. 1990년대 들어서는 일본의 경제성장 퇴보와 관료 불신에서 발단된 것으로 보이는 행정의 비능률에 대한 지적이 많아졌고, 이는 NPM형 개혁을 일으키는 동인을 제공했다. 이러한 상황 아래 추진된 행정개혁회의의 최종 보고를 보면 '4장 아웃소싱, 효율화 등'에서 NPM형 개혁을 목표로 하는 주장이 서술되어 있다. 2001년 이후 새로운 부처 체제에서 이루어진 여러 개혁에서는 NPM형 행정을 지향하고 있음을 알 수 있다.

하지만 일본에서의 NPM형 개혁은 지방정부에서 좀 더 일찍 시작되었다. 미에 현의 기타가와 지사 시절인 1995년 이후 계속 실시되어온 NPM형 개혁은 다른 지자체로 보급되었고, 이는 여러 면에서 중앙정부를 이끌었다. NPM 개혁을 도입하기에는 지자체 쪽이 중앙정부보다 용이했다. 지자체는 대통령제와 같은 수장 제도를 취하고 있기 때문에 강한 정치적 의사를 가진 수장이 정치적 기반을 보장받을 때, 예를 들면 복수 정당의 공동 지원을 받을 때 NPM 개혁을 실행하기 쉽다. 또 '발에 의한 투표'(혜택이 더 많은 지자체로 주민이 이동한다)라는 메커니즘이 있기 때문에 시장 원리와 비슷한 구조에 있으며 주변 지자체와 경쟁 관계에 놓여 있다고도 할 수 있다.

1절에서 보았듯이 1990년대 후반 이후 10년 동안 정책이나 시책·사무사업의 평가를 시작하거나(〈표 10-2〉의 ②), 지방독립행정법인이 제도화되거나(①, ②, ④), 대차대조표에서 자산을 조사해 철저히 밝히도록 시도하거나(⑥), 지정관리자제도가 창설되어 공공시설의 관리에 대해 일정한 경쟁이 촉진되는(⑤) 등 기존의 지자체 행정에는 없던 여러 가지 개념이 도입되었다. 기존의 자치행정 개념으로는 대처할 수 없는 사태도 일어난다.

한편 이미 실시된 NPM에 관해서는 성과가 명확하지 않고 약한 사람만 잘라버리는 제도가 아니냐는 우려의 목소리도 나온다. 그리고 지금은 NPM에서 관과 민의 파트너십(PPP: Public Private Partnership)으로 이행하는 추세라는 지적도 있다. 후자에 따르면 NPM은 기업 경영의 수법을 어떻게 행정에 응용할 것인가라는 관점하에 행해지는 행정 내부의 관점인 반면, PPP는 행정으로부터 비롯된 발상의 틀을 넘어서 시민과 민간 사업자의 관점하에 공공 경영을 개선하는 협치(governance)의 관점을 중시한다. 이는 시민과 민간 사업자의 협동이라는 관점에서의 개혁이자 새로운 공공 개념을 구축하는 시도라고 할 수 있다(11장 참조).

| 키워드 |

행정 평가, PFI, 지정관리자제도, 시장화 테스트, NPM

| 연구 과제 |

1. 자신이 속한 지자체의 행정개혁 대강을 조사해보자. 그중 NPM적인 사고방
   식이 어느 정도 차지하는지 생각해보자.
2. 자신이 속한 지자체의 지정관리자제도는 어떻게 도입되어 있는지, 공모인지
   비공모인지, 어떠한 시설에 누가 지정관리자로 되어 있는지 조사해보자.
3. 자신이 속한 지자체의 대차대조표를 조사해보고 자산과 부채에 대해 생각해
   보자.

| 참고문헌 |

稲継裕昭. 2000. 『人事・給与と地方自治』. 東洋経済新報社.

稲継裕昭・山田賢一. 2011. 『行政ビジネス―Pub Bizの研究』. 東洋経済新報社.

公会計改革研究会 編. 2008. 『公会計改革―ディスクロージャーが「見える行政」を
　　つくる』. 日経新聞社 編.

地方行政改革研究会 編. 2007. 『1冊でわかる! 地方公共団体のアウトソーシング手法
　　―指定管理者・地方独立行政法人・市長化テスト』. ぎょうせい.

中川幾郎・松本茂章 編. 2007. 『指定管理者は今どうなっているのか』. 水曜社.

古川俊一・北大路信郷. 2004. 『(新版)公共部門評価の理論と実際』. 日本加除出版.

デイビッド・オズボーン テッド・ゲーブラー. 1994. 『行政革命』. 日本能率協会マ
　　ネジメントセンター.

Hood, Christopher. 1996. "Exploring Variations in Public Management Reform of
　　the 1980s." in Hans A. Bekke et al.(eds.). *Civil Service Systems in Comparative
　　perspective*. Indiana University Press.

| 옮긴이 해설 |

지방자치단체에서도 행정개혁이 추진되고 있다.

일본에서는 1990년대 이후 분권개혁과는 다른 차원에서 지자체의 다양한 개혁이 추진되고 있다. 구미에서 먼저 추진된 NPM도 일본은 중앙 부처보다 지자체에서 좀 더 일찍 받아들였다.

우리나라의 경우 중앙 부처 주도의 행정개혁이 지방자치단체에도 영향을 미치고 있고 지방자치단체도 나름의 노력을 보이고 있지만 성과는 아직 미지수다.

일본의 제3섹터 방식이나 지정관리자제도와 같은 지방자치단체 행정 혁신 방안이 우리나라 현실에도 적합한지는 다각도에서 면밀히 검토해야 할 것이다.

11 지방자치단체와 시민 참여, 공동체

일본의 지방자치는 간접민주주의를 원칙으로 하지만 주민이 지자체의 의사 형성에 직접 참여할 수 있는 방법도 있다. 이 장에서는 지자체와 시민 참여에 대해 생각해보자. 원래 주민은 자치회(自治会)와 정내회(町内会)라는 지역공동체의 구성원이지만 그동안에는 자신이 속한 지역공동체와 지자체의 규모가 일치하지 않다는 문제가 있었다. 이 점을 고찰한 뒤 정내회나 NPO 단체 등 중간 단체와 지방자치의 관계에 대해서도 논의하려고 한다.

1. 지자체와 시민 참여

1) 직접민주주의 제도

일본의 지방자치는 간접민주주의에 기초해서 주민이 수장 및 지방의회 의원을 선출하며 그 수장과 의회가 주민의 대표로서 지자체의 의사를 형성하거나 집행한다. 이러한 간접민주주의를 원칙으로 하면서도 지방자치법에는 직접청구제도 등 직접민주주의 이념에 입각한 제도를 규정하고 있다.

우선 선거에서 선출된 수장과 의회 의원에 의한 지자체 운영이 주민의 생각에서 크게 벗어난 경우 수장에 대한 해직 청구나 의회에 대한 해산 청

<표 11-1> 주요 직접청구제도

종류	필요 서명 수	청구선	처리
수장·의원에 대한 해직 청구(리콜)	선거권을 가진 자의 1/3 이상*	선거관리위원회	주민 투표에서 과반수가 동의하면 실직
의회에 대한 해산 청구	선거권을 가진 자의 1/3 이상*	선거관리위원회	주민 투표에서 과반수가 동의하면 해산
조례의 제정·개폐에 대한 청구	선거권을 가진 자의 1/50 이상	수장	수장은 20일 이내에 의회에 상정, 결과를 공표
감사 청구	선거권을 가진 자의 1/50 이상	감사위원	감사의 결과를 공표하고 의회와 수장에게 보고

* 인구가 40만 명을 초과하는 경우 초과하는 수에 1/6을 곱해서 얻은 수와 40만 명의 1/3을 곱해서 얻은
수를 합산해서 얻은 수 이상이다.

구를 할 수 있으며, 주민이 개별 문제에 의사를 직접 반영하고 싶은 경우에
는 조례 제정을 직접 청구할 수 있다. 또한 위법 부당한 공금 지출이 의심
될 때에는 주민감사청구를 할 수 있다. 이처럼 지방자치법에는 직접민주주
의 이념에 입각한 제도를 두고 있다(〈표 11-1〉 참조).

그런데 지방자치법(1947년 제정)이 규정한 이러한 시스템만으로는 주민
자치를 충분히 실현할 수 없다고 판단되는 경우도 생겼다. 이로 인해 시민
참여와 주민 참여에 대한 논의가 진전되었는데 그 역사를 대략적으로 살펴
보자.

2) 시민 참여의 역사

전후 일본의 최대 과제는 전쟁으로 인한 재난으로부터의 부흥과 피폐해
진 경제의 성장이었다. 국민들 사이에는 '선진국을 따라잡자(Catch-up)'는
이데올로기가 공유되었고, 그 덕분에 1955년 이후 일본은 고도 경제성장을
달성할 수 있었다. 정부도 산업 활동의 확대를 중시한 정책을 전면으로 내
세워 급격한 공업화·도시화를 진행했다. 많은 지자체도 공장유치조례 등

을 적극적으로 제정했으며 산업진흥책을 중시했다.

그러나 급속한 경제성장과 여기에 수반한 도시화의 진전은 대기오염, 수질오염, 소음·진동·악취, 토양오염 등의 공해 발생을 초래했다. 하지만 정부와 여당은 공해 문제에 대한 신속한 대응보다 산업정책 쪽에 중점을 두었고 이로 인해 공해 반대 투쟁으로서의 주민운동이 각지로 확대되었다. 이는 저항형의 시민 참여, 주민 참여라고 할 수 있다.

비등하던 이 운동은 그 후 전국에 혁신지자체를 탄생시켰다. 중앙정부와 여당 자민당에 대한 대결 자세를 명확히 하고 사회당·공산당 등 야당의 지지와 추천을 받은 수장이 통솔하는 지자체가 전국으로 확대된 것이다. 1967년 도쿄 도에 미노베 료키치(美濃部亮吉) 혁신도정이 탄생한 것은 하나의 전기가 되었다. 그는 대화와 참여의 정치를 표방하면서 일관되게 주민 참여의 도정을 지향했다. 전국 각지의 주민들은 도쿄 도의 사례를 본받아 자기 고장의 지자체에 대해 생활 기반의 확충을 요구하는 운동을 전개했다. 주민운동이 저항에서 요구형으로 점점 취지를 바꿔가던 시기였다. 많은 혁신지자체도 주민의 요구에 응하는 형식으로 법률이 정하는 기준을 상회하고 법률이 대상으로 하는 지역 분야 이외에 공해 규제, 소비자보호행정, 정보공개 등의 분야에서도 조례를 제정하는 등 기타 시책을 전개했다. 이러한 현상은 그 후 전국으로 파급되었다.

1973년의 오일쇼크 이후 일본 경제는 저성장 경제로 접어들었다. 제2차 임시행정조사회 때에는 행정개혁도 본격화되었다. 재정이 악화되고 행정 개혁 대강을 제정하는 것이 급선무였던 지자체로서는 세출이 수반되는 생활 기반 확충 요구를 실현하기 어려운 상황이었다. 이로 인해 혁신지자체도 점점 기세를 잃어갔으며, 1979년 혁신도정도 막을 내렸다. 이 시기에는 지자체에 무언가를 요구하기보다는 참여를 요구하는 목소리가 높아졌다. 즉, 주민운동에서 시민 참여의 흐름으로 전환되었다고 할 수 있다.

1980년대 후반 이후에는 세계적인 협동 파트너십의 흐름이 생겨났다. 일본에서도 1995년 한신·아와지(阪神·淡路) 대지진이 일어났을 때 수많은 자원봉사자가 전국에서 모였다. 이는 주민운동이 진정되면서 잃었다고 여겼던 연대 의식과 비영리 활동이 실은 어느 정도 성숙기를 맞는 중이었음을 상징하는 사건이었다. NPO라는 말이 일본에서 빈번하게 등장하게 된 것도 이 무렵이다.

3) 시민 참여의 수준

시민 참여에 대한 논의에서는 셰리 아른스타인(Sherry Arnstein)이 40여 년 전에 논문으로 발표한 시민 참여의 8단계가 자주 인용된다(〈그림 11-1〉 참조).

1단계는 여론 조작 단계이다. 행정은 시민을 단순한 행정권 행사의 대상으로 여겨 시민이 행정을 따를 것이고 행정에 대해 알지 못할 것이라는 태도를 취한다. 1970~1980년대에는 행정 주도의 심의회를 즉각 설치하고 자치회연합회 회장과 부인회연합회 회장인 시민을 부랴부랴 위원으로 입회시킨 후 발언은 하지 못하도록 하고 오직 행정 측만 설명하는 것으로 회의가 끝나는 것이 일반적이었다. 행정 측에 의한 여론 조작이자 알리바이 조작이라는 측면도 없지 않았다.

2단계는 긴장 완화 요법 단계이다. 의료사고로 아이를 잃은 엄마에게 사고조사위원회에 나와 불만을 토로하게 한 후 정신적인 도움을 주는 경우가 전형적이다. 불만을 치유하고 긴장을 완화시키는 단계이다. 1단계와 2단계는 아직 '비참여의 상태'라고 아른스타인은 정의한다.

3단계는 정보 제공(informing) 단계이다. 이른바 행정 홍보의 초기 단계가 여기에 해당된다. 형식적으로는 시민 참여로 한 걸음을 내디뎠지만 정보의

〈그림 11-1〉 시민 참여의 8단계

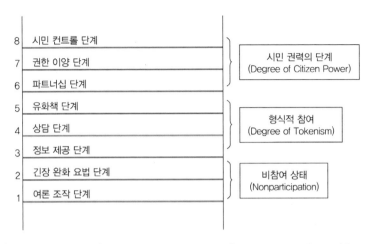

8	시민 컨트롤 단계
7	권한 이양 단계
6	파트너십 단계

시민 권력의 단계
(Degree of Citizen Power)

5	유화책 단계
4	상담 단계
3	정보 제공 단계

형식적 참여
(Degree of Tokenism)

| 2 | 긴장 완화 요법 단계 |
| 1 | 여론 조작 단계 |

비참여 상태
(Nonparticipation)

자료: Sherry R. Arnstein, "A Ladder of Citizen Participation," *JAIP*, Vol.35, No.4(July 1969), p.217.

흐름은 여전히 행정에서 시민으로의 일방통행이며 피드백이나 교섭의 여지는 없다. 시가 주최하는 주민 설명회도 옛날에는 이러한 형태가 많았다.

4단계는 상담(consultation) 단계이다. 이른바 행정 상담, 행정 공청이 여기에 해당된다. 표면적인 의견 청취가 이루어지거나, 시민 만족도 조사를 실시하거나, 최근 퍼블릭 코멘트(public comment, 공공제안)가 이루어지는 것은 모두 이 4단계에 해당된다. 시민의 관심과 아이디어가 고려된다는 보장이 없는 단계여서 아직 실질적 의미에서의 시민 참여로는 보지 않는다. 행정·권력을 가진 측이 시민의 아이디어를 이 수준에서 억제한다면 참여는 겉만 번지르르한 의례적인 형태가 된다. 참여의 정도는 회합에 몇 번 참여했는가, 팸플릿이 몇 부 배포되었는가, 앙케트에 몇 명이 응답했는가 등으로 측정된다.

5단계는 유화책(placation) 단계이다. 행정에 의해 논의의 장이 제공되는 형태를 생각하면 된다. 시민이 어느 정도 영향력을 미칠 수 있는 단계에 접어들었다고도 볼 수 있다. 지자체에 설치되는 심의회는 이전에는 전문가, 퇴직 관료, 각종 단체 대표자로만 구성되었지만 최근에는 시민 위원을 공모하는 곳도 적지 않다. 이러한 형태가 5단계의 수법에 해당된다. 단, 행정 측 구성원이 다수를 차지할 경우 행정 측이 사전에 준비한 결론을 뒤집기는 어렵다. 시민의 의견을 대충 듣고선 양론을 다 청취한 것으로 한다든지, 논의의 최후 단계에서 결론이 일정한 방향으로 집약되는 사례도 자주 있다. 3단계에서 5단계까지는 형식적인 참여의 단계이다.

6단계는 파트너십(partnership) 단계이다. 주민과 행정 모두 다양한 힘을 나누어 가져 정보가 공유화되거나 정책 결정에 시민이 참여하는 단계이다. 아른스타인은 이 단계 이상의 시민 참여를 '시민 권력의 단계'라고 부른다.

7단계는 권한 이양(delegated power) 단계이다. 예를 들면, 행정평가 지표를 설정하는 데 주민이 평가 지표나 성과 목표를 설정하는 경우가 여기에 해당된다. 주민 자신에게 결정 권한이 이양되는 것이다. 2009년 민주당 정권 아래에서 행해진 사업 지속 여부를 결정하는 자리에서 벌어진 사업 구분자들의 날카로운 설전이 인상적이었는데, 이와 같은 사업 구분 방식은 지자체가 쌓아온 실적을 토대로 한다. 이 수법에 대해서는 비판도 많지만 형식적으로는 7단계에 해당된다고 할 수 있다. 사업을 계속할지 말지에 대해 결정하는 권한이 수장에서 시민에게 실질적으로는 이양되는 경우가 많기 때문이다.

마지막으로 8단계는 시민 컨트롤(citizen control) 단계이다. 7단계에서 주민이 평가 지표를 설정하는 사례를 들었는데 이 지표에 의거해서 주민에 의해 평가가 실시되는 경우가 여기에 해당된다. 시민 자신이 결정하고 평가하는 것으로, 바꿔 말해 '시민에 의한 자주관리'라고 불리는 단계다.

이러한 시민 참여, 특히 5단계 이상의 시민 참여에서 항상 논의의 대상이 되는 것은 참여자의 범위나 선정 방법이다. 공청에서는 여론 조작에 의한 의견이나 편견에 치우친 의견이 집약되는 경우가 있으며, 공모 위원에 응모하는 시민은 시간적 여유가 있는 시민이나 이해관계자인 경우도 많다. 어느 경우나 모두 편파적일 가능성이 있다. 이 때문에 2009년부터 실시된 재판원 제도에는 무작위 할당제가 사용된다.

4) 시민 참여와 협동

일본의 지자체에서는 1990년대 후반 이후 '주민과의 협동'이라는 말이 빈번히 사용된다. 이것이 의미하는 바는 사용되는 경우마다 다르고 지자체에 따라서도 다르다. 일반론적으로 협동(coproduction)은 공공 서비스의 생산·공급자와 소비자 쌍방이 서비스 형성·공급 과정에 참여하여 상호 이해와 정보 공유를 추진한 결과로 서비스의 생산성이나 질의 향상, 양자의 자질 향상, 의식이나 시스템 혁신을 도모하는 데 목적이 있다. 자주 인용되는 예로 지역 단위의 마을 만들기 플랜의 작성, 재택 복지 플랜의 작성이나 이에 대한 서비스 운영 등이 비교적 협동이 용이한 분야이다.

하지만 이미 언급했듯이 이 말이 앞에서 본 8단계 중 어디에 위치하는가는 사용되는 경우에 따라 제각기 다르다. 퍼블릭 코멘트를 한 것만으로도 주민 협동이라고 주장하는 지자체 직원도 있고, 의사 형성 과정에 주민을 반드시 참여시켜 경우에 따라서는 결정 자체를 사실상 위임하는 지자체도 있다. 이러한 경우는 7단계에 해당한다고 할 수 있다.

5) 새로운 형태의 공공단체 NPO

전 세계적으로 보면 1980년대 후반부터 협동 파트너십으로의 큰 흐름이 생겨나 시민 개개인뿐만 아니라 NPO의 존재감이 커졌다. NPO란 아주 넓

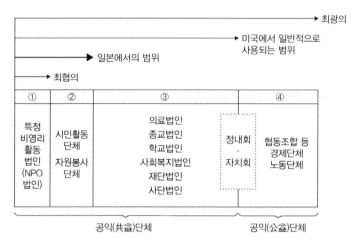

〈그림 11-2〉 NPO에 포함되는 단체의 종류

①	②	③		④
특정 비영리 활동 법인 (NPO 법인)	시민활동 단체 자원봉사 단체	의료법인 종교법인 학교법인 사회복지법인 재단법인 사단법인	정내회 · 자치회	협동조합 등 경제단체 노동단체

최광의 ▶
미국에서 일반적으로
사용되는 범위 ▶
일본에서의 범위 ▶
최협의 ▶

공익(共益)단체   공익(公益)단체

자료: 経済企劃庁, 『平成12年度 国民生活白書—ボランティアが深める好緣(要旨)』(2000), 38頁 참조.

은 의미로는 이윤 재분배를 하지 않는 조직·단체(비영리단체)를 가리킨다. 반대되는 말은 영리단체(이윤을 구성원에게 분배하는 주식회사 등)이다. NPO 에는 사단법인이나 재단법인, 의료법인, 사회복지법인, 학교법인, 종교법인, 협동조합, 지역의 자치회 등도 포함된다(〈그림 11-2〉 참조).

반대로 아주 좁은 의미로는 NPO법에 의거해 인증을 받은 법인만을 지칭하는데, 일본에서는 일반적으로 인증을 받지 않은 시민단체나 자원봉사단체를 포함한 민간 비영리조직도 NPO라고 부르는 경우가 많다. '민간 비영리조직'에서 '민간'이란 정부의 지배에 속하지 않는 것을, '비영리'란 이익이 나더라도 구성원에게 분배하지 않고 단체의 활동 목적을 달성하기 위한 비용에 충당하는 것을, '조직'이란 사회에 대해 책임이 있는 체제로 계속 존재하는 사람의 모임이라는 것을 뜻한다.

일본의 NPO는 1995년의 한신·아와지 대지진을 계기로 표면화되었다. 이 지진이 발생했을 당시 100만 명이 넘는 자원봉사자가 국내외에서 모여

들어 이해를 자원봉사 원년이라고도 부른다. 당시에는 다양한 NPO에 의한 자원봉사 활동이 전개되었으며, 그 활동 모습이 크게 보도되기도 했다. 그러나 이러한 활동을 하는 단체가 현행법 아래에서는 법률의 보호나 세제상의 우대 조치를 받을 수 없다는 점이 전문가나 언론으로부터 지적되었다. 이를 계기로 정부와 국회 내외에서 NPO에 대한 논의가 활발해졌고 결국 의원 입법에 의해 NPO법(특정비영리활동촉진법)이 1998년에 제정되었다.

법률 제정으로 복지, 방재, 마을 만들기 등 다양한 분야에서 활동하는 NPO에 법인격을 부여하는 길이 열렸다. NPO가 도도부현이나 국가에 신청해서 법이 정하는 요건에 적합하다고 인정되면 NPO로 인증되었다. 이 법률의 성립으로 전체 NPO가 법인격 취득에 나선 것은 아니지만 NPO가 활동하는 이상 법인격을 취득할 수 있는 장치가 만들어진 것은 큰 의의가 있었다.

주민 니즈가 다양화되고 각종 서비스에 요구되는 전문성이 높아지는 등 지자체를 비롯한 행정이 대응하기 어려운 경우가 많아졌는데, 이런 경우에는 NPO 등과의 협동이 요구된다.

공공적인 활동은 크게 두 가지로 나눌 수 있다. 첫째는 국가나 지자체가 모은 세금을 기반으로 유상으로 고용한 공무원이 행하는 활동이다. 둘째는 공무원이 아닌 개개의 시민이 지역의 연계나 특정 목적의 네트워크를 모체로 자원봉사나 기부금 등의 자본을 기반으로 행하는 활동으로, 자선사업, 자치회 등이 있다. 또 기업이 CSR(Corporate Social Responsibility, 기업의 사회적 책임)이나 메세나를 통해 불특정 다수의 타인에게 공헌하는 활동을 하기도 한다. 첫 번째 경우만 공공이라고 해석되는 경우가 많지만, 엄밀하게 말하면 첫 번째의 활동은 '관(官)[공(公)]'이고 두 번째의 활동은 '민(民)'이다.

공사이원론의 입장에서는 '공공(公共) = 관'이라는 이미지로 이해되기도 하지만 앞에서 본 바와 같이 꼭 그렇지만은 않다. 이 때문에 공사이원론에서 탈피해 공−사(私)−공공의 삼원론으로 이해해야 한다는 주장도 나오게 되었다. 공공의 담당자는 지금까지는 국가나 지자체였지만 앞으로는 아래로부터의 공공성을 강조하는 사고방식, 즉 시민이 주도권을 갖고 열린 공공을 지향하는 시민사회 운동으로서의 공공 영역으로 이해하는 사고방식이 더 확산될 것이다.

이처럼 공공의 분야를 공공 부문만 맡는 것이 아니고 시민도 맡고 NPO도 맡고 기업도 맡는다는 새로운 사고방식이 점점 확산되고 있다. 일본에서도 2009년에 탄생한 민주당 정권하에서 '새로운 공공원탁회의(公共円卓会議)'가 설치되었고 여기에서의 논의를 기본으로 2010년 6월 '새로운 공공선언'이 나왔다.

이와는 반대되는 현상이지만 최근에는 공사이원론에서 말하는 사적인 영역에 관이 개입하는 사례도 많다. 신칸센(新幹線)이나 원자력발전소의 영업을 위해 총리와 담당대신이 외국을 방문해서 홍보하는 모습도 당연한 것으로 받아들이게 되었다. 지자체에서도 옛날 머슴의 옷을 입고 도쿄 등에서 토산품을 판매하는 수장이 많으며, 역내의 혼활지원(婚活支援, 맞선파티를 열거나 혼례를 올려주는 방식의 지원)을 실시하는 지자체도 늘어나고 있다. 이러한 현상은 분명 사적 영역에 공공 부문이 개입하는 형태로, 기존의 공사이원론으로는 해석하기 어려운 부분이 있다. 따라서 공사융합론이라는 사고방식도 제기된다.

2. 공동체와 시민 참여

공동체 정책은 지역공동체의 재생을 목표로 하는 정책적 대응을 뜻하지만 이는 1969년 국민생활심의회 내의 공동체문제소위원회의 보고인 「공동체: 생활 현장에서의 인간성의 회복」이 나온 이후 각 지자체의 정책 과제가 되었으며, 자치성의 후원에 힘입어 적극적인 연구가 진행되었다.

이 보고서는 공동체를 '생활 현장에서 시민으로서의 자주성과 책임을 자각한 개인 및 가정을 구성 주체로 하며, 지역성을 지니고 있고 각종 생활 목표를 가진, 개방적이면서도 구성원 상호 간에 신뢰감이 있는 집단'으로 정의한다. 공동체 정책은 1970년대 후반 이후 추진되었는데, 기본적으로는 초등학교 구 단위에서 공동체 센터인 코미센(커뮤니티 센터)의 설치와 코미센에 대한 자주적인 관리가 주된 업무였으며 지역의 모임이나 사회교육이 주된 활동이었다. 하지만 1990년대에 지자체의 재정 핍박이 현실화된 이후로는 보건복지 부서가 코미센의 창구가 되는 사례가 증가하고 있으며 그 내용도 기존의 생애학습적 활동에서 지역복지적 활동으로 크게 이동하는 중이다. 행정 서비스가 축소되면서 공동체가 공공 서비스의 담당자이자 협동의 파트너가 되는 경우가 많아졌다.

총무성의 공동체연구회(2007년)의 연구 자료 '지역공동체의 현상과 과제'(미발표 원고)를 보면 공동체는 생활 지역, 특정의 목표, 특정의 취미 등 얼마간의 공통된 속성 및 중간 의식을 갖고 서로 커뮤니케이션하려는 집단(사람과 단체)으로 정의되어 있다. 그중 공통의 생활 지역(통학 지역, 근무 지역을 포함)을 가진 집단에 의한 공동체를 특히 지역공동체라 부른다. 이를 종합해보면 공동체란 '공적 행정단위로서 지자체보다는 규모가 작은 지역 주민의 공동사회'라고 할 수 있다.

나와다 요시히코(名和田是彦)는 공동체는 친목의 기반이고, 합의 형성의 장이며, 공공 서비스의 제공 주체이고, 계획 주체라는 네 가지 기능을 가진다고 말한다. 이 중 공공 서비스의 제공 기능은 공동체가 행정으로부터 위탁이라는 형식을 취하는 경우도 있지만 그렇지 않더라도 자치회나 정내회가 공공 서비스를 맡고 있는 부분도 적지 않다.

일본에서는 원래 코미센이 활동하기 훨씬 이전부터 일상사의 용이한 공공 서비스의 많은 부분을 지역사회 공동체가 맡았다. 단, 고도성장기와 그 후 증대하는 개인소득에 의해 일상사의 공공 서비스는 시장에서 구입하는 서비스로 옮겨갔고, 이는 다시 행정이 제공하는 공공 서비스로 대체되었다. 그 와중에도 코미셴 활동이 주목받은 부분은 있었다. 그렇지만 버블 경제 붕괴 이후 지자체의 재정 상황이 열악해지면서 공공 분야 담당으로서의 지자체와 정내회 등의 공동체가 재차 스포트라이트를 받았다.

역사적으로 보면 메이지유신 이전에는 기초적인 지자체가 50호 정도로 이루어진 자연 촌락이었으며(14장 참조) 이것이 공동체를 형성하고 있었다. 그렇지만 메이지의 자치제도 도입기에는 대개 300~500호를 표준으로 해서 메이지의 대통합이 추진되었고, 약 7만 개이던 정촌은 약 1만 6,000개의 시정촌으로 개편되었다. 한 개의 정촌 내에 복수의 자연촌 공동체를 품게 된 것이다. 1955년 전후에는 대체로 중학교구에 해당하는 인구 8,000명의 주민을 목표로 쇼와의 대통합이 추진되었고, 이로 인해 1953년에서 1961년 사이에 약 9,900개였던 시정촌이 1/3가량으로 감소했다. 이러한 대통합이 추진되었기 때문에 기존의 자연 촌락을 중심으로 한 단위는 그때그때 만들어지는 법에 의해 없어져 여기에 대응할 목적으로 단위자치회·정내회, 연합자치회·정내회 등이 조직되었다. 말하자면 지역공동체의 연합 조직이 차례차례 대규모화되었다. 시정촌이라는 행정적인 최소 기초지자체는 법률상에는 존재하지만 실질적인 공동체의 기능은 그 아래 단계에서 맡는 구조로 변한 것이다.

13장에서도 언급하겠지만 프랑스는 통합이라는 선택을 하지 않고 공동체는 어디까지나 코뮌으로 하고 대규모 행정사무는 코뮌의 연합 조직을 만드는 방식으로 대응한다. 이 점에서 일본과는 방향이 다르다. 저출산·고령화는 지자체에 두 가지 과제를 부여한다. 첫째, 지자체의 서비스 제공 시스템의 개편이다. 이미 언급했듯이 지자체는 지역에 기초를 두는 취락(聚落)

이나 자치회, 그의 연합 조직 등의 중간 단체에 의존해 서비스를 제공해왔으나 저출산·고령화로 기초가 되는 지역공동체가 약화되어 지자체에 의한 서비스 제공이 어려워졌기 때문이다. 둘째, 공동체 자체의 유지·존속이다. 지금까지는 취락 단위로 생활 도로의 관리나 관혼상제 등의 자치 기능이 행해졌으나 취락이 급속히 쇠퇴하면서 이를 어떻게 재생할 것인가라는 문제와 이를 위해 지자체가 필요로 하는 서비스는 무엇인가라는 문제가 대두된 것이다. 이것은 지자체에게 새로운 정책 과제라고 볼 수 있다.

3. 지방자치와 중간 단체

여기서는 정내회나 NPO 단체 등의 중간 단체와 지방자치의 관계를 더욱 넓은 관점에서 살펴보려고 한다. 알렉시 드 토크빌(Alexis de Tocqueville)은 『미국의 민주주의(Democracy in America)』에서 지방자치제도가 전제정치에 저항하는 힘을 갖고 있다고 지적했다. 토크빌은 이 저서에서 "지방자치의 제도는 모든 국민에게 도움이 된다고 생각한다. 단, 사회 상태가 민주적인 국민만큼 이 제도를 정말로 필요로 하는 국민은 없는 것 같다. ……귀족제하의 인민은 과도한 전제로부터 지켜질 수 있다. 왜냐하면 전제군주에 저항하는 모든 힘은 지방자치제도에서 나오기 때문이다. 지방자치제도가 없는 민주제는 이러한 폐해에 대해 어떠한 방어책도 갖고 있지 않다. 작은 일에서 자유를 사용하는 기술을 배운 적이 없는 군중이 어떻게 해서 큰 일에서 자유를 유지할 수 있단 말인가?"라고 지적한다. 또한 그는 "현대에는 결사(結社)의 자유가 폭정에 항거하는 데 필요한 보증으로 되어 있다. 당파적 전제나 군주의 자의를 막는 데 사회 상태가 민주적인 국가만큼 결사가 필요한 국가는 없다"라고 강조하면서 결사가 지방자치와 마찬가지로 전제를 억제하는 의의를 갖는다고 한다.

토크빌은 미국은 연령, 환경, 사고방식 여하를 불문하고 누구나 끊임없이 단체를 만든다면서 "미국은 공통된 욕구의 대상을 공동으로 추구하는 기술에 오늘날 가장 익숙한 국가이자 이 새로운 지식을 더없이 수많은 목적에 적용해온 국가"이며 미국에서는 결사를 통해 시민이 훈련되고 있다고 지적했다. 즉, "공통된 일과 관련된 작은 일의 수가 증가하면 증가할수록 사람들은 자기도 모르는 사이에 큰일을 공동으로 수행하는 능력을 몸에 익힌다. 따라서 시민적 결사는 정치적 결사의 활동을 용이하게 만든다. 한편 정치적 결사는 독특한 형식으로 시민적 결사를 발전시키고 완성시킨다"라면서 시민적 결사와 정치적 결사의 관련성을 논했다.

최근에는 토크빌이 지적한 결사가 갖는 시민 훈련의 역할에 착안한 논의도 적지 않다. 퍼트넘의 사회자본론(social capital)도 그중 하나이다. 『자본과 민주주의(Making Democracy Work)』에서 퍼트넘은 이탈리아에서 레지옹이라는 광역지방단체가 도입된 당시 남부와 북부가 대응한 방식의 차이에 대해 검토하면서 그러한 차이를 만든 것은 다양한 사회단체(축구 클럽, 합창단, 독서회 등)의 존재에 있다고 논했다. 퍼트넘은 이들 단체에서 호혜성(互惠性, reciprocity)의 규범이나 시민의 적극적인 참여가 길러진다고 분석하면서 이를 '사회자본'이라고 명명했다.

이처럼 사회자본과 민주주의의 상관성을 명확하게 규정한 퍼트넘은 자신의 저서 『나 홀로 볼링(Bowling Alone)』에서 미국인의 정치 참여, 시민 참여, 종교 참여, 직장에서의 유대, 비공식 사회적 관계 등의 사회자본이라는 현상을 방대한 조사 자료를 통해 밝혔다. 예를 들면, 미국에서 가장 인기 있는 스포츠인 볼링의 인구는 1980년대에서 1993년 사이에 10% 증가했지만 팀으로 꾸려져 서로 아는 사람들의 모임에 정기적으로 참여해야 하는 리그 볼링 경기는 40% 감소했다고 한다. 이러한 사례에서 알 수 있듯이 퍼트넘은 미국에서 사회적 관계가 약화되고 있으므로 민주주의의 쇠퇴에 대한 경종으로서 사회적 관계의 재건을 주장했다.

한편 역사사회학자인 테다 스카치폴(Theda Skocpol)은 자신의 저서『민주주의의 쇠퇴(Diminished Democracy)』에서 미국의 자발적 결사에 대한 퍼트넘의 인식은 역사적인 인식으로서 부정확하며, 따라서 그의 현상 진단도 잘못된 것이라고 비판했다. 스카치폴은 다양한 형태의 자발적 결사는 역사적으로 보더라도 단순히 지방적인 소규모 단체로 있었던 것이 아니라 전국적인 조직으로 존재했으며, 이러한 자발적 결사는 미국의 헌법을 모델로 한 지역-주-연방이라는 계층적인 조직으로 발전했음을 명확히 했다. 그리고 대다수의 회원을 갖고 있는 조직이라면 그 조직의 목적을 실현하고 달성하기 위한 수단과 훈련이 미국의 민주주의를 지탱하는 훈련이 될 수 있었다고 주장했다.

그런데 미국에서는 건국 초기부터 회원제의 구성원을 주체로 결사를 했으나 1960년대에 들어서면서 전문가를 중심으로 한 이익(advocacy)단체로 대체되었다. 이들 새로운 전문가 집단은 정책 제언을 하지만 광범위한 구성원을 갖지 않으며, 따라서 구성원에 대해 민주주의 훈련 기능이 없고 이것이 제창하는 공공 정책도 특정 이익단체의 이해에 따른 것으로서 이로부터 민주주의의 본연의 모습의 변용·쇠퇴가 일어났다고 스카치폴은 지적했다. 스카치폴은 지역에서의 자발적 결사의 형태를 좁은 지역의 틀 내에서만 생각하지 말고 국가의 제도적 구조의 맥락에서 검토할 필요가 있다고 주장한 것이다.

로버트 페카넨(Robert Pekkanen)은 스카치폴의 구조를 이용해서 일본 사회단체의 양태를 분석했다. 그는 시민사회라는 용어를 조직화된 비정부·비영리단체라고 정의하면서 일본의 시민사회 현황을 분석했다. 그 결과, 일본의 시민사회는 대규모로 전문화된 단체는 적은 반면 정내회나 자치회 같은 지역에 뿌리를 둔 소규모 단체가 아주 많은 '시민사회의 이중 구조'로 되어 있다고 표현했다. 그리고 지역단체에 구성원은 있지만 이들은 전문화되어 있지 않아서 정책 제언을 할 수 없으므로, 일본 단체의 특징을 '정책 제언 없는 구성원들의 집단'이라고 규정하면서 전국적인 전문가 단체가 적은 이유도 여기에 있다고 분석했다.

페카넨은 일본의 시민사회가 이러한 이중 구조인 것은 일본의 문화에서 유래한 것이 아니라 법률·규제·재정 조치 등의 정치제도와 정치적 기회 구조에서 유래했다고 분석했다. 1998년에 NPO법이 생기기 전까지 일본의 법률에서는 비영리법인이 공익법인에 속하는 것으로 되어 있어 이 비영리법인에 대한 설립 허가와 감독, 처분은 주무관청 관료의 재량에 사실상 맡겨졌으며 세제 혜택도 없었다. 이러한 제도적 조건 때문에 환경 단체 등 정책 제언을 하는 전국적인 단체가 등장하기 어려웠다. 다른 한편 페카넨은 정내회와 자치회가 전국적으로 널리 존재한 것은 다른 특별한 형식으로 정부의 지원이 있었기 때문이라고 말했다. 자치회는 1900년에 만들어진 위생조합제도를 모델로 해서 1920년대에 전국화되었으며, 자치회 활동의 유용성은 관동대지진 때 널리 인식되었다. 또한 자치회는 정부의 지원에 힘입어 유지된 바가 크다고 할 수 있지만 자치회 자체는 사회의 자발적인 움직임으로 생긴 것이라고 지적했다. 또 자치회는 전속 직원이 없는 소규모 단체여서 정책 제언의 도구로 발전하지 못한 '정책 제언 없는 구성원들의 집단'이지만 자치회에 참여하는 사람은 누구에게나 신뢰를 얻으며 사회적 관계를 구축하는 데 공헌하는 것으로 분석했다.

공동체의 재건에는 그 지방의 주민뿐만 아니라 그 지방 이외의 NPO 등 더욱 전문적인 인재와 연관을 맺는 것이 중요하다고 지적된다. 이를 현실화하기 위해서는 지역 매니지먼트 인재를 배출시키는 전문 단체의 결성 및 활동이 중요하다. 페카넨의 연구는 이와 같은 단체의 출현을 용이하게 하기 위한 제도의 형태에도 눈을 돌려야 한다는 것을 시사한다.

사카모토 하루야(坂本治也)는 퍼트넘의 분석 틀을 원용하면서 일본의 지방정부 통치 행위와 사회적 관계를 계량 분석으로 명확하게 밝히려고 했다. 하지만 도도부현과 시구의 모든 수준에서도 사회적 관계가 통치 성과를 높이는 효과는 확인되지 않았다. 그렇다면 왜 일본의 지방정부에서는 이와 같은 효과가 확인되지 않을까? 사카모토는 통치 행위와 사회적 관계 사이에 존재하는 매개변수에 주목했다. 그 결과 통치 행위에 우위의 긍정적인 영향을 주는 매개변수로서 '활동하는 시민'이 완수하는 '정치 엘리트에 대한 적절한 지지·비판·요구·감시의 기능'인 시민 파워(civic power)가 중요하다는 사실을 확인했다(시민 파워 가설). 시민 파워를 담당하는 것은 시민 엘리트(활동하는 시민), 즉 스스로 정의하는 특정 공익의 증진을 목표로 이의를 신청하고 정치 엘리트에 대한 감시, 계발 활동, 공론 환기 등으로 정치기구의 외부에서 정책 과정에 얼마간의 영향을 주려고 조직화된 시민단체 등에서 활동하는 운동가 또는 정치가이다. 구체적으로는 시민운동, 옴부즈맨 운동, 주민운동, 소비자 운동, 환경운동 등 여러 단체에 속한 운동가 또는 활동가이다. 사카모토는 일본에서는 시민 파워가 반드시 사회자본과 동일시되는 변수는 아니며, 이탈리아나 미국에서 실증된 사회자본 가설이 일본에서는 실증되지 않았다고 말한다. 이는 비판적이면서도 활동적인 태도와 행동을 취하는 시민상이 그다지 일반적이지 않으며 일체감만을 강조하는 문제가 전통적으로 지적되는 일본 사회의 특징이라고 한다.

더욱 좋은 정치를 실현하기 위해서는 시민이나 시민사회 조직에 어떠한 태도나 행동이 요구되는 것일까? 사회자본론의 관점에서는 '협조하는 시민'이, 협동론의 관점에서는 '협동하는 시민'이 요구되지만 사카모토의 논의에서는 정부를 감시·비판하는 '활동하는 시민'이 필요하다. 앞으로는 이러한 논점에 대해 더욱 많은 실증적 연구가 진행될 것으로 보인다.

| 키워드 |

직접민주주의, 시민 참여, 주민운동, 참여의 수준, 협동, NPO, 새로운 공공, 공
동체, 정내회, 중간 단체, 사회자본

| 연구 과제 |

1. 자신이 속한 지자체나 인근 지자체에서 활용되는 직접청구제도가 있는가?
   있다면 어떠한 경우인지 조사해보자.
2. 자신이 속한 지역의 자치회와 정내회의 현황을 조사하고 지역 주민 조직이
   직면한 과제를 생각해보자.
3. 자신이 속한 지자체에는 NPO 단체가 있는가? NPO 활동과 지자체 또는 자치
   회 간에는 어떤 상관관계가 있는지 조사해보자.

| 참고문헌 |

天川晃. 2009.「自治体とコミュニティ」. 天川晃·稲継裕昭 著.『自治体と政策』. 放
　　送大学教育振興会.

稲継裕昭·山田賢一. 2011.『行政ビジネス』. 東洋経済新報社.

桂木隆夫. 2005.『公共哲学とはなんだろう－民主主義と市場の新しい見方』. 勁草
　　書房.

坂本治也. 2010.『ソーシャル·キャピタルと活動する市民－新時代の日本の市民政治』.
　　有斐閣.

篠藤明徳. 2006.『まちづくりと新しい市民参加－ドイツのプラーヌンクスツェレの
　　手法』. イマジン出版.

スコッチポル, シーダ. 2007.『失われた民主主義－メンダーシップからマネージメ
　　ントへ』. 河田潤一 譯. 慶応義塾大学出版会.

トクヴィル, アレクシス·ド. 2005~2008.『アメリカのデモクラシー』(全4冊). 宋本
　　礼二 譯. 岩波文庫.

名和田是彦. 1998.『コミュニティの法理論』. 創文社.

パットノム, ロバート. 2001.『哲学する民主主義－伝統と改革市民的構造』. 河田潤一
　　譯. NTT出版.

_____. 2006. 『孤独なボウリングー米国コミュニテイの崩壊と再生』. 柴内康文 譯.
柏書房.

林建志. 2003. 「市民参加先進都市を目指す京都市の試み」. 村松岐夫・稲継裕昭 編
著. 『包括的地方自治ガバナンス改革』. 東洋経済新報社.

ペッカネン, ロバート. 2008. 『日本における市民社会の二重構造ー政策提言なきメ
ンバー達ー』. 佐々田博教 譯. 木鐸社.

村松岐夫・稲継裕昭・日本都市センター 編著. 2009. 『分権改革は都市行政機構を変
えたか』. 第一法規(田尾論文, 大野論文).

寄本勝美・小原隆治 編. 2011. 『新しい公共と自治の現場』. コモンズ.

サラモン, レスター. 2007. 『NPOと公共サービスー政府と民間のパートナーシップ』.
ミネルヴァ書房.

Arnstein, Sherry R. 1969. "A Ladder of Citizen Participation." *JAIP*, Vol. 35, No.
4(July), pp. 216~224.

| 옮긴이 해설 |

지역 거버넌스라는 말은 이제 낯익은 용어이다. 일본의 경우 1960년대
혁신지자체에 의한 주민 참여의 강조, 1995년 한신·아와지 대지진 이후
NPO 활동의 장려, 최근 지역 주권을 표방하는 주민협동 방식의 확대
도입 등이 지역 거버넌스의 대표적인 사례이다.
우리나라에서도 일본의 주민 참여와 협동 방식, NPO 활동 등을 참고할
필요가 있다. 또한 지역 거버넌스의 전제가 되는 주민에 대한 정보공개
상황을 비교하고 주민 참여예산제도의 실효성도 점검할 필요가 있다.

12 │ 복지정책과 지방자치단체

복지를 담당하는 중앙 부처가 자신의 지방 출장 기관을 통해 복지정책을 전개하는 국가도 있지만, 일본은 이른바 융합형 정부 구조를 택하고 있어 지자체가 실제로 복지정책을 맡고 있다. 이 장에서는 복지정책의 전개를 살펴보면서 생활보호를 중심으로 중앙과 지방의 관계를 생각해보려고 한다. 아울러 복지정책을 맡은 전담 공무원의 행동 양식도 살펴보자.

1. 복지의 자석과 지자체

복지정책을 논의하기에 앞서 폴 피터슨(Paul E. Peterson)의 정책 유형론을 살펴보자. 피터슨은 자신의 저서 『도시한계론(City Limits)』에서 지자체의 정책을 지역의 경제적 이익 확대에 연결되는 기업 유치정책과 관광자원 보호정책 등의 개발정책, 저소득층에는 이익을 주지만 지역 경제에는 마이너스 영향을 주는 재분배정책, 경제 효과는 중립적이지만 지자체로서는 당연히 해야 할 방범이나 소방 등의 분배정책으로 분류했다. 그리고 지자체는 이익(시 전체의 이익)의 극대화를 노릴 때에는 개발정책에 역점을 두지만 수익자와 부담자가 일치하지 않는 재분배(복지)정책은 적극적으로 추진하지 않는다고 분석했다. 개발정책으로 세부담 능력이 높은 숙련·전문 노동자가 유입되면 지자체에 이익이 되지만 재분배정책으로 세부담 능력이 낮고 동시에 공공 지출을 증대시키는 저소득층이 유입되면 지자체에 불이익이 되므로 지자체는 이를 경계하게 된다. 이 때문에 재분배정책은 연방정부(중앙정부)가 행해야만 한다고 논했다.

피터슨은 빈곤자가 높은 생활보호 급부 수준을 요구해서 주민이 이동하는 것을 '복지의 자석(welfare magnet)'이라 칭했다. 그리고 이를 검증해서 복지 수준과 빈곤율 간 정(正)의 상관성에 대해 실증했다. 결국 피터슨에 따르면 생활보호 같은 재분배정책은 국가가 직할로 실시하거나, 재분배정책의 권한·재원은 국가의 통제가 필요하다는 것이다. 즉, 그는 복지와 분권은 양립하기 어렵다는 주장을 펼친다.

그의 논의는 일본에서 분권 추진론자와 복지 축소론에 대한 비판자가 많이 겹치는 것을 생각하면 다소 기이하게 여겨진다. 일본에서는 '분권을 추진하고 복지를 수호한다'는 주장이 설득력을 갖기 때문이다.

사토 미쓰르(佐藤満)는 일본에서 분권과 복지 사이에 친화성이 있는 듯 보이는 이유로 두 가지를 든다. 첫째, 일본의 복지정책은 부자에서 가난한 자에게로 재분배·소득 이전되는 형태만 있는 것이 아니라, 고령화로 전체 주민이 고객(연금보험 대상자)이 되는 유상 급부와 보험 장치에서 운용되는 급부도 혜택 범주에 들어 있다는 점이다. 둘째, 일본의 중앙과 지방 제도가 분리형이 아니고 융합형이라는 점이다. 중앙정부의 시책을 지자체에서 실시하는 지금과 같은 제도에서는 중앙에서 재정 조치가 이루어지므로, 피터슨이 지적하는 것처럼 복지와 분권이 양립하기 어려운 현상이 그다지 나타나지 않는다.

단, 재정적 분권이 진전되면 복지와 분권이 양립하기 어려운 현상이 현재화할 가능성이 있다. 삼위일체 개혁에 즈음해서 2004년 후생노동성은 생활보호에 관한 국고보조부담금의 삭감을 역제안했다. 지방 측이 이를 받아들일 수 없다고 거절해서 결국 현상 유지로 귀결됐지만, 만약 국가에 의한 재정 조치가 대폭 삭감되어 지자체의 자주 재원으로 생활보호를 해야 한다면 지자체는 재정 부담을 줄이기 위해 되도록 생활보호 수급자를 감축시키려는 인센티브를 작동시킬 것이다. 설령 보호의 기준이 전국적으로 통일되어 있더라도 지자체는 운용 면에서 신청 수리를 기피하거나 보호를 중단하여 총액 삭감을 도모할 것이다. 결국 분권은 진전하지만 복지는 후퇴하는 사태가 일어나지 않는다고 장담할 수는 없다.

일본에서는 복지정책을 대부분 지자체가 집행하고 있지만 국제적으로 보면 국가 및 국가의 출장 기관을 실시 기관으로 하는 사례가 많다. 다음 절에서는 일본 복지정책의 전개를 간단히 살펴보자.

2. 일본 복지정책의 전개와 지자체의 역할

일본 복지정책의 원형은 1874년에 제정된 휼구규칙(恤救規則)이라고 할 수 있다. 무엇보다도 그 핵심은 '제빈휼구(濟貧恤救)와 인민 상호(相好)의 정의(情誼)에 의한 규칙'이라고 규정되어 있으며, 일본의 전통적인 가족제도와 지역공동체에 의한 친족 부조와 인보(鄰保, 가까운 이웃끼리 서로 돕고 협력하는 일 또는 그러한 조직) 부조가 미풍양속으로 장려되어 있었다. 그렇기 때문에 이 규칙에 의해 구제된 고령자의 총수와 그 보호율은 극히 적었다. 그 후 이 규칙은 1929년의 구호법(救護法)을 거쳐 1946년 구(舊) 생활보호법으로 계승되었다.

전후의 일본국 헌법은 생존권의 보장을 규정했으며 이 이념에 입각해서 1950년에 신(新)생활보호법(현행 생활보호법)이 제정되었다. 신생활보호법은 당시 제정되어 있던 아동복지법(1947년), 신체장애자복지법(1949년)과 함께 복지 3법이라 불렀다. 이 제도들은 주로 전후의 혼란 중에 생활이 곤란한 사람들을 구제하는 것이 목적으로, 이른바 구빈(救貧)정책으로서의 복지정책이었다.

1960년대 들어 사회복지 행정은 소관 범위를 확대하여 6개의 개별 분야에 전문적인 대응을 계획할 수 있게 되었다. 기존의 3법에 더해 정신박약자복지법(1960년), 노인복지법(1963년), 모자 및 과부복지법(1964년)이 제정되었다. 말하자면 복지 6법체제가 된 것이다. 예전부터 내려온 빈곤 계층에 대한 공적 부조에 머문 것이 아니라 장애자 세대, 노인 세대, 모자 세대 등 빈곤 계층으로 전락할 위험이 있는 세대에게도 빈곤 계층 일정의 급부를 해야 한다는 방빈(防貧)정책의 도입을 목적으로 사회복지 서비스도 같은 반열에 올랐다.

일본은 고도 경제성장을 경험했지만 동시에 성장의 그늘에서 혜택을 받지 못한 사회적 약자에게도 대응해야 했다. 1960년대 후반부터는 도시에서 혁신지자체가 하나씩 탄생했으며, 국가의 기준을 상회하는 복지정책을 실시하는 지자체도 증가했다. 피터슨의 이론과는 반대로 노인 의료의 무료화 등 복지정책이 좀 더 충실해지기를 바라는 여론이 비등해 지자체 간 경쟁이 출현했다. 복지는 표가 된다는 수장의 생각도 여기에 한몫했다.

정부와 자민당도 혁신지자체의 정책에 대항하기 위해 당시까지의 방침을 크게 바꾸지 않으면 안 되었다. 1973년에 작성된 경제사회기본계획에서는 소득 분배의 공평화를 포함해 국민 복지에 결부된 경제사회의 발전 패턴 추구를 국가 목표로 걸었다. 이 계획을 받아 같은 해에 작성된 사회보장장기계획은 '성장에서 복지로'라는 슬로건을 내걸었다. 이해는 복지 원년이라고도 불린다.

그렇지만 두 번의 오일쇼크를 겪으면서 일본의 고도 경제성장도 끝나기 시작했다. 이로 인해 정부의 수비 범위가 논의되었고, 그 후 1981년에는 중

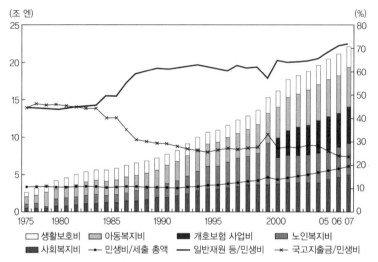

〈그림 12-1〉 지자체의 민생비 등의 추이

주: 개호보험 사업비는 민생비에는 포함되어 있지 않지만, 고령자보험 관계의 비용이 증대하고
    있음을 나타내기 위해 막대그래프에 넣은 것이다. 개호보험 사업비에는 도도부현 지출금,
    타 회계 조입금, 조출금을 제외한다.
자료: 総務省, 「地方財政統計年報」(各年度); 沼尾波子, 「福祉政策と費用負担」, 村松岐夫
    編, 『テキストブック地方自治(第2版)』(東洋経済新報社, 2010), 228頁.

세 없는 재정 재건을 목표로 제2차 임시행정조사회가 설치되었다. 그 답신
을 받는 형식으로 각종 보조금의 정리·합리화, 보조율의 개선이 이루어졌
다. 1980년대 후반부터는 국가와 지방의 역할 분담이 개선되었고, 기존에
국가의 기관위임사무였던 대부분의 복지사무를 차례차례 단체위임사무로
바꿔서 국가의 재정부담비율을 낮춰갔다. 이에 대해서는 복지의 분권화라
고 보는 견해도 있었지만 재정 부담을 지방에 떠넘기는 것이라는 비판도
있었다. 그 후로도 개호보험제도의 창설, 삼위일체 개혁 등으로 국가의 보
조부담비율이 점차 감소했다.

이사이 1989년에는 골드플랜(고령자 보건복지 추진 10개년 전략)이 수립되
었다. 골드플랜은 당시까지 뒤떨어진 고령자 보건복지를 긴급 정비하기 위

해 각 시정촌이 노인보건복지계획을 세워서 필요한 사회자본을 정비하려는 전략이었다. 또 다음 해인 1990년에는 복지 8법(노인복지법, 신체장애자복지법, 정신박약자복지법, 아동복지법, 모자 및 과부복지법, 사회복지사업법, 노인보건법, 사회복지·의료사업단법)이 개정되어 사회복지사업의 기본 이념을 명확하게 하고 시정촌을 중심으로 하는 종합복지행정이 추진되었다.

〈그림 12-1〉은 지자체의 민생비 비율을 나타낸다. 막대그래프는 목적별 추이를 나타내는데, 매년 증가하는 것을 알 수 있다. 꺾인 선으로 나타낸 그래프는 지자체의 세출 총액에서 차지하는 민생비의 비율 및 민생비 중 일반재원과 국고지출금에 의한 재원 내역을 보여준다. 세출 총액에서 민생비가 차지하는 비율은 1990년대 전반까지 11% 정도의 수준을 유지했지만 1990년대 후반 이후 서서히 상승해 2003년에는 16%, 2009년에는 20.6%에 달했다. 지자체 재정의 20% 이상이 민생비에 지출되고 있는 것이다.

그렇다면 민생비는 무엇으로 조달될까? 재원 구성을 보면 1980년대 전반까지는 국고지출금과 일반재원의 부담 비율이 거의 같은 수준이었지만 제2차 임시행정조사회 이후 1983년부터는 국고지출금의 부담비율이 낮아져 1990년대 후반에는 20%대가 되었다. 역으로 일반재원비율은 높아져 60% 이상이 되었다. 더욱이 2003년부터 시행된 삼위일체 개혁으로 국고지출금 비율은 한층 저하되고 일반재원 비율은 높아졌다.

즉, 민생비 자체는 증가하는 경향이었는데도 그 재원은 지방의 독자적인 부담으로 조달해야 했다. 2003년부터 시행된 삼위일체 개혁은 이러한 경향에 한층 박차를 가했다. 국고보조부담금의 폐지·축소가 추진되었는데도 그 삭감분에 대해서는 지방교부세를 통한 재원 보장이 대폭 축소되었기 때문이다.

지자체는 증대하는 일방적인 복지 서비스 수요에 대처하기 위해 혹독한 행정·재정 운영을 강요받고 있다. 복지의 분권화가 진전되면서 지역복지를 전개하기 쉬워졌다고 호의적으로 인식하는 전문가가 있는 한편, 지자체 현장에서는 재정을 어떻게 꾸려나갈지 고민하는 곳도 많다.

다음 절에서는 복지정책 중 전형적인 재분배정책이라고 할 수 있는 생활보호에 대해 좀 더 상세히 살펴보자.

3. 복지정책과 지자체: 생활보호를 중심으로

1) 생활보호의 정의

생활보호제도는 이용할 수 있는 자산, 가동 능력, 다른 법률이나 시책 등을 활용해도 여전히 최저한도의 생활을 유지할 수밖에 없는 자를 곤궁의 정도에 따라 보호하고, 최저한도의 생활을 보장하는 동시에 자립을 목적으로 한다.

전전의 휼구규칙이나 구호법 아래에서의 보호는 충분한 정도가 아니었으므로 일본국 헌법의 이념을 받아 1950년에 제정된 생활보호법에는 무차별평등의 원리(제2조), 최저생활보장의 원리(제3조), 보족성(補足性)의 원리(제4조)라는 기본 원리가 반영되었고, 또 실시하는 선에서의 수순으로 신청보호의 원칙(제7조), 기준 및 정도의 원칙(제8조), 필요즉응(必要卽應)의 원칙(제9조), 세대단위의 원칙(제10조)이 명시되는 등 근대적인 공적 부조제도의 형태를 갖추었다.

또한 생활보호사무는 제도가 발족할 때는 국가로부터의 기관위임사무였지만 1999년에 성립한 지방분권일괄법에 의해 생활보호의 결정과 실시는 법정수탁사무로, 기타 상담·조언과 지도 등은 자치사무로 개정되었다.

2) 생활보호 수급 현황

버블 경제 붕괴 이후 오래 지속된 경제 고용 정세의 불안정 때문에 생활
보호 수급자 수와 생활보호 수급률은 1995년 최저를 기록한 이후 계속 증
가세를 보이고 있다. 2011년 3월 속보치(速報値)를 보면 생활보호 수급자
수가 약 202만 명으로 60년 만에 200만 명을 넘었고, 인구 1,000명당 생활
보호 수급자는 15.8명, 생활보호 수급세대 수는 약 146만 세대이다. 2000년

〈표 12-1〉 도도부현별 보호율

단위: ‰(인구 1,000명당 생활보호 수급자 수)

	1995	2009	증감		1995	2009	증감
전국	7.0	13.8	6.8	미에 현	4.7	8.2	3.5
홋카이도	15.4	27.3	11.9	시가 현	4.2	6.7	2.5
아오모리 현	11.0	19.3	8.3	교토 부	14.3	21.0	6.7
이와테 현	5.2	9.7	4.5	오사카 부	11.4	29.4	18.0
미야기 현	4.1	10.2	6.1	효고 현	7.9	15.9	8.0
아키타 현	7.0	12.6	5.6	나라 현	7.8	12.7	4.9
야마가타 현	3.4	4.9	1.5	와카야마 현	7.3	12.9	5.6
후쿠시마 현	4.0	8.3	4.3	돗토리 현	6.1	10.2	4.1
이바라키 현	3.1	6.7	3.6	시마네 현	4.5	6.9	2.4
도치기 현	3.1	8.1	5.0	오카야마 현	6.9	11.0	4.1
군마 현	2.6	5.3	2.7	히로시마 현	6.3	14.1	7.8
사이타마 현	3.1	9.3	6.2	야마구치 현	7.8	10.9	3.1
지바 현	3.2	9.8	6.6	도쿠시마 현	11.3	16.9	5.6
도쿄	8.1	17.9	9.8	가가와 현	7.4	10.4	3.0
가나가와 현	5.7	13.8	8.1	에히메 현	7.8	12.6	4.8
니가타 현	3.2	6.7	3.5	고치 현	15.3	24.2	8.9
도야마 현	2.0	2.7	0.7	후쿠오카 현	16.4	21.7	5.3
이시카와 현	2.7	5.1	2.4	사가 현	5.8	8.1	2.3
후쿠이 현	2.1	3.5	1.4	나가사키 현	10.8	18.4	7.6
야마나시 현	2.2	4.9	2.7	구마모토 현	7.5	10.7	3.2
나가노 현	2.3	4.2	1.9	오이타 현	9.4	14.9	5.5
기후 현	2.0	4.2	2.2	미야자키 현	8.5	12.9	4.4
시즈오카 현	2.2	5.7	3.5	가고시마 현	10.5	16.8	6.3
아이치 현	3.4	7.9	4.5	오키나와 현	12.9	19.2	6.3

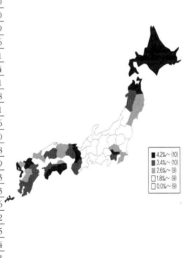

주: 지정도시·중핵시는 도도부현에 포함됨.
자료: 「福祉行政報告例」; 厚生労働省, 「生活保護制度の現狀等について」(2011年 5月 30日 「第1回生活
保護に関する国と地方の協議」 資料3).

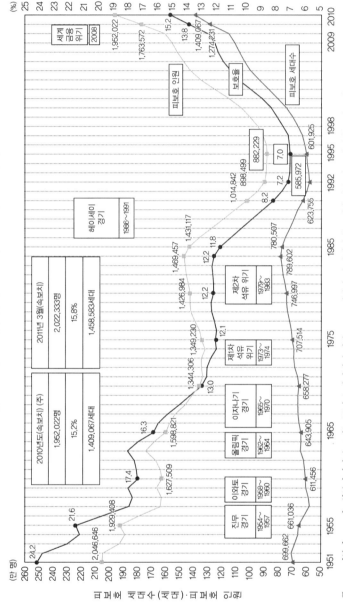

〈그림 12-2〉 피보호 세대 수, 피보호 인원, 보호율의 연도별 추이

2010년도(속보치) (주)			2011년 3월(속보치)		
1,952,022명			2,022,333명		
15.2%			15.8%		
1,409,067세대			1,458,583세대		

주: 2010년분과 2011년 2월분까지의 속보치는 동일본 대지진의 영향으로 고리야마 시 이외의 후쿠시마 현을 빼고 집계한 수치를 사용.

자료: 厚生労働省大臣官房統計情報部「福祉行政報告例」「福祉行政報告例」(厚生労働省社会・援護局保護課) 참조.

대 후반 이후의 신장세가 특히 눈에 띈다(〈그림 12-2〉 참조).

생활보호율은 지역에 따라 상당히 큰 차이가 있다. 앞의 〈표 12-1〉을 보면 2009년 도도부현별 보호율을 나타내는데, 보호율이 가장 높은 오사카 부(29.4‰)와 가장 낮은 후쿠이 현(3.5‰)은 8배 이상 차이가 난다. 도시부는 비교적 높은 경향을 보이지만 정령지정도시끼리 비교해보면 최고인 오사카 시(49.9‰)와 최저인 하마마쓰 시(6.6‰) 간에는 7배 이상 차이가 난다.

3) 생활보호 수급 수속 절차

생활보호 수급에 이르는 수속 절차는 다음과 같다. 우선 신청보호의 원칙에 따라 수급을 희망하는 자는 복지사무소로 가서 사전 상담을 하고 보호 신청서를 제출한다. 신청서를 수리한 복지사무소는 자산 조사나 부양의무자 조사를 마치고 신청자를 보호 대상으로 할지 여부를 결정한다(〈그림 12-3〉 참조).

그렇지만 현실적으로 보호 신청서를 수리한 뒤 이를 각하하는 사례는 몹시 드물다. 오히려 신청서 자체를 교부하지 않거나 신청서를 수리하지 않는 방법으로 창구에서 제동을 거는 경우가 많다.

복지사무소는 2011년 4월 기준 전국에 1,244개소가 있는데, 그중 시립이 992개소이며, 도도부현이 설치한 곳이 214개소이다. 정촌 지역은 몇 개의 정촌 구역을 통합해서 도도부현이 복지사무소를 설치했지만 정촌이 독자적으로 설치한 곳도 38개소이다. 평균적으로 인구 10만 명당 1개의 복지사무소가 설치되어 있는 셈이다. 헤이세이 대통합이 추진되면서 많은 정촌이 근린의 시와 통합되었기 때문에 도도부현이 접수하는 피보호자의 수는 대폭 감소하고 있다. 또한 행려병자는 직권에 의한 보호가 이루어지는 경우도 있다.

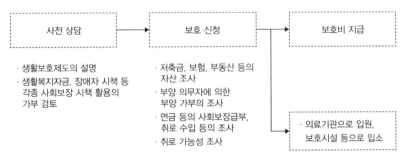

〈그림 12-3〉 신청에 의한 생활보호 절차

사전 상담	보호 신청	보호비 지급
· 생활보호제도의 설명 · 생활복지자금, 장애자 시책 등 각종 사회보장 시책 활용의 가부 검토	· 저축금, 보험, 부동산 등의 자산 조사 · 부양 의무자에 의한 부양 가부의 조사 · 연금 등의 사회보장급부, 취로 수입 등의 조사 · 취로 가능성 조사	· 의료기관으로 입원, 보호시설 등으로 입소

자료: 후생노동성 웹페이지.

4) 자립 지원 프로그램 추진

생활보호의 목적은 생활이 어려운 자에 대해 최저한도의 생활을 보호하는 것뿐만 아니라 그의 자립을 지원하는 데 있다.

경제적 급부에 더해 실시 기관이 조직적으로 생활보호 수급자의 자립을 돕고 취로지원책을 확충하기 위해 2005년부터 자립 지원 프로그램이 실시되고 있다. 실시 기관이 관내의 생활보호 수급자 세대의 현황을 파악하고, 생활보호 수급자의 상황 및 자립 저해 요인을 유형화해서 각각의 유형마다 추진해야 할 자립 지원의 구체적 내용 및 실시 수순 등을 정하며, 이에 따라 개개의 생활보호 수급자에게 필요한 지원을 조직적으로 하는 것이다. 예를 들면, 복지사무소와 취업알선센터가 협력해서 직장을 소개하는 것만으로는 좀처럼 채용되지 않는 피보호자에게 적성에 맞는 직장을 찾아주거나 훈련 등의 프로그램을 세워서 조직적으로 취로를 지원한다.

생활보호를 담당하는 직원은 생활이 어려운 자에게 생활의 보장과 자립의 지원이라는, 경우에 따라서는 상반될 수도 있는 두 가지 목표를 가지고 업무를 수행해야 한다. 직원이 처해 있는 직무 상황은 다음 절에서 살펴보자.

4. 복지정책의 현장: 전담 공무원의 행동 양식

1) 일선 관료와 그의 재량

복지 현장에서 일하는 직원 등 직접 시민과 접촉하는 공무원을 마이클 립스키(Michael Lipsky)는 "스트리트 수준의 관료"라고 명명했다(여기서는 일선 관료라고 부르는 것으로 한다). 그에 따르면 일선 관료는 '조직적인 권위와 함께 상대적으로 높은 자립성과 상당한 정도의 재량을 가지면서 대상자와 직접 접촉하고 개별적으로 사회 서비스를 공급하는 행정 직원'을 가리킨다. 복지사무소의 케이스워커(사회복지 전문가) 외에도 외근인 경찰관과 공립학교의 교사, 도서관 사서 등 다양한 직종의 행정 직원이 여기에 포함된다.

일선 관료는 큰 재량을 가진다. 물론 공무원은 준수해야 할 법률이나 정성령(政省令), 규칙이 수없이 많고 그러한 규정에 구속을 받고 있지만 바꾸어 말하면 공무원에게 적용되는 규정이 너무 많다는 것은 공금횡령 같은 일을 몰래 저지를 수 있는 형식주의를 가능하게 만드는 원인이 된다. 이러한 점 때문에 공무원에 대한 규정은 실질적으로 공무원의 재량이 된다.

일선 관료에게 재량은 불가피하다. 그들은 추상적인 국민을 상대하는 것이 아니라 개별적이고 구체적인 시민을 상대하기 때문이다. 개별적이고 구체적인 시민이 처한 상황은 각기 달라서 미리 정해진 매뉴얼에 따라 행동하기란 불가능하며, 그때그때 상황에 따라 판단하고 대응하지 않으면 안 되는 경우도 많다. 따라서 일선 관료의 업무에서 재량은 필연적이다.

어떤 면에서 일선 관료에게 재량은 불가결하다. 개별적이고 구체적인 시민은 각자 감정을 가진 사람이다. 따라서 대상이 되는 개개인에 따라 감수성을 가진 관찰과 판단이 필요한 경우도 많다.

생활보호를 예로 생각해보자. 생활보호법에 정해져 있는 다양한 원칙

중 필요즉응의 원칙은 생활보호를 사람마다의 필요에 따라 운용해야 하며 생활보호가 획일적·기계적으로 이루어져서는 안 된다는 것, 예를 들면 동일 연령의 사람이라도 장애나 병의 유무, 실제로 일할 수 있는 환경에 있는지 여부에 따라 보호의 종류나 범위, 방법 등이 달라진다는 것을 의미한다.

또 다른 원칙도 예외적인 상황을 수반하기 마련이라서 원칙 적용의 엄격성에 차이가 생긴다. 예를 들면, 세대 단위의 원칙은 세대를 단위로 해서 보호의 필요와 불필요 및 그 정도를 결정한다는 것이다. 그렇지만 이 원칙을 엄격히 적용하면 생활비를 지급할 수 없는 세대주와 같이 살고 있으면 함께 살고 있는 세대원이 곤궁하더라도 보호받지 못하거나, 장기 입원으로 따로 생활하고 있는 세대인데도 동일 세대로 간주되어 보호받지 못하는 불합리한 경우가 생긴다. 그래서 함께 살고 있더라도 서류상에는 별도 세대로 간주되는 세대 분리라는 수법이 사용된다. 단, 이 세대 분리를 해야 할지 여부는 현장 직원의 재량에 달려 있는 경우가 많다.

또한 부양은 생활보호에 우선한다는 원칙(생활보호법 제4조 제2항)에 의해 친족 관계 조사가 요구된다. 친형제, 친족, 기타 원조자의 상황이 보호 신청서에 기입되어 있으면 조회를 하는 것이다. 단, 친족을 어디까지 추적할 것인지, 부양 조회를 할 것인지도 개개의 케이스워커의 재량에 따른 경우가 적지 않다. 이처럼 생활보호의 케이스워커에게는 실질적으로 큰 재량이 부여되어 있다.

2) 전담 공무원의 직무 상황

일선 관료는 어떠한 직무 상황에 놓여 있을까? 마부치 마사루(真渕勝, 2008)는 일선 관료의 직무 상황으로 목표의 애매함, 자원 부족, 시민의 비자발성이라는 세 가지 특징을 든다.

(1) 목표의 애매함

자립 지원 프로그램을 논할 때 언급했듯이 생활보호법 제1조에는 '생활의 보장'과 '자립의 조장'이라는 생활보호제도의 두 가지 목적이 규정되어 있다. 그러나 실제로는 이 두 가지가 좀처럼 양립하기 어렵다. 최저한도라지만 생활보호를 받을 수 있다면 자립하려는 마음을 갖지 않는 사람도 있기 때문이다. 좀처럼 양립할 수 없는 두 가지 목표 중 어디에 중점을 둘 것인지도 결국 일선 관료의 재량에 맡겨진다.

생활보호 관계자 사이에 지적되는 문제로는 상급 기관 및 중앙행정청에 의한 감사가 일선 관료를 위축시킨다는 것이다. 상급 행정기관 등은 '누구(漏救, 수급자격이 있는데도 보호를 받지 못하는 상태)'를 지적하는 일은 거의 없고 '남구(濫救, 수급자격이 없는데도 보호를 받는 사람이 있는 상태)'를 지적하는 것이 통례이다. 그렇기 때문에 일선 관료는 되도록 그러한 지적을 받지 않도록 업무를 본다. 즉, 생활보호의 목적인 '생활의 보장' 쪽에는 되도록 말려들지 않겠다는 인식이 생기는 것이다.

따라서 사전 상담을 하려고 온 시민에게 자산이나 부양 의무자의 유무를 엄격하게 캐묻는다든지, 다른 법이나 시책을 활용하도록 유도해서 신청서 자체를 되도록 교부하지 않도록 상사로부터 요구받는 복지 현장도 있다.

(2) 자원 부족

행정 서비스에 할당되는 예산은 한정되어 있다. 그러므로 생활보호 케이스워커의 수도 무제한으로 허용되는 것은 아니다. 한정된 케이스워커가 각자 100건 이상의 사례를 담당하면서 새로운 신청자나 상담자도 대응한다. 이처럼 양적으로 인적 자원이 부족한 실정이다.

인적 자원은 양적으로뿐만 아니라 질적으로도 부족하다. 생활보호의 케이스워커라고 해서 반드시 복지 관계의 전문직으로 채용된 직원은 아니다.

어쩌면 일반행정직으로서 도도부현이나 시에서 채용되어 우연히 인사이동을 통해 복지사무소에 배속된 사무직원이 더 많을 것이다. 이런 인사정책의 영향으로 생활보호 케이스워커의 평균 근무 연수가 2~3년인 경우가 많다. 그 결과 전문적인 지식을 충분히 갖춘 인적 자원이 부족한 실정이다.

(3) 시민의 비자발성

생활보호가 없으면 생활할 수 없는 사람(상담자)이 복지사무소를 방문하는 경우를 생각해보자. 상담자는 복지사무소에 생활보호를 신청하러 가지 않으면 안 된다. 우체국이나 은행에서는 생활보호 신청을 받아주지 않는다. 복지사무소 창구에 마침 직원이 있더라도 신청서 접수에 대해 엄격하게 대응할 수도 있을 것이다.

이처럼 일선 관료는 달리 선택의 여지가 없는 시민을 대상으로 하고 있다. 그렇기 때문에 대상자가 일선 관료를 어떻게 평가할 것인가라는 점에 무관심하다. 일선 관료는 재량이 있기 때문에 힘껏 일할 가능성도 있지만 다른 한편으로는 그 재량으로 인해 일손을 놓을 가능성도 있다. 이러한 직무 환경 때문에 자신도 모르게 공무원으로서의 자세를 잊고 업무에 소홀해지는 경우도 있다.

| 키워드 |

복지의 자석, 복지정책의 전개, 생활보호, 일선 관료

| 연구 과제 |

1. 자신이 속한 지자체의 생활보호 세대 수와 비율 및 전국적인 비율과 근린 지자체의 비율 등을 비교해보자.
2. 자신이 속한 지자체에는 생활보호에 종사하는 케이스워커가 몇 명이나 있으며 한 사람이 몇 건 정도 담당하는지 조사해보자.
3. 생활보호 관련 창구에서 자립 지원이나 기타 업무가 어떻게 이루어지는지 조사해보자.

| 참고문헌 |

川村匡由 編著. 2007. 『公的扶助論』. ミネルヴァ.

北山俊裁. 2011. 『福祉国家の制度発展と地方政府－国民健康保険の政治学』. 有斐閣.

坂田周一. 2007. 『社会福祉政策』(改訂版). 有斐閣.

佐藤満. 2000. 「地方分権と福祉政策－『融合型』中央地方関係の意義」. 水口憲人他 編. 『変化をどう説明するか: 地方自治論』. 木鐸社.

沼尾波子. 2010. 「福祉政策と費用負担」. 村松岐夫 編. 『テキストブック地方自治』(第2版). 東洋経済新報社.

尾藤広喜・木下秀雄・中川建太郎 編著. 2001. 『生活保護法の挑戦』. 高菅出版.

真渕勝. 2008. 『現代行政分析』(改訂版). 放送大学教育振興会.

マイケル・リプスキー. 1986. 『行政サービスのジレンマ―ストリートレベルの官僚制』. 木鐸社.

椋野美智子・田中幸太郎. 2011. 『社会保障―福祉を学ぶ人へ』(第8版). 有斐閣.

Peterson, Paul E. 1981. *City Limits*. University of Chicago press.

우리나라와 일본은 둘 다 융합형 정부 형태로, 중앙과 지방 간 기능 분담에 따라 정책이 집행되고 있다는 사실은 앞에서 설명한 바 있다. 특히 복지제도와 정책은 중앙정부가 수립하지만 실제로 이를 집행하는 곳은 지방자치단체이다.

양국 모두 저출산·고령화의 급속한 진전으로 복지정책의 확대가 불가피해지면서 새로운 정책이 자주 시행되고 있으며 이를 둘러싼 중앙과 지방 간 재원 부담 갈등도 심화되고 있다. 이에 따라 현실적인 복지재정교부 시스템을 검토하거나 중앙과 지방 간의 긴밀한 재정협의제도를 강구할 필요가 있다.

13 | 지방자치단체의 네트워크

 지자체는 지역적·제도적으로는 법인격을 갖는 독립된 존재이지만 근린의 지자체, 동종의 지자체 간에는 다양한 네트워크를 가진다. 지자체 간에 공식적인 관계를 맺고 있을 뿐만 아니라 시장과 의원, 직원, 나아가서는 시민단체나 개개의 시민도 개인적인 네트워크를 가지고 있다. 이들 네트워크와 지자체 거버넌스 간에는 어떤 관계가 있을까?

1. 광역행정 네트워크: 지방자치법에 규정된 제도

 우선 일본에 존재하는 지자체 간 제휴 네트워크 중 지방자치법상 근거 규정이 있는 것을 살펴보자. 지방자치법 제2편 제11장 제3절(제252조의 2부터 제252조의 17까지)에는 ① 협의회, ② 기관 등의 공동 설치, ③ 사무의 위탁, ④ 직원의 파견이 규정되어 있다.

 먼저 '③ 사무의 위탁'은 복수의 지자체 간에 협의로 규약을 정하고 한 지자체의 사무 중 일부의 관리 집행을 타 지자체에 위탁하는 것을 말한다. 예를 들면, 도쿄 도 내에 있는 대부분의 시정촌은 자신들의 사무인 소방사무를 도쿄 도에 위탁한다(도쿄소방청). 또 소규모의 시정촌에서는 공평위원회 사무를 현에 위탁하는 사례도 적지 않다. 사무의 위탁은 2010년 7월 기준

〈표 13-1〉 공동 처리별 구성 단체의 상황

공동 처리방식 \ 구성 단체별	2개 이상의 도도부현에 걸친 단체			1개 도도부현 내의 단체		도도부현과 시정촌 간(B+D)	시정촌 상호(C+E)	계(A+B+C+D+E)	전회(2008) 조사 결과	증감(2010)-(2008)
	도도부현 상호(A)	도도부현과 시정촌 간(B)	시정촌 상호(C)	도도부현과 시정촌 간(D)	시정촌 상호(E)					
협의회	1	4	1	5	205	9	206	216	284	-68
기관 등의 공동 설치			1	2	392	2	393	395	407	-12
사무의 위탁	32	57	814	1,573	2,788	1,630	3,602	5,264	5,109	155
일부사무조합	2		14	37	1,519	37	1,533	1,572	1,664	-92
광역연합				4	111	4	111	115	111	4
지방개발사업단				1		1		1	1	
계	35	61	830	1,622	5,015	1,683	5,845	7,563	7,576	-13
구성비	0.5%	0.8%	11.0%	21.4%	66.3%	22.3%	77.3%	100.0%	-	-

자료: 總務省, 「地方公共団体間の事務の共同処理の状況調」(平成22年 7月 1日).

5,264건에 이른다(〈표 13-1〉 참조).

다음으로 '② 기관 등의 공동 설치'는 복수의 지자체가 협의에 의해 규약을 정하고 교육위원회 등의 위원회, 감사위원 등의 위원, 정보공개심사회 등의 부속기관, 수장이나 위원회 또는 위원의 사무를 보조하는 직원, 조사 등의 사무를 담당하는 전문 인원을 공동으로 두는 것을 말한다. 개호보험 인정심사사무, 장해구분 인정심사사무, 공평위원회에 관한 사무 등을 위해 공동으로 사무소를 설치하는 사례가 많다. 2010년 기준 395개의 공동 설치 기관이 설치되어 있다.

'① 협의회'란 복수의 지자체가 사무의 일부를 공동으로 관리·집행하거나 사무의 관리·집행에 대해서 서로 연락·조정하기 위해, 또는 광역에 걸친 종합적인 계획을 공동으로 작성하기 위해 협의 후 규약을 정하고 공동으로 설치하는 기관이다. 청소년문제협의회 설치 등의 사례가 있다.

마지막으로 '④ 직원의 파견'은 한 지자체의 수장 등(위원회와 위원을 포함)이 그 지자체 직원을 타 지자체 수장 등의 요구에 응해 파견하는 것이다.

사무의 종류 \ 공동 처리 방법	협의회			기관 등의 공동 설치			사무의 위탁			일부사무조합			광역연합			지방개발사업단			합계		
	'08	'10	증감	'08	'10	증감	'08	'10	증감	'08	'10	증감	'08	'10	증감	'08	'10	증감	'08	'10	증감
지역개발계획	123	72	-51				1	1		182	142	-40	36	32	-4	1	1		343	248	-95
제1차 산업진흥	15	12	-3				103	111	8	189	174	-15	4	4					311	301	-10
제2차 산업진흥							1	2	1	14	14		1	1		1	1		17	18	1
제3차 산업진흥	2	1	-1	1	1		10	10		32	27	-5	7	9	2				52	48	-4
수송 시설	2	1	-1				46	46		24	20	-4	4	5	1				76	72	-4
국토 보존	3	1	-2				1	2	1	3	3		2	4	2				9	10	1
후생 복지	16	16		262	250	-12	245	259	14	596	691	95	160	248	88				1,279	1,464	185
환경 위생	20	19	-1	3	1	-2	539	547	8	1,259	1,302	43	61	73	12				1,882	1,942	60
교육	87	79	-8	18	18		227	232	5	167	154	-13	8	14	6				507	497	-10
주택							11		-11	5	5								16	5	-11
도시계획	3	3		1	1		4	2	-2	23	16	-7	1	1					32	23	-9
방재	8	10	2	2		-2	357	348	-9	803	839	36	52	57	5				1,222	1,254	32
기타	52	38	-14	126	124	-2	3,564	3,704	140	409	392	-17	44	57	13				4,195	4,315	120
총계	331	252	-79	413	395	-18	5,109	5,264	155	3,706	3,779	73	380	505	125	2	2		9,941	10,197	256

주: 협의회, 일부사무조합, 광역연합의 건수는 복지사무를 행하는 경우 사무마다 건수로 계상하기 때문에 중복된 경우도 있음.

현과 현 내 시정촌 간의 인적 교류는 이 규정에 의한 경우가 많으며, 동일본 대지진이 발생했을 때 피해 지역으로 대량의 지자체 직원이 파견된 것도 이 규정에 의해 이루어진 경우가 많다.

지방자치법에는 특별지방공공단체인 지자체의 조합 등에 관한 규정도 있다. 일부사무조합, 광역연합 등이 여기에 해당된다. 참고로 2절에서 언급할 전국시장회 등의 지방 6단체도 지금은 기관의 전국적인 연합 조직(제263조의 3)으로 지방자치법에 규정되어 있다.

복수의 지자체가 사무의 일부를 공동으로 처리하는 일부사무조합제도는 메이지 시기의 시제·정촌제부터 존재했고 지금도 지자체의 구역을 넘는 광역적인 사무 처리를 위해 수없이 활용된다. 2010년 기준 1,572개의 일

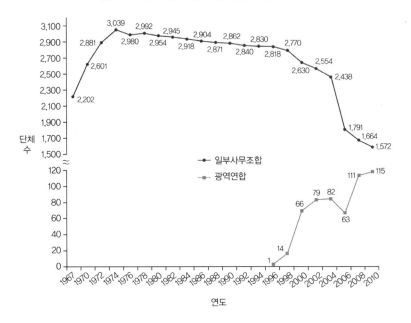

〈그림 13-1〉 일부사무조합 및 광역연합의 설치 건수 추이

부사무조합이 설치되어 있는데, 구체적으로는 쓰레기 처리장이나 분뇨 처리장 설치 등 환경 위생과 관련된 조합이 가장 많으며[1,302개(다른 분야를 겸하는 것도 포함됨)], 소방이나 수방 등의 방재[839개(상동)], 병원이나 노인복지 등의 후생 복지[691개(상동)]와 관련된 조합이 점점 많아지고 있다. 일부사무조합의 수는 2004년 2,438개에 비하면 급감했는데(〈그림 13-1〉 참조), 이는 시정촌 통합에 따른 일부사무조합의 해산 때문이다.

지방자치법이 개정되어 1995년부터는 광역연합제도가 새로 도입되었다. 광역연합은 복수의 지자체가 광역에 걸친 종합적인 계획을 작성하는 데 필요한 연락·조정을 하기 위해, 또는 사무의 일부를 광역에 걸쳐 종합적이면서 계획적으로 처리하기 위해 협의로 규약을 정해서 설립하는 특별지방공공단체이다. 광역연합은 구성 단체에서 독립해 독자의 의회나 집행기관을 설치할 수 있고, 지금까지의 일부사무조합 등과 다른 몇 가지 특징을 가진다. 첫째, 서비스를 제공받는 부담을 분임할 의무가 주민에게 있다고 상정되어 의장과 장의 선거는 직접선거 또는 간접선거로 실시하며, 주민은 보통의 지자체와 마찬가지로 직접청구를 할 수 있고 광역연합의 규약 변경을 청구할 수도 있다. 둘째, 구성 단체로부터 독립해서 권한을 발휘할 수 있는 제도이므로 광역연합 측에서 구성 단체에 규약의 변경을 요청하고 광역계획의 실시에 필요한 조치를 권고할 수 있다. 셋째, 국가나 도도부현에서 직접 권한이나 사무를 위임받을 수 있으며 위임을 요청할 수도 있다. 이처럼 광역연합제도는 일부사무조합에 비해 유연성이 풍부하고 자율성이 높다.

지자체에 주어진 광역화한 과제에 대응하는 방법으로는 지자체 간의 제휴를 더욱 긴밀히 하는 것과 지자체의 규모를 확대하는(시정촌 통합) 방법 두 가지가 있다. 광역연합의 창설은 전자의 방향을 목표로 하는 것으로서 지방분권추진위원회의 권고에서는 광역행정과 통합이 병기되어 있고 양자의 우열을 가리지는 않는다. 그러나 재정 위기를 이유로 정부는 통합 우선 정책으로 전략을 전환해 지방분권일괄법을 제정하기까지 광역행정의 방향을 광역 제휴에서 시정촌 통합으로 전환했다. 이는 1998년 4월 제25차 지방제도조사회의 '시정촌의 통합에 관한 답신'과 이를 받은 '시정촌의 통합의 특례에 관한 법률'의 개정(1999년 7월)으로 나타났다.

1999년 8월 자치성이 발표한 '시정촌 통합의 추진에 대한 지침'은 시정촌 행정의 광역화라는 요청에 일부사무조합이나 광역연합이 "일정의 성과도 올리고 있지만 자칫하면 책임의 소재가 불명확해지기 쉽고, 또 관계단체와의 연락 조정에 상당한 정도의 시간이나 노력을 요한다. 그 때문에 신속·정확한 의사 결정을 할 수 없으며, 사업 실시 등에 지장이 생길 수 있다"라면서 "인재를 확보하는 동시에 지역의 과제를 종합적으로 해결한다는 관점에서 시정촌 통합을 통해 의사 결정, 사업 실시 등을 단일의 지방공공단체가 행하는 것이 더욱 효과적이다"라고 밝혔다.

다른 나라의 사례를 보면 프랑스는 코뮌 통합이 여러 차례 실패한 것을 거울삼아 코뮌 공동체, 대도시권 공동체, 도시권 공동체 등의 광역협력조직을 형성하는 방향으로 추진한다. 이처럼 국가나 시대에 따라 정부의 정책도 다양하다.

또한 2008년부터 실시된 후기고령자의료제도에 관한 사무를 처리하기 위해 47개 도도부현에 전체 시정촌으로 구성된 광역연합이 설립되었다. 2011년 4월 기준 47개 도도부현에 115개의 광역연합이 설치되어 있으며, 47개의 후기고령자의료광역연합을 제외한 68개 광역연합은 홋카이도(13개), 나가노 현(12개), 미에 현(8개), 기후 현(5개), 구마모토 현(5개) 등 여러 개가 설치되어 있는 현도 있다. 한편 후기고령자의료광역연합 이외에는 광역연합이 설치되어 있지 않은 도현(都県)도 21개나 되는 등 지역적 편차가 크다.

2. 지자체의 수평적 네트워크

지자체는 근린 지역과의 광역행정을 위한 기구뿐만 아니라 동종의 지자체와도 네트워크를 갖는다. 가장 잘 알려진 것이 지방 6단체라 불리는 전국지사회, 전국도도부현의회의장회, 전국시장회, 전국시의회의장회, 전국정촌회, 전국정촌의회의장회다. 이들 단체는 각기 다른 역사를 가지고 있다.

가장 역사가 오래된 것은 전국시장회로, 1898년에 설립된 간사이(関西) 각시연합협의회가 그 전신이다. 처음에는 시장의 친목과 정보 교환이 주된 목적이었지만 점차 시의 요망 사항을 결의해서 정부에 전하는 활동을 활발하게 전개했다. 이어서 1921년에 도쿄에서 전국의 정촌장 대표가 모여 전

〈표 13-3〉 지방 6단체의 설립 연도

연도	단체
1898	전국시장회
1921	전국정촌회
1923	전국도부현회의장회
1932	전국시의회의장회
1947	전국지사회
1949	전국정촌의회의장회

국정촌장회가 발족되었다. 군제(郡制)의 폐지가 문제시되던 무렵이었다. 전국지사회의 발족은 제2차 세계대전 이후의 일로, 1947년에 처음 지사 선거에서 선출된 직선 지사에 의한 전국 조직으로서 전국지방자치협의회연합회가 설립되었는데 이는 1950년부터 전국지사회로 개칭되었다. 의장회로 가장 역사가 깊은 것은 1923년에 발족한 도부현회의장회으로, 설립 당시 1도 3부 42현의 의회 의장이 참석했다. 이어 시의회의장회는 1932년에 설립총회를 개최했는데, 당시 112개 시 중 75개 시의 의장이 참석했다. 전국정촌의회의장회는 제2차 세계대전 이후인 1949년 11월에 창립되었다(〈표 13-3〉 참조).

지방 6단체는 대부분 전전에 설립되었지만 원래 지방자치법에 근거 규정이 있지는 않았다. 그 후 1963년 지방자치법 개정으로 지자체의 수장, 의장 등의 전국적 연합 조직의 신고 의무를 정한 규정(제263조의 3)이 생겼는데 지방 6단체가 여기에 해당되었다. 또한 1993년의 자치법 개정으로 이들 연합 조직은 자치대신을 통해 내각·국회에 의견(서)을 제출할 수 있게 되었다. 이 규정에 의거해 1994년 6월에 지방 6단체는 연명(連名)으로 「지방분권에 관한 의견서: 신시대의 지방자치」를 내각과 국회에 제출했다. 당시의 움직임은 이후의 분권개혁에 큰 획을 그었다.

이어 지방분권일괄법에 의한 지방자치법 개정에 따라 내각은 의견에 회

답을 해야 하는 규정이 추가되었다. 지자체연합 조직의 의견제출권은 지방의 국정 참여의 한 형태로서 국가와 지방의 관계를 대등하게 하는 것으로 평가되지만 앞으로 국가 운영 구조에 지자체가 참여하기 위해서는 일반적인 장치를 더욱 강화해야 한다는 의견도 나온다.

이후 지방 6단체는 지방자치·지방재정제도를 논의할 때 정부에 대한 유력한 압력단체 역할을 했다. 종전에는 6단체 사이의 이해 대립으로 의견이 다른 경우도 있었다. 예를 들면, 1949년에 제출된 슈프 권고는 시정촌 중심주의를 취하고 있어 지방 세원의 배분을 놓고 시장회, 시의회의장회 측과 지사회, 도도부현의회의장회 측 사이에 의견이 충돌했다. 1957년 제4차 지방제도조사회가 부현제의 폐지를 요구하는 지방제의 답신을 냈을 때에도 시의 의견과 부현의 의견이 달랐다. 또 수장 측과 의회 측 의견이 다를 때도 있었는데, 1956년의 지방자치법 개정은 지방의회의 권한을 약화시키는 내용을 담고 있어 의장회가 이에 반대했다.

이해가 다른 6단체 전체가 일치하는 분야는 지방재정을 강화하는 분야여서 1955년 지방재정재건촉진특별법을 제정할 때에는 지방 6단체가 한목소리를 냈으며 자치청을 부추기면서 국회의원을 동원해 입법에 영향을 주었다.

지사회에는 지방행정·재정에 관한 사항에 대해 조사·연구하고 정책을 입안해서 추진하는 것을 목적으로 총무, 농림상공, 건설운수, 사회문교의 상임위원회가 만들어지고 특정한 주요 정책 등을 심의하기 위해 정권공약 평가, 남녀공동참여, 재해대책 등 10개 이상의 특별위원회가 설치되어 과제마다 검토를 하는 등 활발한 활동이 이루어진다. 사무국 체제도 짜임새 있게 갖추어져 있으며 전 임직원과 각 부현에서 파견된 직원도 다수 근무한다. 그리고 회장직을 맡고 있는 도도부현은 정책 기획 부문에 지사회 일을 전문적으로 담당하는 직원을 배치하는 등 인적 자원 면에서 뒷받침을 도모한다. 더욱이 블록 수준에서의 지사회를 개최해 의견을 집약하여 전국적인 의견으로의 반영을 꾀하는 경우도 많다.

지사회 회장은 도쿄 도지사가 취임하는 것이 관례였지만 근래에는 후쿠오카 현이나 교토 부에서도 회장이 선출된다. 또 지사회 사무총장은 역대 자치성(현 총무성) 퇴직 관료가 맡는 것이 관례였지만 '국가의 원로 공무원이 지방단체의 사무총장 직위로 낙하산 인사하는 것은 적절하지 못하다'라는 비판도 있어서 2010년에는 처음으로 중앙 부처의 퇴직 관료가 아닌 사람[사이타마(埼玉) 현 직원 출신인 사이타마 현 부지새]이 취임했다.

또한 시장회도 도도부현 단위에서의 시장회(예를 들면, 사가 현 시장회 등)가 만들어지는 경우가 많으며, 여기에서 집약된 의견을 기초로 블록 수준, 나아가서는 전국시장회로 의견이 반영되는 경우도 많다.

그런데 지방 6단체나 블록 단위의 회합과는 전혀 다른 틀에서 수장이나 의장이 정기적으로 회합하는 경우도 있다. 잘 알려진 것은 1960년대부터 1970년대에 걸쳐 전국적으로 광범위하게 퍼진 혁신지자체의 연합 조직인 혁신시장회가 새로운 정책을 전국에 확대해가는 거점이 된 경우이다.

지자체 거버넌스와 관련된 네트워크를 보면 수장과 의장에 의한 공식 네트워크만 중요한 것이 아니다. 지자체 직원이 자발적으로 참여하는 연수·연구 등 비공식 네트워크도 직원의 능력 향상과 정책 연구에 적지 않은 의미를 갖는다. 1957년부터 시작된 자치노(自治勞)의 지방자치연구집회는 지자체 노동자의 노동운동의 일환으로서 정부의 정책에 대한 대항 정책을 검토한다는 측면과 함께 지자체 직원의 연구 활동이라는 측면을 가지면서 이후로도 계속되었다. 최근에는 '지자체직원유지(有志)회'가 네트워크상 활발하게 활동하면서 자치의 여러 과제에 대해 의견을 교환하고 있으며 이와 함께 오프라인 모임을 만들어 전국의 지자체 직원이 모여 심포지엄을 열거나 의견을 교환하는 등의 활동을 펼치고 있다. 또한 '지역으로 튀어나가는 공무원회'나 기타 유사한 네트워크도 수없이 많다.

이처럼 다른 지자체 의원이나 직원 상호 간 직무 외의 사적인 커뮤니케이션을 매개로 지자체 간 제휴 정책이 활발하게 이루어지고 있다. 여러 지자체의 직원이 참여하는 학회나 자주연구그룹의 연구회도 많이 만들어지고 있다. 또한 지방자치와 관련된 전문 잡지(≪거버넌스≫, ≪지방자치직원연수≫)나 웹사이트 또는 블로그에 발표된 정책 아이디어가 다른 지자체 직원에 의해 정책으로 입안되는 경우도 종종 있다.

3. 지자체의 국제적 네트워크

지자체의 네트워크는 국내에 국한되지 않는다. 다양한 형태로 외국의 지자체와 네트워크를 맺고 있는 지자체도 적지 않다. 지자체의 국제적 네트워크라고 하면 우선 자매도시와 같은 관계가 떠오른다.

외국의 지자체와 자매도시를 제휴하는 움직임은 1950년대부터 시작되어 지금은 전국 각지의 도시로 확대되었다. 지자체국제화협회(CLAIR)의 조사에 따르면 2012년 1월 말 기준 42개 도도부현(이 중 복수 제휴가 33개)이 135개, 567개 시구(복수 제휴가 321개)가 1,198개, 242개 정촌(복수 제휴 41개)이 283개의 외국 지자체와 제휴를 맺고 있으며, 합해서 총 851개의 지자체(복수 제휴 395개)가 1,616개의 외국 지자체와 자매도시 제휴를 맺고 있다(〈표 13-4〉 참조).

다른 지자체와 결연을 맺을 때에는 우연한 경우도 있지만 역사적인 경위를 계기로 하는 경우도 있다. 일본의 자매도시 결연은 미국(436개), 중국(342개), 한국(139개), 호주(109개)가 상위를 점하는데 여기에는 역사적 경위나 지리적 사정이 반영되어 있다(〈표 13-5〉 참조).

<표 13-4> 일본의 자매도시 제휴 건수 및 지자체 수

구분	자매도시 제휴 건수	자매도시 제휴 지자체 수	복수 자매도시 제휴 지자체 수
도도부현	135	42	33
시	1,159	546	309
구	39	21	12
정	248	206	38
촌	35	36	3
합계	1,616	851	395

주: 1) 자매도시 제휴 건수에는 복수지자체에 의한 합동 제휴 5건(5시 6정 5촌)이 포함됨.
   2) 자매도시 제휴 지자체 수에는 복수 자매도시 제휴 지자체 수가 포함됨.
자료: 지자체국제화협회 웹페이지(2012년 1월).

자매도시의 주된 교류 사업은 처음에는 지자체의 수장과 의원의 상호 방문 등 의례적인 행사가 중심이었지만 점차 어린이나 학교의 문화 교류, 예술 교류로까지 확대되고 있다. 더욱이 최근에는 환경문제나 도시문제, 또는 다른 공통의 과제에 국제적인 네트워크를 만들어서 공통의 정책 과제를 연구하는 시도도 있다. 대규모의 국제회의나 심포지엄을 여는 식의 이벤트부터 더욱 지속적인 협력까지 다양한 형태가 있다.

단순히 자매도시 간의 국제 교류에 머무르지 않고 더욱 적극적인 지자체의 국제 정책으로는 지자체의 개발도상국에 대한 국제 협력을 들 수 있다. 정부가 실시하는 대외원조(ODA)의 구상과 관계가 있지만 이와는 별도로 지자체가 독립적으로 추진하는 국제 협력 활동도 점점 증대하고 있다. 특히 주민과 밀접한 사회개발 분야나 환경 분야 등의 공공 서비스 제공에는 지자체의 인재나 노하우 활용이 요구되기 때문에 국제협력기구(JICA)도 지자체와 제휴한 사업을 전개하여 원조의 질적 향상을 도모한다.

지자체국제화협회에서도 지자체 국제협력인재은행을 만들어서 지자체 국제 협력 전문가 파견 사업을 지원하고 있다. 지자체 국제협력인재은행에

〈표 13-5〉 국외 지자체에 도쿄 도의 대한 협력 지원 현황

실시 지자체 및 단체명	사업 개요	협력 대상국·지역	협력 대상 지역·도시	주요 국내 관계·협력 단체(행정기관, NGO 등)	분야	협력 형태
도쿄 소방청	2007~2008년에 태국 내 무성 방재국 방재아카데미에서 소방활동 지도를 위해 지자체 국제 협력 전문가를 4명씩 파견해 지자체국제화협회 사업에 협력	태국		(재)지자체 국제화협회	소방, 방재	전문가 파견
도쿄 도	도쿄 도 쓰레기 처리 방법 변천과 구체적인 연구 노력 소개	인도	콜카타	국제협력은행(JBIC)	환경	공동 연구·사업
도쿄 도	2005년에 7명의 연수원을 받아들임	태국, 중국, 인도, 베트남, 인도네시아, 말레이시아, 필리핀, 미얀마		(독법)국제 협력기구	상하수도	연수원 수입
도쿄 도	2002년에 5명, 2003년에 6명, 2004년에 5명의 연수원을 받아들임	필리핀, 베트남, 인도, 인도네시아, 태국, 중국, 미얀마		(독법)국제 협력기구	상하수도	연수원 수입
도쿄 도	2004년에 5명의 연수원을 받아들임	필리핀, 베트남, 인도, 인도네시아, 태국, 중국, 미얀마, 말레이시아		(독법)국제 협력기구	환경	연수원 수입
도쿄 도	폐기물·가정 쓰레기	베트남	하노이	(독법)국제 협력기구	환경	연수원 수입
도쿄 도	아시아 지역의 개발도상국 도시를 대상으로 청년기술자를 초빙하여 도내 기업의 협력을 받아 연수를 실시	중국, 인도네시아, 베트남	베이징(중국), 자카르타(인도네시아), 하노이(베트남)		상공	연수원 수입
도쿄 도	아시아대도시네트워크를 구축해 대도시의 공통된 과제를 공동으로 연구	중국, 한국, 대만, 태국, 베트남, 인도네시아, 말레이시아, 필리핀, 싱가포르, 미얀마, 인도	방콕(태국), 베이징(중국), 델리(인도), 하노이(베트남), 자카르타(인도네시아), 쿠알라룸푸르(말레이시아), 마닐라 수도권(필리핀), 싱가포르, 서울, 타이베이(대만), 양곤(미얀마)		상공, 환경, 도시계획, 소방, 방재, 교육, 문화, 전통, 관광	공동 연구·사업, 국제 금융, 기타
도쿄 도	2003년에 1명의 연수원을 받아들임	파푸아뉴기니		도쿄 우에노 동물원, (독법)국제협력가구	환경	연수원 수입

자료: 지자체국제화협회 웹페이지.

는 2010년도 말 기준 1,382명이 등록되어 있다.

예를 들면, 기타큐슈 시 소방국에서는 태국 핏사눌록 시에 소방·방재기술을 지도하기 위해 인적 자원을 파견해 고층 빌딩 화재나 가솔린 화재, 위험물 화재 등의 소방법에 관해 지도·조언을 해주고 있다. '농가 소득 향상을 향한 경영 기반 정비 사업'에서는 스리랑카 민주사회주의공화국의 농가에 에히메 현 국제교류센터가 주체가 되어 지도를 하고 있다(지자체국제화협회 웹사이트 참조). 도쿄 도의 경우 〈표 13-5〉와 같이 활발하게 협력이 이루어지고 있다.

지자체의 국제 협력에 얽힌 하나의 문제는 지자체의 예산을 개발도상국의 복지 향상에 사용하는 것에 대해 지자체 주민의 이해를 어디까지 얻을 수 있는가 하는 점이다. 재정난이 점점 심각해지기 때문에 정부의 대외원조와 관계된 예산도 삭감되고 있다. 지자체도 예산 삭감 현상은 현저하지만 국제 협력이 지역 경제의 활성화나 지역 발전과 관련해서 추진되는 경우가 있어 주민 참여나 굿 거버넌스를 중시하는 지자체가 국제 협력에 적극적인 것이 현실이다.

또한 지자체는 개별적인 국제 네트워크뿐만 아니라 지자체연합의 국제 조직도 갖고 있다. 지자체의 국제조직으로 잘 알려진 것은 1913년에 창설된 국제지자체연합(IULA: International Union of Local Authorities)으로, 이 조직에는 서유럽뿐 아니라 아시아, 아프리카, 라틴아메리카 등 100개 이상의 많은 도시가 참여하고 있으며 네덜란드 헤이그에 본부가 있다. 국제지자체연합은 분권과 자치의 촉진에 적극적인 역할을 하면서 빈곤 경감, 지속적 발전, 지자체 정책 결정에 여성의 참여 확대 등을 추진했다. 또한 지자체와 지자체연합의 이해를 유엔과 여타 국제기관에 참여해 대표로 발언하고 있으며 최근의 활동으로는 유엔 해비탯(UN HABITAT, 유엔 인간거주센터)과 공동으로 세계지방자치헌장 제정을 추진하고 있는 것으로 알려졌다.

2004년 5월에 국제지자체연합은 다른 지자체 국제조직인 세계도시연합 (FMCU-UTO), 세계대도시권협회(Metropolis)와 통합해서 새롭게 도시·지자체연합(UCLG: United Cities and Local Governments)을 발족했다. 새롭게 결성된 도시·지자체연합은 스페인의 바르셀로나에 본부가 있고, 세계 7개 지역 127개국의 지자체나 그의 전국 조직, 국제조직 및 지방자치 관계 단체로 구성되어 있으며, 95개국 1,000개 이상의 지자체가 참여하고 있다. 유엔 가맹국의 60% 정도가 유럽 지역에 속해 있다고 한다면 도시·지자체연합은 전 세계 인구의 80%가 회원 도시인 셈이어서 규모와 회원 구성 면에서 유력한 국제조직이라고 할 수 있다. 일본 개별 지자체의 참여는 아직 낮지만 향후의 발전이 기대된다.

4. 지자체 네트워크의 의의

지자체가 맺고 있는 네트워크는 지자체 거버넌스에 어떤 의미를 지닐까? 광역행정을 위한 최초의 네트워크는 실제로 공통의 사무 사업을 수행하기 위한 정책 형성 및 실시 주체에 의한 네트워크였다. 지방 6단체와 같은 지자체의 수평적 네트워크는 기초가 되는 각각의 지자체에 관한 정책 연구만 추진하는 것이 아니라 정부의 정책에 제언하는 압력단체로서 의미가 있다.

지자체의 수평적 네트워크는 지자체의 대정부 정책뿐만 아니라 지자체 상호 간의 정책 파급에도 영향이 있었다. 일찍이 1970년대의 혁신지자체가 전개한 다양한 정책은 다른 지자체나 중앙정부의 정책으로 파급한 것으로 관찰되었다. 무라마쓰 미치오(村松岐夫)는 이러한 현상을 한 지자체의 정책이 다른 지자체에 직접 영향을 주는 경우와 한 지자체의 정책이 중앙정부의 전국 정책으로 채용되는 경우, 그리고 혁신지자체가 중앙정부와 대결한 정치적 문제가 전국적인 이슈가 되어 정치 문제에 영향을 주는 경우로 나눠서 설명했다.

이토 슈이치로(伊藤修一郎)는 정책 파급과 정책 혁신의 관계를 체계적으로 설명했다. 이토는 정보공개조례, 환경기본조례, 환경평가, 복지마을만들기조례, 경관조례 등이 다른 지자체에 도입되어 파급되는 과정을 조사해 지자체에서 정책 혁신과 파급이 생기는 과정을 지자체의 내생 조건, 상호 참조, 수평적 경쟁이라는 요인으로 체계적으로 설명하는 동적 상호 의존 모델을 제시했다.

지자체의 내생 조건이란 도시화 등의 사회·경제 요인과 수장의 리더십, 시민운동 등의 정치 요인을 가리킨다. 상호 참조란 지자체가 정책 결정을 할 때 다른 지자체(준거집단)의 동향을 참고하는 행동을 가리키며, 수평적 경쟁이란 국가가 정책을 도입하면 지자체가 다투어 그 정책 분야에 뛰어들어 국가와 마찬가지의 정책을 도입하는 것이다. 이토는 지자체가 상호 참조를 하는 이유는 새로운 정책 결정을 할 때 수반되는 불확실성을 감소시키기 위해서라고 본다. 불확실성에는 조례를 제정해서 기대하는 효과가 안 날지도 모르는 기술적 불확실성과 상위 정부의 반대가 있을지도 모르는 대외적 불확실성 두 가지가 있다. 지자체는 상호 참조에 의해 불확실성 여부를 확인하는 것이다. 국가가 정책으로 도입한다는 것은 대외적 불확실성이 없다는 것을 의미하므로, 정책으로 채용하는 것이 적절하다고 보증되어 지자체에서 수평적 경쟁이 시작된다.

이토는 정책 과정의 단계(과제의 발생·인지·과제 설정·정책안의 입안·검토·결정)와 동적 상호 의존 모델을 짝지어서 개별 지자체의 정책 결정과 다른 지자체의 정책 결정 간의 관련을 명확히 밝히고 있다. 더욱 구체적으로는 어떠한 지자체 간에 상호 참조가 이루어지는지 등 정책 결정에서 이루어지는 지자체 행동의 실태를 밝힌다. 이에 따르면 일상적인 정보 수집에는 지자체의 웹사이트가 많이 이용되지만 상호 참조를 할 때에는 준거집단으로 동격 또는 유사한 지자체의 동향을 더욱 중시한다고 한다. 지방 6단체 등 지자체 간의 공식적 네트워크보다는 필요에 따라 개별적으로 만들어지는 비공식적 네트워크가 더 큰 의미를 가질 수 있다는 것이다.

이나쓰구는 1980년대부터 영국과 뉴질랜드에서 시작된 NPM형의 개혁이 구 동구제국과 아시아·아프리카의 개도국에 전파·보급된 데에는 IMF(International Monetary Fund, 국제통화기금)와 세계은행 등 국제 원조 기관의 역할이 컸다고 말한다. 그리고 일본에서는 1990년대 전반까지는 NPM형 개혁이 보급되지 않았지만 그 후로 중앙 수준이나 선진적 지자체에서 보급되기 시작했다고 지적한다.

정부 재정의 악화, 경제의 글로벌화, 인터넷 보급 등이 지속된다면 지자체에서의 정책 과정은 단순히 개별 지자체 정부의 내부 과정에 국한되지 않고 지자체 주변 주민이나 민간단체, 나아가서는 다른 지자체와의 관계도 포함해서 전개될 것이다. 그렇게 되면 정책 과정에 관련된 여러 주체의 공식·비공식 네트워크가 지자체 정책에 미치는 의의는 점차 커질 것으로 예상된다.

| 키워드 |

광역행정, 지방 6단체, 자매도시, 국제 협력, 정책 네트워크, 정책 파급, 정책 혁신

| 연구 과제 |

1. 자신이 속한 지자체가 활동하는 대외적 네트워크에는 어떠한 것이 있는지 조사해보자.
2. 지자체가 국제 활동보다 시민 서비스를 우선해야 한다는 인식에 대해 어떻게 생각하는가?
3. 인근 지자체에서는 실시하고 있는데 자신의 지자체에서는 실시하지 않는 정책(또는 이와 반대)이나, 자신의 지자체에서 도입이 빨랐던(또는 늦었던) 정책이 있는지, 있다면 그 이유는 무엇인지 조사해보자.

| 참고문헌 |

阿部昌樹. 2010. 「自治体間競争と自治体間連携」. 加茂利男・稲継裕昭・永井史男 編著. 『自治体間連携の国際比較』. ミネルヴァ書房.

天川晃. 2009. 「自治体とコミュニティ」. 『自治体と政策』. 放送大学教育振興会.

伊藤修一郎. 2002. 『自治体政策過程の動態－政策イノベーションと波及』. 慶応義塾大学出版会.

_____. 2006. 『自治体発の政策革新－景観条例から景観法へ』. 木鐸社.

稲継裕昭 編著. 2012. 『大規模災害に強い自治体間連携－現場からの報告と提言』. 早稲田大学出版部.

加茂利男. 2010. 「コミューン自治と自治体間革命」. 加茂利男・稲継裕昭・永井史男 編著. 『自治体間連携の国際比較』. ミネルヴァ書房.

加茂利男・稲継裕昭・永井史男 編著. 2010. 『自治体間連携の国際比較－市町村合併を超えて』. ミネルヴァ書房.

松本英昭. 2011. 『要説 地方自治法－新地方自治制度の全容』(第7次改訂版). ぎょうせい.

村松岐夫. 1988. 『地方自治』. 東京大学出版会.

村松岐夫・稲継裕昭 編著. 2003. 『包括的地方自治ガバナンス改革』. 東洋経済新報社.

森川俊孝・池田龍彦・小池治 編著. 2004. 『開発協力の法と政治─国際協力研究入門』.
　　国際協力出版会.

| 옮긴이 해설 |

지방자치단체가 행정 서비스의 적정 공급 방안을 강구하는 것은 경영관리 측면에서 불가피하다. 일본은 협의회, 기관 등의 공동 설치, 사무의 위탁, 직원의 파견 등 광역행정 네트워크가 지방자치법에 반영되어 있다. 우리나라도 광역행정 네트워크를 제도적으로 보완할 필요성은 없는지 검토해봐야 할 것이다.

중앙과 지방 간 협의의 필요성이 증대되면서 지방자치단체의 수평적 네트워크도 중요해지고 있다. 일본의 지방 6단체와 우리나라 지방 4단체(시도지사협의회, 시도의회의장협의회, 시장군수구청장협의회, 시군자치구의장협의회)의 기능을 비교해보고 미흡한 점은 보완해 나아가야 할 것이다.

지방자치의 역사

메이지 국가의 지방자치제도는 시제정촌제(市制町村制), 부현제(府県制), 군제(郡制)라는 법률로 골격이 만들어졌다. 이 장에서는 우선 메이지 국가 지방자치제도의 형성 과정과 그 후의 변화를 살펴보고 메이지 헌법하에서 지방 제도의 특징을 알아보려고 한다. 그리고 패전 뒤 미군 점령하에서 추진된 개혁으로 메이지 시기에 형성된 지방행정 시스템이 붕괴되었으므로 신헌법하에서 만들어진 새로운 지방자치제도는 어떠했는지, 그리고 이러한 제도는 그 후 어떻게 변했는지 살펴보려고 한다.

1. 메이지 헌법하의 지방 제도 역사

막부(幕府) 시대의 경제 기반은 농민의 연공(年功)과 노역이었다. 당시 각 번주(藩主)는 근대적 정부를 실현하고 있었다. 대부분의 농촌은 50~60호의 자연 집락으로서 명주(名主), 조두(組頭), 백성대(百姓代)의 촌방삼역(村方三役)이라 일컫는 촌역인(村役人)을 중심으로 하는 본백성(本百姓)*에 의해 운

• 에도 시대에 자기 농토와 가택이 있으면서 조세를 바치던 자작농이나 지주를 뜻한다.
— 옮긴이

영되었다. 이들에게는 입회지의 공동 운영, 용수와 산야의 관리, 치안과 방재 등의 역무가 자주적으로 맡겨졌다. 막부와 번은 이러한 촌 자치에 의존해서 연공과 제역(諸役)을 할당·징수하여 촌민을 장악할 수 있었다.

19세기 중반 미국 페리 제독의 흑선(黑船)의 내항을 계기로 시작된 막부의 동요는 오래지 않아 메이지 신정부의 탄생이라는 혁명을 가져왔다. 메이지 신정부의 과제는 서양 열강에 대항하기 위해 기존의 막부와 번을 대신해서 천황을 중심으로 일원적 중앙정부를 창출하고 강력한 근대국가를 건설하는 것이었다.

대정봉환(大政奉還, 1867년)에 의해 왕정복고가 이루어진 후 신정부는 몰수한 구 막부령(幕府領) 중 요지를 부로, 그 밖의 지역을 현으로 정해 새롭게 통치를 시작했지만 번에서는 각 다이묘가 통치하는 체제가 기존대로 존속되었다(부번현 3치 체제). 1869년 판적봉환(版籍奉還)˙이 이루어져 구 다이묘에게는 석고(石高, 에도 시대에 쌀로 준 무사의 녹봉의 수량) 대신 가록(家祿, 메이지 시대에 무사나 귀족 집안에 준 봉록)을 주고 구 영지의 지방장관인 지번사(知藩事)로 임명해 번정(藩政)을 담당하게 했다. 그 후 신정부는 번 제도를 폐지하기로 결정하고 1871년 7월 폐번치현(廃藩置県)을 단행했다. 모든 번을 폐지해 부현에 속하도록 하고 구 다이묘인 지번사는 파면해서 도쿄에 거주하도록 명한 것이다. 그 대신 중앙정부가 유신의 공신을 부지사·현령으로 파견해서 국내의 정치적 통일을 완성했다. 이 시점에서는 3부 302현이었지만 그 후 3부 72현으로 통합이 추진되었다.

메이지 정부는 1871년 징세의 기초가 되는 호적법을 제정하고 호적사무를 처리하기 위해 전국에 새롭게 구(区)를 설치하면서 당시까지의 촌역인

˙ 구 영주들로 하여금 봉건제하에서 가지고 있던 토지(영지), 인민(영민)을 천황에게 반환하게 하고 이들을 구 영지의 지사로 임명해 다스리게 하는 제도이다. ─ 옮긴이

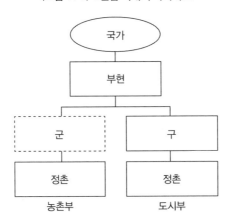

〈그림 14-1〉 3신법 시대의 자치제도

```
        국가
         |
        부현
      ┌──┴──┐
      군      구
      |       |
     정촌     정촌
    농촌부    도시부
```

을 대신해 국가의 역인인 호장(戶長)·부호장(副戶長)을 두었다. 이 구는 1,000호 내외를 단위로 해서 호적사무만 취급하도록 했다. 그러나 자연촌을 무시하고 새로운 행정단위를 설치한 데 대해 지방의 반발이 심해져 정부는 이듬해 대구(大区)·소구제(小区制)를 시행했다. 구를 대구로 고쳐 국가의 역인을 구장으로 두고 기존의 정촌 단위에 소구를 두어 촌역인을 호장·부호장으로 임명해서 그들에게도 호적사무를 맡겼다.

부현보다 하위의 행정 기구로 대구·소구제가 만들어진 것이지만 이 제도는 옛날부터 내려온 정촌과 마찰을 일으켰기 때문에 1878년에 군구정촌편제법을 제정해서 대구·소구제를 폐지하고 이전부터 내려온 지역사회를 기초로 한 행정단위로 다시 개편되었다. 동시에 부현 단위에서의 부현회규칙과 지방세규칙도 제정되어 군구정촌편제법과 함께 3신법(三新法)이라 불렸다. 2년 후인 1880년에는 구정촌회법이 제정되어 구정촌 단위에서도 의회에 해당하는 구정촌회가 설치되었다.

당시의 군(郡)은 지리상의 구역 분할에 불과했지만 부현, 구(도시부에 두었으며 이후 시의 모체가 됨), 정촌(전국에 두었음)은 국가의 행정구획이면서 지

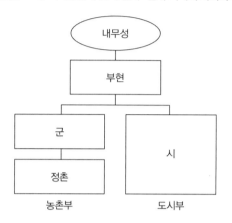

〈그림 14-2〉시제정촌제 및 부현제·군제 시대의 자치제도

자체라는 이중의 성격을 갖고 있었다(〈그림 14-1〉에서 실선으로 표시). 정촌은 기존의 정촌을 그대로 공인한 것이다. 정촌에 정촌회를 둘 것인지 여부는 부현에 위임되었다. 정촌의 장인 호장(戸長)은 부현지사가 임명했지만 정촌회에서 선임하는 등 정촌이 제정하는 방법에 의한 직선이 바람직하다고 여겨졌다. 또한 직선의원으로 구성되는 부현회가 설치되었다[선거권은 만 20세 이상의 남자이면서 지조(地租) 5엔 이상을 납부한 자로 상당히 제한되었다].

그런데 부현회 규칙에 따라 부현회가 제도화되면서 부현회는 입법자의 의도를 넘어 정부에 대항하는 민권운동의 정치 무대가 되었다. 국회 개설을 요구하는 움직임에 대응해서 정부 지도자 사이에서도 헌법 제정이 추진되었다. 1881년에는 국회 개설에 대한 천왕 의견이 나왔고 정부는 1890년까지 국회를 개설할 것을 공약했다. 이런 상황 아래 내무경에 취임한 야마가타 아리토모(山県有朋)는 1884년 내무성 내에 정촌법 조사위원을 두고 지방제도를 전면적으로 개편하기 위한 초안 작성을 맡겼다. 초안 작성 과정에서는 독일인 고문 알베르트 모세(Albert Mosse)가 큰 역할을 했다.

그 결과 1888년에는 시제정촌제가, 1890년에는 부현제·군제가 공포되어 메이지 지방자치제도의 기초가 확립되었다(〈그림 14-2〉 참조). 1889년에 공포된 메이지 헌법에는 지방자치에 관한 규정이 아직 제정되어 있지 않았다.

당초의 자치제도는 자치를 맡을 사람으로 지방의 명망가를 상정해두고 있었으며 선거제도도 이러한 목적에서 만들어졌다. 선거권·피선거권은 공민(25세 이상의 남자로 일정액 이상의 납세자)이 갖고 있었지만 등급선거제도가 도입되었다. 시회의 경우는 3등급 선거제도였는데, 이는 공민의 직접시세 납세 총액을 3등분해서 최초의 1/3을 납부한 자를 1급 선거인으로, 다음 1/3을 납부한 자를 2급 선거인으로, 나머지를 3급 선거인으로 해서 각각 의원의 1/3을 선출하는 방식이었다(정촌의 경우는 2등급 선거제). 같은 공민이라도 납세액에 따라 표 하나의 가치가 달랐으며, 자산가 우선의 제도라는 점이 명백해서 지방 명망가가 많은 의원직을 독점했다.

그렇다고는 하지만 정촌은 지자체로서의 성격을 강하게 가지고 있었다. 직선의원으로 이루어진 정촌회가 선거를 통해 정촌 공민 가운데 정촌장을 뽑았으며 정촌장이 의장이 되었다.

시의 경우는 정촌보다도 자치권에 다소 제약을 받았다. 직선의원으로 이루어진 시회가 설치된다는 점은 정촌과 동일하지만 시장은 시회가 추천하는 3명의 후보 중에서 내무대신이 임명하는 방식이었다. 시의 집행기관은 처음에는 시참사회(시장, 부시장, 명예직 시참사 회원 6명으로 조직됨)였으나 이후 1911년 시제의 전문 개정으로 시의 집행기관이 시장으로 바뀌었다.

또한 국정상 중요한 도쿄, 오사카, 교토에는 처음부터 시제 특례가 시행되어 시장과 부시장을 두지 않고 부지사, 부서 기관이 그 직을 맡았다. 자치권을 부여하는 것을 대단히 불안해했던 것이다. 하지만 이 시제 특례는 대도시 측의 불만이 심해 1898년에는 특례가 폐지되고 일반 시와 동일하게 취급되었다.

부현, 군, 시정촌은 국가의 행정구획이면서 지자체로서의 성격도 있었다. 시정촌이 국가의 행정 서비스를 집행할 때는 시장, 정촌장을 국가의 하부 기관으로 간주해 사무를 위임하는(기관위임사무) 형식이었다. 한편 부현, 군은 국가의 지방행정 기구로서의 성격이 더욱 강해졌다. 부현지사나 군장(郡長)은 관선으로서 내무대신이 임명하는 국가의 관리였다. 내무성은 중앙정부 수준에서 내정의 총괄 관청으로서의 역할을 담당했으며, 부현은 그 지방출장기관으로서 관선지사를 통해 중앙정부의 정책을 집행하는 종합출장기관으로서의 역할을 담당했다. 메이지 국가에서는 내무성과 부현을 기축으로 하는 지방행정 시스템이 구축되어 있었고 이 시스템과 일체화되면서 동시에 이와 양립하는 한에서의 한정된 자치가 인정되었다. "자치제도는 지방행정제도와 융합되어 거기에 종속되어 있었다고 말할 수 있다"(天川晃, 2002).

부현은 선거제도도 시정촌에 비해 제약을 많이 받았다. 부현회의원의 선거는 군회의원, 군참사회원, 시회의원, 시참사회원에 의해 행해지는 복선제(複線制, 간접선거)였다. 게다가 군회의원의 선거는 더 복잡해서 정촌회 선출 의원과 프로이센의 제도에서 유래된 대지주 의원 두 종류의 의원을 선출해야 했다. 부현회의 복선제는 1899년에 개정되어 공민에 의한 직접선거로 바뀌었지만 선거 자격은 시정촌회 선거에 비해 엄격했다. 군회의 선거도 1899년 개정으로 이전의 복잡한 제도는 폐지되고 직접선거로 바뀌었다.

그 후의 자치법제 개정 경위는 다음 〈표 14-1〉과 같다. 간추리자면 1911년의 시제정촌제 개정으로 시제와 정촌제가 분리되면서 시참사회가 집행기관에서 부(副)의결기관으로 된 점, 1921년에 군제가 폐지된 점, 1926년의 시제 개정으로 전체 시장이 시회에 의한 선거로 선출되게 된 점 등을 특기할 수 있다.

그 후 만주사변이 발발하면서 국제적 긴장이 높아져 국내 정치에도 새로

〈표 14-1〉 자치제도 개정 일람

연도		헌법	시제	정촌제	부현제	군제	기타
1888	메이지 21년		시제정촌제로 공포				
1889	메이지 22년	일본 제국 헌법 발포					
1890	메이지 23년				공포	공포	
1899	메이지 32년				전문 개정①	전문 개정②	
1911	메이지 44년		전문 개정③	전문 개정③			
1914	다이쇼 3년				개정④		
1921	다이쇼 10년		개정⑤	개정⑤		폐지	
1922	다이쇼 11년				개정⑥		
1926	다이쇼 15년		개정⑦	개정⑦	개정⑧		
1929	쇼와 4년		개정⑨	개정⑨	개정⑨		
1943	쇼와 18년		개정⑩	개정⑩	개정⑩		도쿄도제 제정

주: 주요 개정 사항은 다음과 같다.
① 부현을 법인으로 명기, 복선제를 폐지하고 직접선거로 변경, 의원의 반수 개선을 전부 개선으로 변경, 지사의 직무 권한을 명확히 함
② 대지주의원제 폐지, 복선제 폐지
③ 시제와 정촌제로 분리, 시정촌의 법인성을 명기, 의원의 반수 개선을 전부 개선으로 변경, 시의 집행 기관을 시참사회에서 시장으로 변경, 시정촌장의 권한 강화, 기관위임사무를 포괄적으로 규정
④ 부현참사회의 정수 명기, 임기, 선거 방법의 개정, 부현조합의 제도를 신설
⑤ 공민권 확장, 납세 요건을 직접시정촌세로 족한 것으로 하며, 정촌회의 등급선거를 폐지하고 시회를 2급 선거로 함
⑥ 선거권·피선거권 확장
⑦ 선거권·피선거권의 납세 요건과 경제 요건을 철폐, 등급선거제도를 폐지, 시참사회를 격년 선거로 변경, 시장 선임은 시회에서 선거하는 것으로 변경
⑧ 선거권·피선거권 확장, 부현참사회의 고등관회원을 폐지하고 격년 선거로 변경
⑨ 부현조례·규칙제정권을 부여, 허가 사항 요건의 축소, 국정사무방법의 위임방법을 법률 칙명으로 제한, 의원의 발안권·원안집행권 범위를 축소
⑩ 시정촌장 선임 방법의 변경, 부시장 선임에 대한 지사의 허가, 시정촌의 권한을 제한열거주의로 변경, 국정사무위임은 명령으로도 가능하도록 변경, 시정촌장의 각종 단체에 대한 지시권 부여, 부락회·정내회의 법제화

자료: 天川晃, 「第1章 明治国家 地方自治」, 「第2章 戦後改革 地方自治」, 阿部斉・天川晃・沢井勝, 『地方自治政策Ⅰ 日本の地方自治－その現実と課題－』(放送大学教育振興会, 2002), 17頁.

운 움직임이 나타나기 시작했다. 특히 1936년 2·26 사건 이후 군부가 영향력을 갖기 시작했으며 총력전에 대응할 수 있는 국내 신체제를 갖추기 위

해 중앙집권체제가 강화되었다. 자치권에 대해서도 점차 제약이 심해졌다. 1943년에는 지자체에도 국가의 기관화가 꾀해져 시정촌은 국가행정의 제1선 기관이 되었다. 구체적으로는 시정촌장을 시정촌회가 선출한 후보자 중에서 내무대신이나 지사가 선임하고 부적합한 시정촌장에 대해서는 해임도 할 수 있게 되었다. 또한 촌내의 각종 단체에 대한 장의 지시권을 인정하고 정내회, 부락회 등의 인보(隣保) 조직이 일부 사무를 보조할 수 있도록 했다.

이러한 개혁의 결과로 내무대신 – 지사 – 시정촌장 – 정내회장이라는 종계열의 통제 관계가 강화되면서 시정촌은 국책을 집행하는 하부 기관이 되어갔다. 또한 수도 방위의 관점에서 1943년 도쿄 시는 관선 장관이 이끄는 도쿄 도에 흡수되었다. 더욱이 같은 해 전국 9개 지방에 지방행정협의회가 설치되었으며 1945년 6월에는 미군 본토 상륙전을 앞두고 군관구와 지방행정구획을 합친 지방총감부(総監府)가 설치되었다. 그렇지만 그 후 일본은 바로 패전을 맞았다.

2. 점령개혁과 전후 지방자치제도의 확립

패전 후 일본이 직면한 것은 연합군에 의한 점령정책이었다. 포츠담 선언은 '일본 국민들 사이에서 민주주의적 경향의 부활에 방해가 되는 일체의 장애를 제거할 것'을 요구했으며 민주화는 일본의 국제적인 약속이 되었다.

점령을 주도한 미국은 군국주의의 원천이었다고 판단되는 중앙집권국가 체제를 민주화·분권화하는 것을 점령정책의 주목적으로 해서 차례차례 개혁을 단행했다. 이 개혁에 의해 메이지 초기에 만들어진 내무성과 부현 시스템은 양상이 일변했다.

1946년 3월에 발표된 헌법 개정 초안 요강(연합군 총사령부 민정국이 기초함)은 국민주권의 원칙과 지방자치의 장을 만들어서 지방자치제도 보장 조항을 설정했다. 지방공공단체의 장과 의원은 주민이 직선하는 것으로 되어 있었는데, 내무성은 지사를 직접선거로 선출하는 것에 저항하며 간접선거를 하려고 시도했지만 성공하지 못했다.

1946년 9월의 제1차 지방제도 개혁에서는 여성의 선거권이 확대되고 직접청구제도가 도입되었다. 더욱이 최대의 변혁은 지사의 직접선거제도가 실현된 것이었다. 내무성은 식량문제, 치안문제 등 산적한 주요 과제를 내무성의 지휘명령하에서 행할 수 있도록 직선으로 선출된 지사의 신분을 관리로 임명하려고 했다. 그러나 이러한 시도는 여론과 점령군의 압력으로 성공하지 못했고 신헌법 성립 후 지사는 공리(公吏, 지방공무원)의 신분을 가지게 되었다. 이에 따라 신헌법하에서의 부현은 지방행정구획으로서의 성격을 잃었고 내무성과 부현 시스템의 한 축이 붕괴되었다.

1947년 5월에는 신헌법과 함께 지방자치법이 시행되었다. 이 지방자치법은 기존의 시제·정촌제·부현제와 같이 단체별 법제로 정해진 것이 아니라 일괄해서 지방자치법으로 정해졌다. 제1차 개혁 뒤에 바로 지방자치법이 제정된 것은 부현이 국가의 행정구획이 아닌 것으로 변경되어서 국정사무를 지방에서 실시하는 새로운 시스템을 재구축할 필요가 있었기 때문이다. 따라서 메이지 헌법하에서 시정촌장에 취했던 기관위임사무 방식을 부현에도 적용하는 것으로 규정했다. 지방자치법 제150조(1999년 개정 이전)는 "보통지방공공단체의 장이 국가의 기관으로서 처리해야 할 행정사무에 대해 보통지방공공단체의 장은 도도부현에서는 주무대신, 시정촌에서는 도도부현 지사 및 주무대신의 지휘·감독을 받는다"라고 규정했다.

1947년 말에는 총사령부의 강력한 방침으로 내무성이 해체되었다. 이에

<表 14-2> 전후 지방제도 개혁 연표

연도		월	정치 상황	지방제도 관련 사항
1945	쇼와 20년	8	포츠담 선언 수락	
		10	헌법문제조사위원회 발족	
		10		내무성이 지사 직선 방침을 표명
1946	쇼와 21년	3	헌법 개정 초안 요강 발표	
		9		제1차 지방제도 개혁 ①
		11	일본국 헌법 공포	
1947	쇼와 22년	4		제1회 지사 선거
		5	일본국 헌법 시행	지방자치법 시행 ②
		12		지방자치법 시행 ③
		12		내무성 해체
1948	쇼와 23년	7		지방자치법 시행 ④

주: 주요 개정 사항은 다음과 같다.
① 공민명예직제도 폐지, 선거권·피선거권 확장, 직접청구제도 도입, 선거관리위원회제도 도입, 의회 의결 사항 확대, 장의 직접선거 실시, 홋카이도에 부현제 실행
② 보통지방공공단체와 특별지방공공단체를 구분, 특별시제도 신설, 도도부현 지사와 직원의 신분 변경, 부지사제도 도입, 내무성의 일반적 감독권 삭제, 기관위임의 제도화
③ 행정사무의 처리권 이양·조례·규칙제정권 정비, 직무집행명령제도 신설, 국가 파견기관의 억제, 재무 상황의 공표 의무화
④ 사무의 예시, 직접청구의 제한, 주민감사청구제도 도입, 납세자소송제도 신설
자료: 天川晃, 「第1章 明治国家 地方自治」, 「第2章 戦後改革 地方自治」, 阿部斉·天川晃·沢井勝, 『地方自治政策 I 日本の地方自治－その現実と課題－』(放送大学教育振興会, 2002), 24頁.

따라 내무성과 부현 시스템은 완전히 붕괴되었다. 총사령부가 내무성의 분권화를 강하게 요구한 것은 국민 생활을 구석구석 통제하던 경찰을 분권화하기 위해서였다. 이로 인해 경찰은 자치경찰과 국가의 지방경찰본부로 개편되었다.

이에 따라 내무성 경보국은 국가지방경찰본부로 이관되고 국토국은 신설된 건설원(이후 건설성으로 승격)으로 이관되었다. 지방국은 내사국의 관방자치과, 지방재정위원회, 전국선거관리위원회로 분리되어 지방행정·재정을 합쳐서 담당하는 지방자치의 책임 부국이 중앙정부에서 없어졌다.

내무성과 부현 시스템이 붕괴된 이후 새로운 지방행정 시스템에 대한 구상은 1949년 세제 조사를 위해 방일한 슈프 사절단의 권고로 제기되었다. 슈프 권고의 기본 사고방식은 납세자에게 수익과 부담의 관계를 명확히 하기 위해 정부의 사무를 중앙정부, 부현, 시정촌이라는 세 가지 수준으로 분리시켜 각 수준에서 정부의 책임을 명확하게 해야 하며, 그렇게 하고 나면 주민에게 가장 가까운 단체인 시정촌이 지방자치의 주체가 되는 것이 당연하다는 것이었다. 기존의 대륙계인 집권·융합형 일본 자치제도를 영미계인 분리·분권형으로 바꾸려고 했던 것이다.

슈프 권고에 의해 만들어진 지방행정조사위원회의는 1950년(쇼와 25년) 12월 행정사무재분배의 권고(의장의 이름을 따서 '칸베 권고'라 불림)를 제출했다. 이 권고는 슈프가 말하는 세 가지 원칙, 즉 행정 책임의 명확화, 능률화, 시정촌 중심주의를 기본으로 행정사무를 재분배할 것을 권고했으며, 시정촌 중심으로 사무를 재배분하기 위해서는 정촌 통합에 의한 규모의 합리화가 필요하다는 권고도 포함하고 있었다.

그러나 칸베 권고의 행정사무 재분배가 그대로 실행되지는 않았다. 그 배경 가운데 하나는 점령의 종결이 가까웠기 때문이다. 1951년 9월경 강화조약이 체결될 무렵이 되자 일본 내에서는 점령개혁에 대한 반동이라고도 할 만한 풍조가 강해지고 강화조약 체결 이후의 국제 체제를 복고적 내셔널리즘에 따라 개편할 움직임도 나타났다. 한국전쟁에서 경제 부흥의 계기를 마련한 일본 경제는 1950년대 후반 전전의 수준을 회복해서 명실공히 전후는 끝난 것이나 마찬가지였다. 이 시기 국내 정치의 주요 과제는 점령개혁의 시정이었다.

이른바 역코스의 흐름 가운데 재집권화의 움직임도 일어났다. 지자체 경찰의 폐지와 도도부현 경찰 체제의 확립(1954년), 교육위원 직선제의 폐지와 수장에 의한 임명제 도입(1956년) 등 경찰행정과 교육행정의 재집권화가 시도된 것이다. 1957년 제4차 지방제도조사회에서는 도주제안[道州制案, 도도부현을 폐지하고 지방 블록 단위로 도(道) 또는 주(州)라 불리는 국가기관을 설치하는 안]이 검토되기도 했지만 부현지사와 각 성의 반대로 실현되지는 못했다.

또한 점령개혁으로 해체된 내무성의 재건을 목표로 전후판 내무성과 부현 시스템을 구축하려고 시도했다. 구 내무성 지방국같이 지방행정·재정을 포괄적으로 담당하는 지방자치의 책임 부국을 중앙정부 수준에서 부활시켜 지자체로서의 부현을 시정촌에 비해 강화하려고 한 것이다. 중앙 수준에서는 1952년 구 내무성 지방국에서 분리된 부국이 자치청에 통합·개편되어 일체화되었다. 한편 1954년에는 슈프 권고에 의해 만들어진 지방재정평형교부금제도가 폐지되고 구 분여세(分與稅) 제도에 가까운 지방교부세교부금제도로 개편되었다. 1956년의 자치법 개정으로 시정촌은 기초적 지방공공단체로서의 성격을, 도도부현은 시정촌을 포괄하는 광역적 지방공공단체로서의 성격을 부여하고 부현에 대한 국가의 관여를 강화했다.

자치청 설치 이후 구 내무성의 지방국 계통과 국토국 계통을 일체화하려는 내무성의 구상이 몇 번이나 제안되었다. 하지만 내무성 부활을 우려하는 여론에 밀려 1960년 자치청이 국가소방본부와 합쳐져 자치성으로 개편·승격하는 것으로 결정되었다. 따라서 자치성은 전전의 내무성같이 막강한 권력을 가지고 지방을 통할하는 거대한 성으로 부활되지는 못했다 (2001년 중앙 부처 개편에 의해 자치성은 우정성·총무청과 통합해서 총무성이 되었다. 그렇지만 이는 내무성이 부활한 것이 아니라 부처 수를 삭감하기 위해 다른 부처와 통합되지 않은 3개의 부처를 무리하게 통합한 것이라고 볼 수 있다).

이상에서 보았듯이 전후 10년 사이에 지방자치제도의 기반이 공고히 구축되었으며 그중 많은 부분이 21세기에 이르기까지 지속되고 있다.

3. 전후의 지방자치제도 전개

이 절에서는 전후 확립된 자치제도의 이후 전개를 살펴보자(일부 내용은 3장과 중복되기도 한다). 자치성이 발족한 1960년 12월 이케다 하야토(池田勇人) 내각은 국민소득 배증 계획을 결정했다. 일본은 그 후 고도 경제성장을 지속했다. 1962년에는 전국종합개발계획이 처음으로 작성되어 전국을 과밀 지역, 정비 지역, 개발 지역으로 나누어 거점 개발을 추진했다. 이후에는 신산업도시건설촉진법이 제정되어 그 지정을 둘러싸고 정치가 개입된 진정 전쟁이 전개되었는데 결국 1963년에 15개 지구가 지정되었다. 또한 1964년에는 의원 입법으로 공업정비특별지역정비촉진법이 제정되었다.

이러한 지역개발 입법과 지자체 정책 간의 관계를 보면 지자체는 진출 공장에 다양한 우대 조치를 해주는 기업 유치 조건을 정해 기업 유치를 위해 자발적·적극적으로 움직였다. 또 신산업도시의 지정 과정에서는 지구 또는 지역으로 지정받기 위해서 중앙으로의 정치 과정을 통한 로비 활동이 필요했다. 이를 위해 부처와 부현을 통한 행정 수준뿐만 아니라 그 지방 출신 국회의원을 통해 자민당 본부나 각 부처에 공작하는 정치 루트의 중요성이 높아졌다.

이 시기에는 신중앙집권이라고 할 수 있는 지방자치와 관련된 중요한 법률 개정이 이루어졌다. 1964년 6월에는 하천법과 도로법이 개정되었다. 하천법 개정에는 주요 하천을 1급과 2급으로 나누어 1급 하천의 관리권을 지사에서 건설대신으로 이관하는 내용이, 도로법 개정에는 당시까지의 1급과 2급의 구분을 없애고 일반 국도로 통합해 종전 2급 국도의 관리권을 지사에서 건설대신으로 이관하는 내용이 포함되었다. 이 개정안은 각 지자체가 반대했지만 결국 법률 개정이 이루어져 국가의 관리권이 확대되었다. 앞에서 서술한 바와 같이 신산업도시가 지정되고 일본 전체가 공업화를 향해 질주하던 시절인 만큼 산업계를 중심으로 광역행정을 요구하는 기류가 강해져 하천법과 도로법 개정도 이러한 요청에 따른 것이었지만 지방으로서는 지사의 권한이 축소되고 중앙집권이 강화된 조치였다.

1964년에는 하천법 개정과 도로법 개정 등 신중앙집권이 추진된 한편 뒤에 서술할 혁신시장회가 탄생하기도 했다. 이해는 또한 도카이도(東海道) 신칸센(新幹線)의 개통, 도쿄 올림픽 개최, IMF 8조 국가로의 이행, OECD 가입 등을 통해 일본이 국제경제사회에서 존재감을 높인 해이다.

한편 신중앙집권이 진행되는 가운데 새로운 움직임이 전국적으로 팽배했다. 고도 경제성장에 수반된 급격한 공업화·도시화는 물질적으로는 풍요한 생활을 가져온 반면, 미나마타병과 4일 천식*으로 대표되는 공해 문제를 일으켰다. 그 결과로 전국 각지에서 국가나 지자체, 기업에 대해 공해 대책과 환경 개선을 요구하는 주민운동이 점점 활발해졌다. 이러한 기류에 편승해 1963년 4월 요코하마 시에서는 혁신시장이 탄생했으며 이듬해에는 전국혁신시장회가 출범했다.

1967년에 치러진 도쿄 도지사 선거에서는 '도쿄에 푸른 하늘(靑空)을'이라는 슬로건을 내건 미노베 료키치(美濃部亮吉) 지사가 당선되었다. 혁신도정의 시작이었다. 혁신수장의 수가 정점에 이른 것은 1975년 제8회 통일지방선거 무렵으로, 이 시기에는 태평양 벨트 지대의 주요 부현지사와 전국 120여 명의 시장이 혁신수장으로 당선되었다. 혁신지자체의 수장은 국정 수준과는 대조적으로 지방에서의 정치를 추구해 보수적인 지방 정치가가 회피해 온 민주주의를 내걸고 대화와 참여를 강조했다. 그리고 이를 맡아 담당하는

---

* 매달 4일(4일, 14일, 24일) 장이 섰다는 데서 이름이 유래한 욧카이치 시(四日市)에는 석유화학 공장이 많은데 여기서 방출된 이산화황 가스 때문에 천식 환자가 많이 발생한다. ─ 옮긴이

시민상을 제기했다. 혁신지자체에서는 '시빌 미니멈(Civil Minimum, 지자체가 주민을 위해 준비하지 않으면 안 되는 최저한의 생활환경 수준)'을 정책 명제로 삼는 주민복지정책을 제시했다.

혁신지자체는 국가의 규제 기준을 상회하는 공해 방지대책 등을 세우는 한편 유아·노인의 의료비 무료화, 소비자 보호, 자연환경 보호, 택지 개발 규제 등의 분야에서 국가보다 앞선 정책을 전개했다. 국가는 그 뒤에 법령 정비나 하는 식이었다. 예를 들면, 고령자 의료의 무료화 제도는 1960년 이와테(岩手) 현 사와우치(沢内) 촌에서 시작되었는데, 그 후 1969년 도쿄 도가 고령자의 의료비 자기 부담분의 무료화를 시행함으로써 혁신지자체에 이러한 움직임이 파급되었다. 이듬해에는 노인복지법의 일부가 개정되어 70세 이상의 고령자가 부담하는 의료비의 자기 부담분을 공비로 대신 지급하는 노인의료비지급제도가 만들어졌다(하지만 고령화 사회가 본격화되면서 이 정책들은 수정되었다).

그러나 제1차, 제2차 오일쇼크를 거쳐 일본 경제가 저성장 시대에 들어서면서 중앙정부나 지방정부도 재정 압박을 받게 되어 혁신지자체의 복지정책도 '선심복지'라는 비판을 받게 되었다. 시빌 미니멈론에는 재정정책과 산업정책이 누락되어 있었다. 혁신지자체는 고도성장에 비판적이면서도 실은 고도성장으로 인한 재원에 의존해서 복지정책 등을 전개했던 것이다. 이후 1979년에는 혁신도정이 마침표를 찍는 등 혁신지자체는 급속히 자취를 감추었다. 그 대신 '도시경영'이라는 말이 점점 활발하게 등장했다.

행정의 수비범위론도 전개되었다. 이와 관련해 1980년대에는 제2차 임시행정조사회(1981~1983년)가 설치되었는데 제2차 임시행정조사회의 목적은 증세 없는 재정 재건이었다. 그 일환으로 지방행정개혁 대강이 각의에서 결정되어 사무 사업의 개선, 조직 기구의 간소화·합리화, 급여의 적정화, 정원관리의 적정화, 민간 위탁 등이 중점 추진 항목으로 지정되었다.

이상에서 살펴본 대로 1950년대부터 1980년대까지 지자체는 다양한 과제에 직면하면서 거기에 대응했다. 그러나 지방자치제도의 기본 틀 자체는 그다지 큰 변화를 겪지 않았다. 개혁의 논의는 되풀이됐지만 눈에 띄는 개혁은 도쿄 도 구장선거제의 부활(지방자치법에는 당초 특별구의 구장도 선거하도록 규정했으나 1952년의 개정에 의해 구장직선제가 폐지되고 구장은 구의회가 도지사의 동의를 받아 선임하는 것으로 바뀌었다. 그 후 1974년 지방자치법이 개정되어 다음 해부터 구장선거제가 부활되었다) 등 그다지 많지 않다.

| 키워드 |

대구·소구제, 3신법, 시제정촌제, 부현제·군제, 점령개혁, 내무성 해체, 슈프 권고, 역코스, 신중앙집권, 혁신지자체, 행정의 수비범위론

| 연구 과제 |

1. 일본의 지방제도가 크게 변한 것은 언제이고, 그 배경은 무엇이었는지 조사해보자.
2. 자신이 속한 지역의 지자체 역사를 참조해 지역 자치제도의 도입 경과를 검토하고 자치제도의 도입이 원활하게 진행되었는지, 아니면 난항을 겪었는지 알아보자. 그리고 그 이유는 무엇인지도 검토해보자.
3. 마찬가지로 자신이 속한 지자체의 지역개발정책, 주민운동, 환경복지정책으로의 전환 등을 검토해보자.

| 참고문헌 |

天川晃. 1994. 「地方自治制度」. 西尾勝・天川晃 編. 『講座行政学第2巻 制度と構造』.
_____. 2002. 「第1章 明治国家 地方自治」, 「第2章 戦後改革 地方自治」, 阿部斉・天川晃・沢井勝 著. 『地方自治政策I 日本の地方自治―その現実と課題―』. 放送大学教育振興会.
亀卦川浩. 1995. 『明治地方自治制度の成立過程』. 東京市政調査会.
小早川光郎 編集代表 / 天川晃・磯部力・森田郎・斎藤誠 編. 1999. 『史料 日本の地方自治』(全3巻). 学陽書房.
鈴木俊一. 1997. 『回想・地方自治五十年』. ぎょうせい.
西尾勝. 2001. 『新版 行政学』. 有斐閣.
橋本勇. 1995. 『地方自治のあゆみ―分権の時代にむけて』. 良書普及会.

한국과 일본의 지방자치제도는 역사적 맥락을 달리한다.

일본의 자치제도는 막부 시대의 분권적 토양 위에 메이지 시대, 미군 점령기, 최근의 분권개혁을 거치면서 시대의 요구를 반영해 국가 운영의 한 축을 담당했다.

우리나라의 자치제도는 강한 중앙집권적 전통하에 분권에 대한 실제적 경험 없이 정부 수립과 더불어 지방자치가 통치 구조의 한 부분으로 출발했다.

두 나라의 지방자치는 헌법적 기반에도 다소 차이가 있고 국가 운영에서 담당하는 기능 면에서도 차이가 있다. 더욱 중요한 점은 분권과 자치에 대한 가치와 이념의 차이로 같은 제도를 운영하면서도 상이한 결과를 보이는데, 이는 많은 부분 경험과 토양의 차이에서 비롯된 것임을 잊지 말아야 한다.

15 | 국제 비교

　지방자치의 형태는 국가 또는 시대에 따라 매우 다양하다. 군사정권하에 애초부터 지방자치다운 제도가 존재하지 않는 국가도 있거니와, 지방정부에 상당한 권한을 부여하는 국가도 있다. 지자체가 맡고 있는 기능의 범위도 다양하다. 이 장에서는 다양한 유형의 지방자치를 비교·검토하여 일본의 지방자치를 되짚어보려고 한다.

1. 지방자치제도 유형: 영미형과 대륙형

　선진 민주주의 국가의 지방자치제도를 분류할 때에는 앵글로·색슨형(영미형)과 유럽 대륙형(대륙형)의 두 개로 대별하는 것이 일반적이다. 영미형은 영국에서 시작되어 영연방제국, 미국 등으로 보급된 제도이다. 이에 비해 대륙형은 프랑스에서 시작되어 이탈리아, 스페인, 포르투갈 등 남유럽과 그 식민지였던 라틴아메리카에 보급되고 다른 한편으로 독일, 오스트리아, 북유럽으로 보급된 제도이다. 여기서는 이 두 가지 유형의 각 특징을 살펴보자.

1) 영미형의 지방자치제도

〈그림 15-1〉은 영미형 자치제도의 이념 형태를 도식화한 것이다. 영미형 국가에서는 지자체가 헌법상의 지위를 (적어도 국가의 수준에서는) 갖고 있지 않다. 지자체의 사무 권한은 법률에 의해 개별적으로 열거되어 수권된다. 즉, 제한열거 방식을 취하고 있으며 지자체는 법률에 따라 수권된 권한만 행사할 수 있다. 그 범위를 초월하는 행위를 하면 국가로부터 소송이 제기되고, 재판소에서 위법으로 판단이 내려지면 당해 행위는 무효가 된다. 이를 권한유월(權限踰越, ultra vires) 법리라 부른다.

지자체는 국가(연방제 국가에서는 주)의 법률에 의한 창조물이어서 지자체의 기능적 범위가 한정적일 수밖에 없다. 따라서 광역적 지자체에 수권되는 권한과 기초적 지자체에 수권되는 권한이 중복되지 않으며 각각의 지자체는 개별적으로 수권된 권한만 행사하게 된다. 쉽게 말하면, 법률에 현 수준에서는 A, B, C의 업무를 행하고 시 수준에서는 D, E, F의 업무를 행하라는 식으로 개별적인 업무의 내용이 한정적으로 열거된다.

지자체에 수권되는 권한은 일반적으로 그다지 광범위하지 않다. 단, 수권된 권한에 관해서는 국가가 광역적 지자체나 기초적 지자체에 대해(또는 광역적 지자체가 기초적 지자체에 대해) 감독적 기능을 행사하는 일이 없다. 또 국가의 지역적 서비스가 계통적으로 지자체에 넘겨지는 일도 없다. 오히려 국가(또는 주)는 지자체로부터 격리되어 있는 경향을 보인다. 그런 이유로 수권된 일상 업무에 관한 한 지자체는 국가로부터 상당한 정도의 자율성을 누린다.

이런 특징 때문에 일본의 지방자치론자는 오래전부터 '영국은 지방자치의 모국이므로 일본도 이를 보고 배워야 한다'고 논하는 경우가 많았다. 하지만 영미권 자치제도에서는 애초부터 법률을 통해 개별적으로 수권된 업

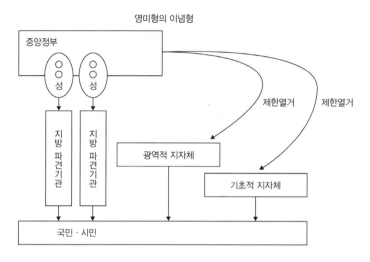

〈그림 15-1〉 영미형 자치제도의 이념 형태

영미형의 이념형

중앙정부

○○성   ○○성

지방파견기관   지방파견기관

광역적 지자체

기초적 지자체

제한열거   제한열거

국민 · 시민

무밖에 할 수 없다. 즉, 국가(의회)가 절대적으로 우월하고 지자체는 국가의 창조물에 불과하므로 이것을 과연 보고 배워야 할지 의문을 갖는 사람도 많다. 실제로 영국은 국가의 법률로 그레이터 런던(Greater London)을 만들었다가 이를 다시 다른 형태의 시티 오브 런던으로 만드는 식의 일을 했다. 일본으로 보면 도쿄 도를 부수었다 만들었다 하는 짓을 국회의원들이 멋대로 결정해버리는 것과 같다. 과연 거기에 지방자치의 모국이라고 숭배할 만한 모습이 있는지 의심스럽다.

영미계의 경우 내정의 총괄 관청인 내무성이 존재하지 않으며 광역적 지자체를 종합 출장기관으로 활용하지도 않는다. 이른바 융합형이 아니다. 그렇기 때문에 국가가 지방에서 사무를 실시하는 경우에는 각 성마다 지방 출장기관을 설치해서 그 기관을 통해 행정 서비스를 제공한다. 동일 지역 내에 기초적 지자체, 광역적 지자체의 지방 사무소, 국가 각 성의 출장기관이 서로 무관하게 존재하는 것이다(아마카와 모델에서 말하는 분리형).

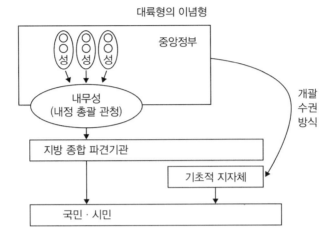

〈그림 15-2〉 대륙형 자치제도의 이념 형태

대륙형의 이념형

중앙정부

성 성 성

내무성
(내정 총괄 관청)

지방 종합 파견기관

개괄
수권
방식

기초적 지자체

국민·시민

2) 대륙형의 지방자치제도

〈그림 15-2〉는 대륙형 자치제도의 이념 형태를 도식화한 것이다. 프랑스나 프로이센 등 대륙 제국에서는 국민국가로 통일하는 과정에서 뿌리 깊은 저항을 보인 봉건제 세력을 철저하게 해체할 필요가 있었다. 지방의 하부 기구도 구세력의 영향력을 무시하는 듯 인위적으로 설정되어 중앙정부로부터 국왕의 대관(代官)이 파견되었다. 이런 통일 과정의 특수성 때문에 근대에 이르기까지 현 수준은 국가의 하부 기관으로서의 위상을 갖는 경우가 많았으며 지자체라 부를 만한 것은 기초지자체(시정촌 수준)뿐이었다.

다른 한편 기초적 지자체의 사무 권한은 포괄적으로 수권된다(개괄예시주의). 각 층의 지자체 사무가 구별되지 않고 중복·경합하는 경우도 있다. 또한 대륙형 국가의 중앙정부에는 내정의 총괄 관청인 내무성이 존재하고 각 성의 사무는 내무성에 일원적으로 집약되어 지방 종합 출장기관인 현을 통해 사무가 실시된다.

제2차 세계대전 이전의 일본이 그랬듯이 현의 지사는 관선(직선에 대치되는 개념)이며 내무성 관료가 파견된다. 따라서 국가 각 성의 사무는 내무성, 관선지사라는 루트를 통해 종합 출장기관인 현이 담당하게 된다. 또한 대륙형에서는 일반적으로 지자체에 지역의 종합 행정주체로서의 위상이 정립되어 있으며, 국가(또는 주)는 자신의 사무를 지자체(또는 그의 장)에 위임해서 집행하는 방식이 활용된다. 이와 같이 각 층의 사무는 융합된 형태로 국민·시민에게 제공된다(융합형). 지자체는 광범위한 행정 서비스를 담당하지만 사무를 집행할 때는 구조상 국가나 상급 관청의 통제를 받기 쉽다.

2. 지방자치제도 유형: 연방제·단일 주권, 세 가지 유형론

1) 연방제 국가와 단일 주권국가

주권의 소재로 지방자치제도를 유형화하면 지방자치제도는 연방제 국가와 단일 주권국가로 분류할 수 있다. 연방제 국가에서 연방을 구성하는 주(州)·방(邦) 등(이하 '주'로 명기)은 각각 주권과 헌법을 갖는 준(準)국가이고 이들 주가 자신들 주권의 일부를 연방정부에 위임한 형태가 일반적이다. 예를 들면, 영국에서는 각 주의 주권 중 외교나 통화정책 등 국가로서 통일이 요구되는 사항의 권한을 주에서 연방정부로 이관하는 형태로 연방정부가 구성되어 있다.

연방제 국가에서는 각 주가 각자의 헌법 등으로 지방자치제도를 규정하는 곳이 많으며, 주마다 지방자치제도(주와 지자체 간의 관계, 지자체의 층수, 지자체의 권한)가 다른 곳이 많다(일국다제도). 연방제 국가에서 정부 간의 관계는 연방정부와 주의 관계(연방제도), 그리고 주와 지자체의 관계(지방자치제도)의 2단계로 되어 있다.

그렇지만 연방제 국가라 하더라도 연방과 주의 관계는 다양해서 연방정부로 권한이 집중될수록 주는 (준)국가라기보다도 지자체에 가까운 형태가 된다. 이런 경우 연방과 주의 관계는 단일 주권국가에서 중앙정부와 지자체의 관계와 크게 다르지 않기도 하다.

단일 주권국가란 하나의 중앙정부가 헌법과 법률의 규정에 따라 지자체에 권한을 부여하는 형태를 취하는 것이 일반적이다. 주권이 중앙정부에 있고 주권에 기초해서 헌법과 법률로 지자체에 어떠한 권한을 부여할지를 정한다. 하지만 연방제와 마찬가지로 같은 단일국가라 하더라도 중앙정부와 지자체의 관계, 지자체의 층수, 권한 등은 국가에 따라 다양하다.

2) 세 가지 유형론

바스 덴터스(Bas Denters)와 로런스 로즈(Lawrence Rose)는 요아힘 헤세(Joachim Hesse) 등의 분류에 따라 지방자치제도를 남유럽형(프랑코형, 나폴레옹형), 앵글로형, 중유럽형의 세 가지 유형으로 나누었다. 이 분류와 앞에서 서술한 주권의 소재에 따른 분류를 더하면 다음 〈표 15-1〉과 같다. 다음에서는 헤세 등의 기술에 의거해 분류를 설명하려고 한다.

우선 남유럽형은 자치제도에서 정도의 차이는 있지만 주로 프랑스(나폴레옹) 모델에 의거하고 있다. 이념형으로 보면 지방정부는 헌법상의 지위를 가지고 있지만 서비스를 분배할 때에는 중앙정부 지방 출장기관의 원조와 지도에 의존하는 경우가 많다. 따라서 지방정부의 존재 이유는 본질적으로 기능적이라기보다 오히려 정치적이다. 즉, 지방정부는 가장 큰 의미로 스스로 통치하기보다 오히려 공동체 귀속 의식을 표현하는 데 가까운

<표 15-1> 지방자치의 유형화

	단일 주권국가	연방제 국가
남유럽형	프랑스 이탈리아 벨기에	
중유럽형	네덜란드 스칸디나비아 제국	독일 오스트리아 스위스
앵글로형	영국 뉴질랜드 아일랜드	오스트레일리아 미국 캐나다

자료: Bas Denters and Lawrence E. Rose(eds.), *Comparing Local Governance: Trends and Developments*(Palgrave, 2005), p.11 참조.

형태라는 것이다. 헌법상으로 당연히 평등해야 할 지자체는 상급청인 지사로부터 지도·감독을 받는 관계이며, 지사는 획일화된 국가의 하위 행정 구분(여기에는 다수의 지자체가 포함됨) 내에서 중앙정부의 이름으로 지방정부의 활동을 공식적으로 통제한다.

여기서 '공식적으로'라는 표현이 사용되는 점에 유의해야 한다. 즉, 표면적으로는 중앙정부가 강하게 통제하는 듯 보이지만 실제로는 지방이 중앙정부를 식민지화하는 경향이 있다. 지자체는 많은 공무원이나 정당과 밀접한 관계를 맺고 있어 정치 공작을 벌이기도 하고 중앙정부가 보유한 감독 권한을 제한하기도 한다. 행정 채널로서는 중앙이 지방을 지배하는 것처럼 보이지만 실제로는 오히려 지방이 중앙에 강하게 작용하는 것이다.

앵글로형에서는 제한열거 방식을 취하고 있고, 권한유월의 법리가 존재하며, 지자체를 국가나 주의 법률에 의한 창조물로 여겨 지자체의 기능적 범위가 한정적이고, 분리형이므로 중앙정부의 출장기관과 지자체가 무관하게 병립해 있다는 점은 이미 서술했다. 그렇기 때문에 수권된 범위 내의 일상 업무에서는 지자체가 상당한 정도의 자율성을 가진다.

세 번째 유형인 중유럽형 모델은 새로 나온 이론이다. 헤세 등에 따르면 중유럽형 모델의 중앙과 지방의 관계는 지자체의 기능적인 능력에 무게를 두는 점(일상 업무에 자율성을 갖는 점)에서는 앵글로형과 공통적인 면이 있다. 그러나 앵글로형과는 대조적으로 기능적 능력과 동등하게 지방 민주주의 자체에도 중점을 두는 경향이 있다는 점이 특색이다. 하나하나의 법령상의 권한에 더해 포괄적으로 기능적인 권한이 지방정부에 인정되어 있다. 이 점에서 중유럽형 모델은 세 가지 유형 가운데 가장 분권화되어 있어 전문가들은 이것이 19세기 프로이센의 전통에서 유래한 것으로 본다.

앞에서 살펴본 세 가지 유형 중 남유럽형 모델은 역사적으로는 단일 주권국가에서 나타난 유형이었다. 그러나 근래에는 전통적인 남유럽형 국가 중 이탈리아나 벨기에 등과 같이 준연방국가로 이행 중인 국가에서도 관찰된다(Denters and Rose, 2005). 앵글로형 국가인 영국에서도 스코틀랜드, 웨일스 등으로 권한 이양 현상을 보이는 것은 단일 주권국가의 질적인 변화를 의미하는 것인지도 모른다.

3. 지자체 규모의 국제 비교

지자체가 어떠한 기능을 수행하는지, 그리고 중앙정부와의 사이에서 어떤 행정 서비스를 분담하고 있는지를 판단하려면 지자체의 규모를 먼저 살펴보아야 한다.

1) 지자체의 활동량

일본 전체의 행정 서비스 중 지자체가 담당하는 부분은 어느 정도일까?

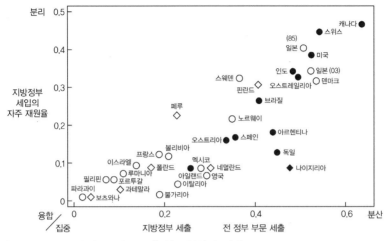

〈그림 15-3〉 집중 – 분산, 융합 – 분리, 집권 – 분권의 정도

자료: 建林正彦・曾我謙悟・待鳥聡史, 『比較政治制度論』(有斐閣, 2008), 304頁.

그리고 이를 국제적으로 비교하면 어떤 위상일까?

〈그림 15-3〉은 정부의 세입·세출에서 차지하는 하위 정부의 비율에 대해 연방제 국가(● ◆)까지 포함해서 검토하고 있다(단일 주권국가는 ○ ◇). 동그라미(○ ●)는 직접선거에 의한 의회가 수장을 선출하는 경우까지 포함해서 쌍방이 직접선거에 의한 경우, 마름모꼴(◇ ◆)은 의회 또는 수장 중 적어도 어느 한편이 중앙정부의 임명제로 되어 있는 경우를 나타낸다. 연방제의 경우 주정부는 지방으로 친다. 〈그림 15-3〉을 보면 지방정부의 세출이 정부 전체의 세출에서 차지하는 비율은 일본의 경우 외국에 비해 상당히 큰 것으로 관찰된다. 이 외국 가운데에는 연방제 국가인 캐나다와 미국도 포함되어 있으므로 단일 주권국가(○ ◇)인 일본으로서는 지방정부 세출이 상당히 큰 국가임을 알 수 있다. 역으로 지방자치의 모국으로 자주 소개되는 영국의 경우 지방정부 세출이 차지하는 비중이 상당히 적으며 많은 부분 중앙정부에 의해 지출되고 있음을 알 수 있다. 정부 세출의 크기는 다른

말로 표현하면 지방정부의 활동량이다. 이런 점에서 볼 때 일본은 단일 주권국가로서는 상당히 활동량이 큰 국가이다.

그렇지만 활동량이 크다는 것이 반드시 자율성이 높다는 것을 의미하지는 않는다. 중앙정부의 구속이 크다면 결국 '30% 자치'라고 야유를 받을 가능성도 있다. 지자체 직원 중에서 분권일괄법이 시행된 이후에도 국가나 상급 관청의 속박이 심하다고 불평하는 소리가 적지 않다. 이에 대해 정량적으로 나타내기는 상당히 어렵고 다양한 제도를 대충 보는 것만으로는 불충분하므로 현장의 실태 등을 충분히 검증해서 논의해야 할 것이다.

2) 지자체의 수와 규모

일본에서 시정촌 통합을 논의할 때에는 하나의 지자체당 인구가 자주 거론되었다. 헤이세이 대통합이 추진되기 전인 2004년에는 시정촌 수가 3,100개였고 하나의 지자체당 평균 인구가 약 4만 1,000명이었는데, 헤이세이 대통합 결과 시정촌 수는 1,750개로 감소했으며, 하나의 지자체당 평균 인구는 약 7만 3,000명으로 크게 늘어났다.

그렇지만 국제적으로 비교하면 한 지자체당 평균 인구가 4만 명이거나 7만 명이면 영국을 제외할 경우 꽤 큰 부류에 속한다(〈표 15-2〉 참조). 외국에서도 지자체 규모의 문제는 자주 논의된다. 영국에서는 앞에서 기술한 바와 같이 국가의 법률로 지자체를 창설한다는 사고방식이 기본이기 때문에 1980년대 이후 자치제도의 전면 개편이 강행되었다. 그렇지만 헌법으로 지방자치가 보장된 일본에서 이미 국제적으로 보더라도 큰 규모의 지자체인데 무슨 이유로 또 통합이 논의되는지, 그리고 누가 어떤 힘을 작용시켰는지 등 그 원인을 찾는 것은 흥미진진한 일일 것이다.

〈표 15-2〉 서구 국가의 지방정부 구조

지자체	지자체의 층수	지자체 수	기초지자체당 평균 인구
프랑스	3	36,680	1,491
그리스	2	5,878	1,803
포르투갈	2	4,526	2,342
스위스	3	3,021	2,352
네덜란드	2	584	2,723
스페인	3	8,149	4,997
이탈리아	3	8,215	7,182
독일	3	16,514	7,900
노르웨이	2	458	9,000
벨기에	5	601	11,000
핀란드	2	455	11,206
덴마크	2	289	18,000
스웨덴	2	333	33,000
아일랜드	1 또는 2	114	36,100
영국	1 또는 2	472	137,000

주: 지자체의 수에는 전 층의 지자체가 포함됨.
자료: Council of Europe, *Structure and Operation of Local and Regional Democracy*, country reports; John Peter, *Local Governance in Weston Europe*(Sage, 2001), p.35 참조.

4. 지자체 내부 기구의 국제 비교

일본은 지자체의 수장과 의원을 주민이 직접선거로 뽑고, 양자 사이에 견제와 균형을 취하는 이원대표제를 도입하고 있다. 그렇지만 7장에서도 언급했듯이 외국의 자치제도에서는 의회가 집행부를 선출하는 형태가 오히려 많으며 전전의 일본에서도 이 형태를 취하고 있었다.

다음 〈그림 15-4〉는 프랑스 지자체의 내부 구조를 도식화한 것이다. 프랑스는 주, 도, 코뮌의 3층제를 취하고 있으며, 각각 일원대표제를 도입하

〈그림 15-4〉 프랑스의 지자체 총괄 기구

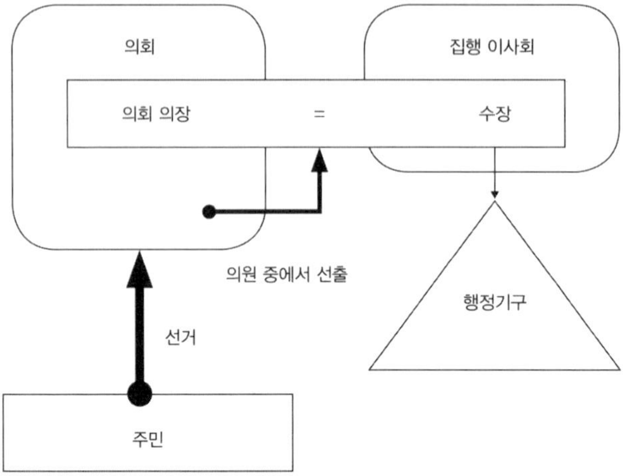

자료: 伊藤正次, 「自治体統治機構の国際比較」, 磯崎初仁·金井利之·伊藤正次,
『ホーンブック地方自治(改訂版)』(北樹出版, 2011).

고 있다. 즉, 주민이 코뮌 의원을 뽑고, 의회가 의원 중에서 코뮌의 장(시장)을 선출하는 것이다. 도의회 의원과 주의회 의원도 주민의 직접선거로 선출되고, 각각의 의회 의원 중에서 도의회 의장, 주의회 의장이 선출되며 이들이 각자 집행기관의 수장(도지사, 주지사)이 된다.

1982년의 지방제도 개혁 이전까지는 도 수준에서 의원은 직선이지만 도지사는 국가의 관료가 파견되어 전전의 일본 제도와 가까웠다. 개혁 후에는 도의회 의장이 사실상 도지사가 되는 한편, 도 수준에서 국가의 일을 처리하기 위해 국가의 출장기관(도지방청)을 두고 도지방장관(국가의 관리)을 책임자로 임명했다. 주 수준에서도 주지방청과 지방장관을 두고 있었다.

영국에서도 이전부터 지자체는 전부 일원대표제였다. 주민이 의원을 직접 선출하고 의원 중에서 의회의 의장(대부분은 시장을 겸함)을 선출하지만 의장은 의례적인 역할을 맡는 것에 머무른다. 실질적인 집행권은 의원 중에서 선출된 멤버로 구성되는 정책·자원위원회(명칭은 지자체에 따라 다름)가 맡는다. 그리고 의회 다수파의 지도자가 이 위원회의 위원장이 되어 집행권을 갖는다. 의원은 비상근이기 때문에(보수가 극히 적으므로 다른 직업을 갖는 것이 통례임) 일상 업무는 위원회가 임명한 사무총장 이하의 사무 스태프가 집행하지만 결정 권한은 위원회가 갖는다. 이 정책·자원위원회는 국가로 말하자면 내각에 해당하는 것으로, 리더는 총리에 해당된다.

그렇지만 2002년부터 일정 규모 이상의 지자체는 각각 직접선거 수장·내각형, 직접선거 수장·매니저형, 의원내각형이라는 세 가지 통치 형태 중 하나를 선택할 수 있게 되었다. 의원내각형은 기존의 제도와 유사한 일원대표제인 데 반해 다른 두 가지는 이원대표제이다. 하지만 이원대표제인 직접선거 수장형으로 이행한 지자체는 극히 적다. 이 형태로 변경하도록 제안되었더라도 주민 투표에서 부결된 사례가 많았다.

5. 외국의 지방자치를 배우는 의의

지금까지 다양한 관점에서 각 나라의 지방자치를 살펴보았다. 그렇다면 외국의 자치제도를 배우는 것은 어떤 의의를 가질까?

전후 일본에서는 영국의 지방자치를 높이 평가해 영국을 '지방자치의 모국', '자치가 고도로 발달한 나라'라며 장밋빛으로 소개하는 일이 많았다. 또 최근에는 강제경쟁입찰, 베스트밸류(최고가치정책) 등의 지자체 개혁이 추진되어 일본에도 하나씩 소개되고 있다. 그렇지만 이들 개혁은 실은 지자체가 먼저 제시한 정책 혁신이라기보다 국가가 법률로 지자체에 강제한 것이다. 앞에서 지적한 바와 같이 영국에서 지자체는 국가의 법률에 의한 창조물로 여겨져 국회의 의결에 따라 그 제도가 크게 변모했다. 1965년에 그레이터 런던과 기초 지자체로서 32개 런던 구가 창설되었지만 1986년에는 대처 개혁에 의해 그레이터 런던이 폐지되고 런던 시내는 1층제의 자치제도로 바뀌었다(그 후 2000년에는 권한이 한정된 런던 시가 창설됨). 일본으로 비유하면 국회의 의결로 도쿄 도청을 폐지하는 개혁을 비교적 단기간에 해치운 것이다. 또 지자체의 소관 사무도 한정열거주의로 상당히 제한되어 있으며 활동량도 일본에 비해 적다. 이러한 실태를 볼 때 일본이 기존에 모델로 삼은 영국의 지방자치가 반드시 바람직한 모델이 될 수는 없다는 점이 명백하다. 이 점에 대해 야마시타 시게루(山下茂)는 다음과 같이 말한다.

> 제2차 세계대전 이후 일본이 지방자치 본연의 형태를 받아들이는 방식은 영국계의 지방자치 형태를 일본의 독자적인 방식으로 오해한 것으로서 오랜 세월을 거쳐 전문 연구자들의 세계에서조차 주류를 이루었다. 이러한 오해가 중앙과 지방을 통틀어 극단적인 행정 분야별 종적 분립을 정당화하고 이를 강화하는 역할을 수행해왔다. 영국에서는 개별 행정 분야에서 종적 관계인 기능 중심의 지방자치관과 이를 반영한 지방제도의 약점이 복합적으로 작용한 결과, 지자체는 '영국 사회에서 부당하게 낮은 지위'밖에 부여받을 수 없다고 비판받는다. 이런 점을 생각해보면 일본에 고정관념화되어 있던 인식을 탈피해서 사실에 입각한 견해가 도출된다. 이것 역시 국제 비교작업의 성과이다(山下, 2010: 477).

또 그는 다음과 같이 말한다.

> 유럽 대륙계의 제도에서는 포괄적인 권한 부여 방식에서 보듯이 폭넓게 종합적인 권한을 가진 지자체의 주체가 각 지역사회를 기반으로 해서 형성되어 있다. 지방에서 정치의 중축이 될 인물도 선거 때부터 명확해지며 지역

에서의 자치가 중시되어 있다.

일본에서는 전문 연구자들조차 다음과 같은 사실을 오랜 세월 오해해왔다. 영국에서 말하는 지방정부(local government)는 '중앙정부가 입법으로 위임한 통치와 행정의 기능을 지방에서 담당하는 주체'라는 의미의 개념인데 비해, 프랑스 등 대륙계 제도에서 말하는 지방자치단위, 즉 지역 정부(community government)는 '각각의 지역사회에서 자치의 주체'로 인식되어 있다. 이런 점에서 존 스튜어트(John Stewart)를 포함한 영국의 지도적인 연구자들은 영국에서도 사고방식을 전환해야 한다고 사반세기 이전부터 제창해왔다.(山下, 2010: 476)

외국의 지자체와 정책을 살펴보면 새로운 개혁에 눈이 가기 쉽다. 일본의 많은 지자체는 시티즌 차터(Citizen's Charter, 행정 서비스의 일환으로 영국에서 도입된 시민헌장제도), PFI, 베스트밸류 등 영국에서 시작된 개혁을 화두로 삼았다. 경영관리라는 관점에서는 참고할 부분도 있지만 근본적인 자치의 시스템, 국회와의 관계, 지자체 통치 기구의 형태, 의원이 수행하는 역할 등을 감안하지 않고 일본으로 이입할 가능성을 논의하는 것은 적절치 않다.

일본 지방자치가 어떻게 발전해야 하는지는 각국의 통치 형태와 자치제도를 꼼꼼히 검토한 뒤에 논의해야 할 것이다.

| 키워드 |

영미형과 대륙형, 연방제 국가와 단일 주권국가, 분리형·융합형, 내정의 총괄
관청, 활동량, 권한유월의 법리

| 연구 과제 |

1. 외국의 지방자치제도와 현상을 연구하는 것이 국내 지방자치 현상을 연구하
   는 데 어떤 의미를 지닐지 생각해보자.
2. 재정난을 계기로 여러 국가에서 지방 수준의 개혁이 추진되고 있지만 국가에
   따라 대응이 다르다. 이처럼 국가에 따라 대응이 다른 이유는 무엇일지 생각
   해보자.
3. 특정 국가의 지방자치제도를 연구하고 일본 지방자치제도와 비교해서 고찰
   해보자.

| 참고문헌 |

伊藤和良. 2000. 『スウェーデンの分権社会－地方政府ヨーテボリを事例として』. 新
　　評論.
伊藤正次. 2011. 「自治体統治機構の国際比較」. 磯崎初仁・金井利之・伊藤正次 著. 『ホ
　　ーンブック地方自治』(改訂版). 北樹出版.
岡本三彦. 2005. 『現代スイスの都市と自治－チューリヒ市の都市政治を中心として』.
　　早稲田大学出版部.
小滝敏之. 2004. 『アメリカの地方自治』. 第一法規.
加茂利男・稲継裕昭・永井史男 編著. 2010. 『自治体間連携の国際比較－市町村合併
　　を超えて』. ミネルヴァ書房.
木佐茂男. 1996. 『豊かさを生む地方自治－ドイツを歩いて考える』. 日本評論社.
久保田治郎 編著. 1998. 『オーストラリア地方自治体論』. ぎょうせい.
自治体国際化協会. 『英国の地方自治』, 『フランスの地方自治』, 『ドイツの地方自治』,
　　『スイスの地方自治』, 『韓国の地方自治』, 『オーストラリアおよびニユージーラ
　　ンドの地方自治』ほか多数. http://www.clair.or.jp/j/forum/series/index.html.
自治・分権ジャーナリストの会 編. 2000. 『英国の地方分権改革－ブレアの挑戦』.

日本評論社.

_____. 2005.『フランスの地方分権改革』. 日本評論社.

竹下譲 編著. 2002.『新版 世界の地方自治制度』. イマジン出版.

建林正彦・曾我謙悟・待鳥聡史 著. 2008.『比較政治制度論』. 有斐閣.

上岐寛・加藤普章 編. 2006.『比較行政制度論』(第2版). 法律文化史.

W・ハンプトン. 1996.『地方自治と都市行政』. 君村昌監 譯. 敬文堂.

ヨアヒム・J・ヘッヤ 編. 1997.『地方自治の世界的潮流(上)(下)−20カ国からの報告』.
　　木佐茂男監 譯. 信山社.

山下茂. 2010.『体系比較地方自治』. ぎょうせい.

Denters, Bas and Lawrence E. Rose(eds.). 2005. *Comparing Local Governance: Trends and Developments*. Palgrave.

Hulst, Rudie and Andre van Montfort. 2007. *Inter-Municipal Cooperation in Europe*. Springer.

Peter, John. 2001. *Local Governance in Western Europe*. Sage.

| 옮긴이 해설 |

지방자치는 크게 영미형과 대륙형 제도로 분류할 수 있다. 또 연방제 국가냐 단일 주권국가냐에 따라 자치제도에 상당한 영향을 미친다. 중앙정부와 지방자치단체의 관계, 지방자치단체의 수와 규모, 지방자치단체의 활동량(정부 세출 중 지방자치단체 세출의 비중), 집행기관과 의회의 관계 등 실제 운영 형태는 나라마다 다양하다.

어떤 제도 또는 어떤 나라와 비교해 자치제도를 발전시켜 나아갈 것인가는 그 나라가 처해 있는 상황에 따라 각기 다르다. 일본의 경험과 사례가 우리나라에 좋은 참고가 될 수 있음은 물론이다.

지은이 ──

이나쓰구 히로아키(稲継裕昭)는 오사카 다카쓰키 시에서 출생했다. 교토 대학 법학부를 졸업하고 오사카 시청에서 근무했다. 그 뒤 히메지독교 대학 법학부 조교수를 거쳐 오사카 시립대학 법학부 교수, 법학부장 등을 역임했다. 2007년부터 와세다 대학 정치경제학술원 교수로 재직 중이다. 주요 저서로 『일본의 관료인사 시스템(日本の官僚人事システム)』, 『인사·급여와 지방자치(人事·給与と地方自治)』, 『포괄적 지방자치 거버넌스 개혁(包括的地方自治ガバナンス改革)』 등이 있고, 『대통령 임명의 정치학(大統領任命の政治学)』, 『영국의 행정개혁: 현대화하는 공무(イギリスの行政改革: 現代化する公務)』 등의 번역을 감수했다.

옮긴이 ──

안재헌은 서울대학교 사회학과를 졸업하고 서울시립대학교 대학원 행정학과에서 박사 학위를 취득했다. 행정고시 10회 출신으로 강릉시장, 내무부 지방재정국장·지방행정국장, 행정자치부 민방위재난통제본부장, 충청북도 행정부지사, 여성부 차관, 충북도립대학 총장, 한국청소년활동진흥원 이사장 등을 역임하고, 현재 대통령 소속 지방자치발전위원회 지방분권분과위원장을 맡고 있다. 저서로는 칼럼집 『변화의 바람』이 있다.

한울아카데미 1654

일본 지방자치단체 거버넌스

ⓒ 안재헌, 2014

지은이 ㅣ 이나쓰구 히로아키
옮긴이 ㅣ 안재헌
펴낸이 ㅣ 김종수
펴낸곳 ㅣ 도서출판 한울

편집책임 ㅣ 이수동
편집 ㅣ 김진경

초판 1쇄 인쇄 ㅣ 2014년 1월 21일
초판 1쇄 발행 ㅣ 2014년 2월 5일

주소 ㅣ 413-756 경기도 파주시 광인사길 153 한울시소빌딩 3층
전화 ㅣ 031-955-0655
팩스 ㅣ 031-955-0656
홈페이지 ㅣ www.hanulbooks.co.kr
등록번호 ㅣ 제406-2003-000051호

Printed in Korea.
ISBN 978-89-460-5654-1 93350(양장)
    978-89-460-4813-3 93350(학생판)

* 책값은 겉표지에 표시되어 있습니다.
* 이 책은 강의를 위한 학생판 교재를 따로 준비했습니다.
  강의 교재로 사용하실 때에는 본사로 연락해주십시오.